处世三不

不生气，不抱怨，不折腾

沈小洁◎编著

西苑出版社

图书在版编目(CIP)数据

处世三不——不生气　不抱怨　不折腾/沈小洁编著.—北京:西苑出版社,2010.7

ISBN 978-7-80210-778-6

Ⅰ.①处…　Ⅱ.①沈…　Ⅲ.①人生哲学-通俗读物
Ⅳ.①B821-49

中国版本图书馆 CIP 数据核字(2010)第 125425 号

处世三不——不生气　不抱怨　不折腾

编　　著　沈小洁

出版发行　西苑出版社

通讯地址　北京市海淀区阜石路 15 号　　邮政编码:100143

电　　话:010-88624971　　传　　真:010-88637120

网　　址　www.xycbs.com　　E-mail:xycbs8@126.com

印　　刷　北京晨旭印刷厂

经　　销　全国新华书店

开　　本　710mm×1000mm　1/16

字　　数　270 千字

印　　张　19

版　　次　2010 年 8 月第 1 版

印　　次　2010 年10月第 1 次印刷

书　　号　ISBN 978-7-80210-778-6

定　　价　29.80 元

前言

社会经济快速发展，人们要面对更复杂的社会和经济环境，有的人发现自己的情绪波动加大了，身边的人也时常埋怨自己，每天忙得人仰马翻却又不知何为。所处的人事环境、物质环境也在急速变化中，面对这复杂多变的环境，我们不禁喟叹，现在不仅做事难，做人也难。

一些人之所以感到处世艰难，并不是因为外在的原因，而是自己的思维观念和处世方法出现了问题，愤世嫉俗、圆滑世故、投机取巧、烦闷、暴躁、怨愤、折腾等，好像整个世界都在跟自己过不去。

一个颇负盛誉的企业名人，在一次内部培训会上传授他从业十余年的成功秘诀时说道："事业成功与否，关键在于如何处世做人。"

的确，处世之道，就是为人之道，今天我们要想立足于社会，就得先从如何做人开始。明白怎样做人，才能与人和睦相处，待人接物才能通情达理，这确实是一门高深的学问，值得我们终身学习。

积极的人处世时始终秉持不生气、不抱怨、不折腾的态度，用一种沉默的隐忍、直接有力的方式来应对一切。

不生气

生活中什么样的人都有，因此吵吵闹闹、生气上火也就在所难免。但是一味地和别人争吵，连自己都无法驾驭自己的脾气，甚至都到了失去理智的态度，那它就是一颗炸弹，所造成的伤害也将无法估量。

中国人常说："不要动气，动气就伤和气；你别生气，生气就坏了元气；你别斗气，斗气就破了财气；你若忍气，忍气便能神气。"

一切情绪都来源于我们自身，要知道，我们自己是一切情绪的创造者，没有你的同意谁也别想让你生气。因此，在我们与对方起了冲突的时候，要学会给别人台阶下，最好能够一方面解释，一方面调和，以避免事态的扩大。

不抱怨

你是不是心中常怀着一股怨气呢？一天到晚地抱怨自己太平庸，没有什么大才气；抱怨自己没有生在富贵人家，自己多么不幸福，命运使自己尝尽了生活的苦，找不到可以幸福的理由；抱怨身边没有可以依靠的人，影响了自己的成功……

人们就这样一直不断地怨天怨地，仿佛只要自己这样一说就可以摆脱现状，其实到头来最大的受害者还是自己。

莎士比亚曾告诫我们："使心地清净，是对青年人最大的使命。"没有人是天生注定要不幸福的，除非你自己关起心门，拒绝幸福之神来访。想要改变现状，让事情朝好的方向发展，就要杜绝抱怨，承担起属于你的责任，感受生命的美好和成功带来的喜悦。

不折腾

在当下，"折腾"就像流感病毒般感染着身处各行各业的人士，比如股民为股市的起落而茶饭不思，时尚达人为众多派对而身心疲惫，拜金族们为眼花缭乱的奢侈品而大破钱财等。若是你一直疲于奔波就会错过生活中很多美好的事情，即使是手拿一杯醇香的红酒，你也会觉得索然无味。其中的原因不是因为生活了无生趣，而且因为你瞎折腾，没有多余的精力来体验生活。

《庄子》里有一句话："不累于俗，不饰于物，不苟于人，不忮于众，愿天下之安宁以活民命，人我之养毕足而止。"给我们一种新的启示，代表一种全新的生活观念，那就是——不折腾。

不折腾生活观可以说是一种反对浮躁的从容生活态度，从实际出发，不攀比，不跟风，珍惜现有的生活，从而提升对生命高度的认知。

这个世界是很公平的，你遇到的事情，别人也会遇到，坏事不必生气和抱怨，好事也不必折腾个没完，只要放平心态，卸下生气、抱怨、折腾的包袱，将生活当做鸡尾酒一般地来体验，你就会感受到生活的多彩与美好。

目录

第一篇　不生气

第一章　你是烈马的主人吗

你是不是爱生气的人呢？只要别人稍稍有一句话不对头，你就会和他发生口角；有时会把气撒在别人身上；甚至把情绪带到自己的家里，自己在那里越想越气呢？如果你的答案是肯定的，那么你就要小心了，你已经被“情绪”主宰了。

第二章　生气之下无好果

生气最直接的结果会影响你的健康，然后伤害你和家人、老板、同事以及朋友之间的感情。在带着情绪的情况下，不但不能让别人服从，对问题于事无补，反而不利于事情的解决。

第三章　你为何生气

究竟是什么原因让你怒不可遏呢？仔细想想，你会发现自己生气就是向别人揭自己的短，向别人透露你的弱点在哪里，实在是不值得。因此我们要学会控制自己的脾气，不要庸人自扰，更不要让鸡毛蒜皮的小事成为心灵的负担。

第四章　学会给自己松绑

乐观又积极的思维，能带给人们积极的作为，有利于更好地生活和工作。在生活中遇到能引爆你情绪的事情，就要学会别让这件事把你越捆越紧，甚至把你绑在原地，阻止了你向前的步伐。

第五章　用宽容浇灭怒火

怨恨就像一团麻，要想解开，必须有足够的耐心和善心，心胸狭窄、"英雄气短"的人，只会用极端的办法加剧矛盾。凡在小事上对真理持轻率态度的人，在大事上也是不可信任的。干大事者，往往是那些心胸宽广的人。

第二篇　不抱怨

第一章　抱怨的背后是什么

抱怨的背后到底隐藏着什么玄机？真是你对事情坏的一面的认识吗？其实，抱怨是一种坏话，会打击你生活和工作的热忱，更是推卸责任的表现，带来周而复始的恶性循环。

第二章　抱怨是滋生问题的根源

抱怨就像是羊群里的瘟疫一样，人人敬而远之，它并不能为你带来事情的转机，反而会给你带来不必要的新问题，吞噬你所有的快乐和激情，让你和成功渐行渐远。

第三章　找回不抱怨的自己

不要让抱怨成为你成功路上的绊脚石，搬开那块绊脚石吧！把抱怨的时间和精力用到更有现实意义的事情上来，让自己的人生重新出发，走向成功。

第四章　停止抱怨，不消极处事

抱怨是导致你伸出艰难的罪魁祸首，经常抱怨的人会变得消极，不思进取。只有从思想的源头上认清问题的实质，才能改变你面临的困境，想要事情有起色，就要停下你的抱怨，不以消极的态度解决问题。

第五章　把抱怨变为积极行动

方正自己的态度，尊重需要你处理的每一件事，增加自己的使命感，你得自己为自己去争取你想要的“结果”，积极的行动才能提升你的价值，通过不断地学习和努力，成为一颗闪光的“明珠”，那么以后的事情就会容易得多。

第三篇　不折腾

第一章　“不折腾”中的非凡智慧

“不折腾”并不意味着减少自己成功的次数，或者是减慢走向成功的步伐，恰恰相反，“不折腾”可以帮助人们从烦琐无绪的小事中挣脱出来，少绕弯子以最快的步伐和最近的路途大步迈向成功。

第二章　放慢你的脚步，工作不“瞎折腾”

“不折腾”在事业上有清楚的意识，对自己的事业了如指掌，明白自己在公司所处的位置，一个人在工作上花多少时间并不是最重要的，重要的是最后的成绩。而机械地忙碌并不能必然带来成功。

第三章　认准目标,不让理想"白折腾"

很多人都有这样的感觉,在别人已经成功的时候,自己却还在原地打转。其实,深究其根源,这差别在于开始的时候你是否有自己的奋斗方向,并指引着自己前进。只有做事有方向性,才能避免让自己做无用功,避免在毫不相干的事情上浪费时间。

第四章　新健康之路,不折腾你的健康

每天都是一个轮回,你丢不掉工作,可是你可以好好休息;你离不开生活,但是你可以把生活过轻松。把健康放在生命中最重要的位置,化繁为简,抛弃一切不利于你健康的事。

第五章　做个简约主义者，不折腾生活

简约并不代表贫乏，或者是空洞无物，简约是一种摒弃繁华后的睿智，追求的是生活精粹和真正价值，"不折腾"的人都明白一个道理，因为还有明天，所以要留一些事情给明天。

第一篇

CHUSHISANBU

BUSHENGQI

BUBAOYUAN

BUZHETENG

第一章 你是烈马的主人吗

你是不是爱生气的人呢？只要别人稍稍有一句话不对头，你就会和他发生口角；有时会把气撒在别人身上；甚至把情绪带到自己的家里，自己在那里越想越气呢？如果你的答案是肯定的，那么你就要小心了，你已经被“情绪”主宰了。

第一节 生气有害

动不动生气会导致的一个最直接的后果——损害你的健康。

气死我了……气死我了……

想想看，我们的生活中有多少人遇到不顺心的事会这样说呢？你也是这样爱生气、容易躁怒的人吗？是不是经常为了一点小事就大动肝火，甚至气到脸红脖子粗、全身发抖呢？

当你觉得那些糟糕事让你心情不佳时，会不会觉得生气才是最佳的发泄管道呢？而且也已经习惯这种方法了呢？可是，动不动生气会导致一个直接的后果——损害你的健康！

美国生理学家爱尔马为研究生气对人体健康的影响，进行了一个很简单的实验：把一支玻璃试管插在有冰有水的容器里，然后收集人们在不同情绪状态下的“气水”。结果发现：同一个人，当他心平气和时，所呼出的气变成水后，澄清透明，一无杂色；悲痛时的“气水”有白色沉淀；悔恨时有淡绿色沉淀；生气时则有紫色沉淀。爱尔马把人生气时的“气水”注射在大白鼠身上，不料只过了几分钟，大白鼠就死了。这位专家进而分析认为：如果一个人生气 10 分钟，其所耗费的精力，不亚于参加一次 3000 米的赛跑；人生气时，很难保持心理平衡，这时体内还会分泌出带有毒素的物质，对健康极为不利。

美国心脏协会所发行的《循环》杂志中指出，暴躁易怒的人其心脏病发作，或是突然暴毙的概率比较冷静、不易生气的人高出两倍以上。

由巴尔的摩马里兰大学的心理学家阿恩沃尔夫·西格曼领导的一个研究小组对 101 名男性和 95 名女性进行了研究，其中包括 44 名已诊断有心脏病的人和 99 名没有得心脏病的人。

研究结果表明，与没有统治欲和性情平和的人相比，有统治欲的人得心脏病的风险会增加 47%，易怒的人得心脏病的风险会增加 27%。

研究还发现，不直接表达自己愤怒的女性，更容易得心脏病。而倾向于淋漓尽致地表达自己的气愤的男性，也更容易得心脏病。无论是男性还是女性，如果他们经常发怒，也容易得心脏病。

研究人员同时表示：这项研究具有相当的重要性，因为长期处于情绪不佳、易动怒的情形之下，对于身体健康，更是有绝对性的负面影响，尤其对于血压正常的年轻人更是如此。

虽然本研究并没有明白指出高血压病患者是否会有患心脏病的机会，但可以确定的是：血压正常而容易生气的人，他们罹患心脏病的概率比其他人高，相对地也增加了危险性。

中国传统医学认为，生气有损健康。《黄帝内经》也明言告诫：“怒伤肝。”肝在生理功能上的作用举足轻重，不仅能分泌胆汁，调节蛋白质、脂肪、碳水化合物的新陈代谢，而且有解毒造血和凝血的作用。

怒伤脑。气愤至极，可使大脑思维突破常规活动，往往做出鲁莽或过激举动，反常行为又会形成对大脑中枢的恶劣刺激，气血上冲，还会导致脑溢血。

怒伤神。生气时由于心情不能平静，难以入睡，会使人神志恍惚，无精打采。

怒伤肤。经常生闷气会让你颜面憔悴、双眼浮肿、皱纹多生。

怒伤内分泌。生闷气可致甲状腺功能亢进。伤心气愤时心跳加快，出现心慌、胸闷的异常表现，甚至诱发心绞痛或心肌梗死。

怒伤肺。生气时人呼吸急促，可致气逆、肺胀、气喘咳嗽，危害肺的健康。

怒伤肾。经常生气的人，可使肾气不畅，易致闭尿或尿失禁。

怒伤胃。人在气愤之时，不思饮食，久之必致胃肠消化功能紊乱。

看来，为一点点小事生气，代价也太大了吧？

看完这些医学常识后，原本正在生气的您气消了吗？还是想继续生气呢？如果为了自己的健康着想，建议您，该收敛收敛自己的脾气喽！

为一些小事动肝火，不值得！

第二节　你的情绪被“生气”控制了吗

一说到生气，我们对它真是再熟悉不过了，甚至可以说，它与我们的生活息息相关。许多人动不动就生气，甚至一天还得生上好几回，由此，我们更可以认识到，正确控制自己的生气有多么重要了。

大禹治水之所以能够获得成功，是因为他采取了引导的办法，而不是阻挡。洪水来了，是无法阻挡的，所以，只能引导，让水按照我们的意愿来流向大海，这样，才会取得成功。其实生气就如洪水，当真正生气时，伴随着心跳的加速，体内激素的上升，会使得我们自己都无法控制住自己了，似乎心理的自我调节能力在这时候已经失效，而事后回过头来，往往会后悔当时自己没有控制住自己。

首先，我们来了解一下人为什么会生气？其实，生气是人的一种本能，是有利于人的生存的一种本能。因为当我们受到威胁时，生气会自然的得到激发，伴随着生气，人自身就会释放出比正常情况下大得多的能量，这种能量，能帮助我们更有效地对抗威胁，从而保护自我不受伤害。所以，生气其实是人不可少的好伙伴，是生命的保护者。但另一方面，我们又显然不能不加控制地任由生气泛滥。我们不能对所有人、所有事、所有情况，都施加我们自身的这种能量。举个简单的例子，比如有人把我们撞倒了，那正常的人会先判断一下当时的情况，比如对方是故意的还是不小心的，如果是故意的，就需要在权衡利弊之后，采取相对应的措施，有可能是大骂几句，也有可能是忍气吞声走人。根据不同的因素，我们会作出不同的判断，具体的情况都会对我们最终的反应产生影响，最终也许我们会生气，也许不会，甚至还会快乐。比如对方刚好是位漂亮的女生或帅气的小伙，你会觉得是天赐良缘。所以，现在，我们似乎已经找到了控制我们生气这种情绪的开关了，其实这都是心理作用在影响你，决定你生气还是高兴的开关就是你的心理。

现在我们的确相信生气是可控制的，甚至是可改变的，关键就是我们的心理。通过改变我们的心理，来达到控制我们的心跳速度、体内激素含量，从而控制我们的情绪与行为。这就是控制自我的奥秘。不仅仅对于生气是如此，对于其他的情绪、情感也是如此。因此，要改变我们的心理，就有必要掌握一些常用的方法或技术，比如，我们常说的要全面思考问题，在快要生气时转移注意力或改变情境，等等，这些都是比较有效的办法，我们可以不断尝试，最终找到最适合自己的控制生气的办法。

火气大，爱发脾气，实际上就是一种敌意和愤怒的心态。当人们的主观愿望与客观现实相悖时，就会产生这种消极的情绪反应。心理学研究表明，脾气暴躁，经常发火，不仅是强化诱发心脏病的致病因素，而且会增加患其他病的可能性。因此为了确保自己的身心健康，我们必须学会控制自己，克服爱发脾气的坏毛病。

如果你有很容易生气的毛病，可以试着从以下几方面进行调节：

（1）承认自我。勇于承认自己爱发脾气，以求得他人帮助。如果周围人经常提醒、监督你，那么你的目标一定会达到。

（2）意识控制。当愤愤不已的情绪即将爆发时，要用意识控制自己，提醒自己应当保持理性，还可进行自我暗示：“别发火，发火会伤身体”，有涵养的人一般能做到控制自己的不良情绪。

（3）反应得体。当遇不悦之事时，任何正常人都会怒火中烧，但是无论遇到什么事，都应该心平气和，冷静地、不抱成见地让对方明白他的言行的过错，而不应该迅速地做出不恰当的回击。因为这样反而剥夺了对方承认错误的机会。

第三节　情绪可以互相影响

情绪可以互相影响，这早已被大众所知，可实际上，我们的情绪也是可以传染的。也许我们可以用“近朱者赤，近墨者黑”来解释：当你和一个积极乐观的人在一起时，你自然也会充满积极的精神，而当你身边坐着一位成天叹气、诉苦、发牢骚的人时，你的乐观指数也会在不知不觉中被降低了。

有这样的一幅漫画：一个小男孩被老师骂了一顿，心情很是沮丧，在路边遇到一条觅食的小狗，便狠狠踢了它一下，吓得小狗狼狈逃窜；小狗无端受了惊吓，见到一个西装革履的老板走过来，便汪汪狂吠；老板平白无故被狗这么一闹，心情很烦躁，在公司里逮住他的女秘书的一点小小过错就大发雷霆；女秘书回家后，越想越气，把怨气一股脑儿莫名其妙地全撒给了丈夫，两人吵了一架，把以前陈谷子烂芝麻的事都抖了出来；第二天，这位身为教师的丈夫如法炮制，把自己一个不长进的学生狠狠批评了一顿；挨了训的学生，也就是前面的那个小男孩，他怀着恶劣的心情放了学，归途又碰见了那条小狗，二话没说他又一脚踹去……

看完这幅漫画后，你也许会忍不住笑几声。实际上，漫画里给我们展示的是一条情绪链条，这漫画里的人和狗是坏情绪的承接者和传播者，也是坏情绪的受害者，只要他们当中有谁能够很好地控制住自己的情绪，那么这个情绪链条就会断掉，也就不会形成这样的恶性循环。

情绪“病毒”会像瘟疫一样从这个人身上传播到另一个人身上，一传十、十传百，搞不清从哪儿开的头，也不知将到何处终止，其传播速度有时要比有形的病毒和细菌的传染还要快。被传染者常常一触即发，越来越严重，有时还会在传染者身上潜伏下来，到一定的时期重新爆发。这种坏情绪传染给人造成的身心损害，绝不亚于病毒和细菌引起的疾病危害。

人们在外面易受到坏情绪的污染，常常带着满肚子闷气，绷着脸回到家，摔摔打打，看什么都不顺眼，一时间这种坏情绪就传染给了全家，家里整个晚上甚至连续几天都不得安宁。同样，在家里怄了气，也会把坏情绪带到外面。很明显的一个例子是，在父母吵架的时候，他们的孩子肯定正处在一种紧张与焦虑的情绪当中，这又会影响到他们的孩子与同学之间的交往。

今年28岁的陈先生在一家广告公司工作，最近他越来越害怕走进办公室了。因为这几个月公司业绩不好，老板进进出出都紧绷着脸，再加上陈先生所带领小组的业绩也不尽如人意，奖金锐减，同事之间也是相对无言，人人一副“苦瓜脸”。陈先生说，他这一个星期以来，只要一走进办公室就觉得目眩头痛，不仅如此，每当老板从他的办公桌旁经过时，陈先生更是连头都不敢抬起来。

不难想象，长此以往，只会导致业绩更加下降，到了撑不下去的那一天，这责任又该由谁负呢？老板的愤怒情绪影响了陈先生的情绪，陈先生的低落又导致了员工的没信心，而员工的没信心又让老板的愤怒情绪再上一层楼。

情绪就是这么被传递的。我们可以想一下，在这个过程当中，假如老板能采取一种策略鼓励积极的态度，那么，他的员工肯定也会信心百倍地投入到工作之中，这样做的后果是提升了员工的战斗力，给公司创造的价值肯定要比他们每天愁眉苦脸时候所创造的价值大。另外，愤怒或者是消极地对待员工，并不能解决问题，并不能使业绩提升上去，所以不管从哪方面来说，积极地总结经验与教训，重新投入到下一轮的战斗中才是最重要的，因为情绪的不好是因为业绩的不好，而业绩的不好是坏情绪无法解决的问题，不要为了发泄情绪而表现情绪，而如果从解决问题的层面去考虑，你的那些消极的情绪自然会一散而光，彻底从你心间消失殆尽。

当然，不仅是消极情绪会这样被传染，积极的情绪同样可以被传染。所以，有些人看到低沉消极的人都往往避而远之，而一个阳光快乐的人总是人们愿意接近的对象，因为和快乐的人在一起，自己的心情也会非常愉悦。意识到这一点后，你就知道，你的积极情绪能给你周围的人以振奋的精神。如果你的朋友一味地消极低沉，你完全可以用你积极进取的精神刺激他、激励他，因为比起那些遥远的成功人士来说，你作为他身边的朋友更容易影响到他。

如今，人们面对各种各样的工作和生活压力，显得很浮躁。有人总爱发牢骚，也有人总爱把“郁闷”两个字挂在嘴边。可能你本来并不是一个郁闷的人，但有一天你也遭遇到一件很不愉快的事情，忽然“郁闷”这两个字就出现在你的脑海里了，于是你也跟着喊“郁闷”，于是，本来不郁闷不浮躁的你也变得郁闷浮躁了。

那么，针对坏情绪我们该怎么做呢？高度市场化的发达国家，早就在治理环境污染的同时开始下力气去治理情绪污染，他们想出各种办法，帮助人们清除情绪“病毒”。欧洲喜欢“运动排毒”，法国人还发明了“精神排毒操”。他们一旦发现自己感染了情绪“病毒”，就去出一身汗，将郁结于胸的不良情绪随着汗水排出体外。

其实，归根结底来说，你要做到“百毒不侵”，就要有很高的精神境界，需要很强的心理承受能力。一个心胸宽阔的人和一个气度狭隘的人对待问题看待问题都是不一样的。假如有一个陌生人跑到一个很有气度的人面前骂他几句他可能理都不理，并且继续往前走，而假如是你，你是停下来和他对骂呢，还是继续走你的路?

第四节　虚荣是彩色的泡沫

客观地说，虚荣心并非一无是处，它是一种追求表面上的荣耀或光彩的心理，或者说是人们对表扬或赞美的渴求。我们经常说某人爱慕虚荣，不过是说他很看重表面的东西，却不注重内在的修养。这种心理可以在一定程度上激发人们的心灵力量，促使其达到预期目的。

但是，如果一个人的虚荣心过度泛滥，甚至达到某种变态的程度，这个人便会形成不务实的浮夸思想，轻则得不偿失，重则身败名裂，当然也少不了对他人、对社会、对老天的抱怨。所以，我们应该把握住虚荣的尺度，否则走进了虚荣的死胡同，可就很难掉头了。

可以肯定，这个世界上每个人多多少少都会有点爱慕虚荣的心理，男人注重面子、名誉、地位、票子、车子，女人则注重衣着、容貌、老公、房子、孩子，即使是我们一度认为天真纯洁的孩子们，也未能幸免于虚荣心的俘虏，让我们看看下面这个发人深省的小故事吧：

2007 年年底，山东《新商报》、《长河晨刊》等多家媒体披露，家住山东德州某社区的 7 岁小男孩肖辉（化名），在某小学上一年级，虚荣心极强。肖辉的母亲告诉记者："我每次送孩子上学，刚到学校大门口外面的小拐角时，他就不让我进去了，生怕同学老师看见我。后来他二姑一来我们家，他就黏住他二姑，一会儿给洗苹果，一会儿又给扒香蕉，还把自己的玩具拿给他二姑玩。看得出，他是在千方百计地讨好他二姑，因为他希望他二姑能够开车送他上学。"

"后来，他二姑就开车送了他一次。谁知那次以后，他就再也不许我和他爸爸接送了，还跟同学们介绍说送他的'姑姑'是自己的'妈妈'，以前来送自己的'妈妈'，不过是家里雇来的'保姆'！"

"说起来，这也不怪孩子，他的同学家里七成都有私家车。我们实在是太穷了。"最后，肖辉的母亲颇有些自惭形秽地说。

问题出在哪里？《新商报》的记者一语道破——正是家长们在面对孩子时不自然地表现出来的由于没有优越条件而自惭形秽的畸形虚荣心理，才使我们的孩子受了虚荣心的传染，变得一个比一个市侩。古有"认贼作父"，今有"认姑作母"，但这又怎么能怪我们的孩子呢？

不难看出，当今社会普遍存在的虚荣心，其实是世人对名和利的过分追求造成的。虽然它貌似注重荣誉感，实际上却是对道德荣誉的背叛。好在物欲横流的社会中，总有人还能不为所动。在他们身上，我们或许可以找到早已迷失的自我。

法国电影明星洛依德开着一辆法拉利跑车进入了一家检修站，一个女工接待了他。

这是一个年轻的女孩子，她的美貌让洛依德心猿意马，她灵巧的双手更让人一看就知道她不是普通的花瓶女。唯一让他不太满意的是——整个巴黎都知道他——大名鼎鼎的影帝，这个女孩子却没有丝毫的惊讶和兴奋。

"您喜欢看电影吗？"洛依德试探着问她。

"当然喜欢，我是个影迷。"女工手脚麻利，很快检修完毕："您可以开走了，先生。"

“小姐，您可以陪我兜兜风吗?”洛依德恋恋不舍。

“不！我还有工作。”对方居然拒绝了他。

我们之所以抱怨，就在于我们认为抱怨能为我们带来某些好处，比如他人的同情、认可或者可怜的优越感等。然而就像哲人说的那样，“抱怨是无能的表现”，抱怨非但解决不了任何问题，相反还会为我们带来一连串的负面影响。到头来，抱怨者反倒成了抱怨最大的受害者。所以，及早放弃抱怨吧，否则，痛苦的阴影将永远困扰着你。

第五节　环境影响我们的愤怒

我们已经看到，愤怒既是婴儿式的反应，也跟人类天生的生存机制有着密切的关系。但是，还有一个关键因素会形成和影响我们表达愤怒的方式，那就是我们的环境，也就是我们的性格在养成时生活周围的气氛。这一点，或许是以上种种因素当中最强而有力的。

俗话说“有其父必有其子”，这句话说得对极了，在愤怒这件事情上更是如此。从婴儿时期开始，我们的家人就不断透过各种信息来向我们灌输他们对我们的期待，包括我们应该做什么，我们应该如何思考、如何行动、如何感觉，哪些特质和行为是被鼓励的，哪些特质和行为又是应该克制甚至禁止的。父母是孩童在成长过程中重要的角色模范，他们如何表运包括愤怒在内的种种强烈情绪，往往成为孩童主要的模仿对象。

前面说过，愤怒是普世性的情绪，只要是人，都不可避免地会体验到它，然而，我们最后却学会用不同的方式来加以管理，而且往往跟我们从小到大在家人身上看到的非常相像。有些人生气时会在别人面前大声咆哮，像小孩子一样无理取闹（“我想要什么就一定要得到……而且我现在就要!”)。有些人则学会压抑负面情绪，尽管怒火已经在心中熊熊燃烧，他们却谨慎地加以克制，装出一副冷静自持的样子（“没事没事，我真的没事，我并没有不高兴啊。”）。还有些人则养成消极的攻击性格（passive－aggressive），尽管无法直接表达愤怒，却总是找得到间接的方式来加以表达，进而造成别人的痛苦。譬如，你可能听过李董在董事会上酸溜溜地说：“先让我们听听吉姆怎么说，之后再来讨论真正有趣的主题。”或听到你妈妈说：“我有说要开车载你去赴约吗？哦，天啊！我真的忘了。”另外，包括迟到、说闲话传八卦、对已经说定的事情临时反悔或变卦，也都是用间接的方式来表达愤怒，而且这些方式流传已久。通常，当事人并不会觉察到自己的愤怒：“什么！我讨厌吉姆？不不不！我真的喜欢他。我那句话并没有别的意思。你们这些心理学家为什么老爱过度解读别人讲的话。说真的，这才真的叫我生气！”

成年后，我们处理愤怒的个人风格已经形成。换句话说，我们表达愤怒的方式成了我们性格的一部分，而且，这些方式往往是我们跟同性的父母模仿而来的。因此，女孩子表达愤怒的方式通常跟母亲或其他主要的女性照顾者大同小异，而男孩子也多半以父亲或其他具有父亲形象者为蓝本，学会了“男性化的”愤怒情绪表达方式——所谓男性化的愤怒表达方式，通常是冲动而直接的。

第六节　别和自己过不去

俗话说“福祸相依”，好事可能变成坏事，坏事也可能变成好事。所以，在得意的时候不要骄傲，在失意的时候不要气馁，这才是人生正确的选择。

“福兮祸之所伏，祸兮福之所倚。”这是老子《道德经》里宣扬的一种辩证思想。基于这种辩证关系，我们可以明白，有时候即使看起来是很坏的“吃亏”，也会带来意想不到的收获。生活中此类事很常见，如果你是个要做大事的人，一定要懂得吃亏是福的道理。

美国亨利食品加工工业公司总经理亨利·霍金士先生，突然从化验室的报告单上发现，他们生产食品的配方中，起保鲜作用的添加剂有毒，虽然毒性不大，但长期服用还是会对身体有害。如果不用添加剂，则又会影响食品的保鲜度。

亨利·霍金士考虑了一下，他认为对顾客应以诚相待，于是毅然把这一有损自己销量也对消费者有利的实情当即向社会宣布。

这一下，霍金士面临了很大的压力，自己的食品销路锐减不说，所有从事食品加工的老板都联合起来，用一切手段向他反扑，指责他别有用心，打击别人，抬高自己。他们一起抵制亨利公司的产品。亨利公司一下子到了濒临倒闭的边缘。

苦苦挣扎了四年之后，亨利·霍金士已濒临倾家荡产，但他的名声却家喻户晓。这时候，政府开始站出来支持霍金士了，亨利公司的产品反而成了人们放心满意的热门货。

亨利公司在很短时间里便恢复了元气，规模比最初扩大了两倍。亨利·霍金士也一举坐上了美国食品加工业的头把交椅。

生活中的聪明人，他们做事善于从吃亏当中学到智慧。“吃亏是福”也是一种哲学的思路，其前提有两个，一个是“知足”，另一个就是“安分”。“知足”则会对一切都感到满意，对所得到的一切，内心充满感激之情；“安分”则使人从来不奢望那些根本就不可能得到的或者根本就不存在的东西。没有妄想，人也就不会有邪念。

人非圣贤，谁都有七情六欲，但是，要成就大业，就得分清轻重缓急，该舍弃的就得忍痛割爱，该忍的就得从长计议。在现实生活中，我们做事都要有“心计”，能够忍让，懂得吃亏，因为，塞翁失马，焉知非福，舍小是为了谋大。

第七节　你的“导火索”有多长

有些人的“导火索”很短，也就是说他们的脾气很急，愤怒会很快激化。以至于他们还来不及控制自己的愤怒就已经开始发火了。一个人的“导火索”的长度是由很多因素决定的，例如：

气质类型：人一出生就具有和自己的兄弟姐妹、父母或者亲朋好友不同的气质类型。有些人是冲动型的，他们行动迅速而欠思考，有些人则很谨慎，他们会花很长时间把事情想清楚。而你则有可能是易兴奋、反应性强的类型，也就是说你比那些随和或从容的人更容易产生身体上的兴奋。这样的差别甚至在出生前就已经显示出来，并贯穿一个人的一生。冲动型和兴奋型的人比那些生性随和的人的“导火索”更短。

角色榜样：俗话说，有什么样的父母就有什么样的子女。换句话说，一个人对压力的反应方式是在他的童年时期习得的，是从自己的父母那里学来的。如果他们爱发火，那你很可能也会成为这样的人。

个性：你有没有好斗的个性？在对待生活的方式上，你是不是没有耐心、爱冲动、爱对抗、爱苛求，而且盛气凌人？如果你回答“是”，那就很可能你的“导火索”较短、脾气较急。只要一受到刺激，你就想和世界对着干。

咖啡因、尼古丁、酒精等化学物质的摄入：化学物质会影响人的大脑进而影响人的情感状态。这类化学物质包括咖啡因、尼古丁、酒精、可卡因、镇静剂等，还有很多这类物质。如果你长期使用其中的任何一种，那你的“导火索”可能就会变得很短。

情绪：关于这一点是没有疑问的，如果你有某种情绪障碍（如焦躁性抑郁症或双相情绪障碍等），那你就更容易生气上火。我不知道在找我咨询的顾客中有多少人患有某种情绪障碍而没有被诊断出来，也没有得到治疗，但这个数字肯定是很高的。

压力水平：压力有正常的，也有非正常的、过大的、使人不能承受的。你的压力离正常水平越远，你的“导火索”就越短。突然爆发的愤怒其实是你的神经系统在大叫：“停！我不能承受更多压力了。我要死了！离我远点儿！”

睡眠量：如果得不到足够的睡眠（每天7～9个小时），那么生活就会成为一种压力。不管做什么你都要付出更多的努力。你的精神会变得紧张，你做事的效率会降低，而且会变得很容易发火。

对世界是否持一种敌视的态度：如果你对世界的态度是愤世嫉俗和敌视的，那么你就总会觉得事情在以你不希望的方式发展，而周围的人都是你潜在的敌人。这种情况下，你就更容易发火，甚至一点点刺激都会让你激动起来。

第八节 适当延长“导火索”又何妨

那人能不能延长自己的“导火索”呢？当然，一个人不可能轻易地改变自己的气质类型，也不可能改变自己的童年经历，但是可以减少咖啡因和酒精的摄入，增加睡眠时间，就抑郁问题进行咨询，使用一些压力管理的方法，更乐观地看待生活，同时请求而不是命令别人为自己做事。这些都是可以做到的。我们还可以尝试一些其他的方法，下面我将具体谈到这些方法。

1. 走开——但要回来

我们每个人身上都有一种“战斗或者逃走”的机制，这种机制指挥着我们面临某种威胁时的行为——不管这种威胁是一种身体上的还是自尊上的。因此，我们对待挑衅，或者会表现为愤怒（战斗准备），或者会扭头离去，从而完全避开面临的问题（逃走）。

但问题是，这两种极端的选择都不会对你的愤怒管理有所帮助。如果你决定站起来进行战斗，那你需要在足够长的时间内保持愤怒以克服这种威胁——而你的愤怒强度会在此过程中不断加强。另一方面，如果你选择逃避威胁，那结果就是你要带着愤怒走开，你可以甩掉威胁，但你甩不掉自己的愤怒。

值得庆幸的是，你还有第三种可行的选择——另外一种立即行动的方式。你可以先摆脱纠缠（从现场走开），过一段时间，等你平静下来的时候再回来。这时你可以再和对方讨论怎样解决冲突。这是应对让你愤怒的问题的最成熟的方法，但也是大多数人最不可能采取的方法。

你选择什么样的方式应对刺激很大程度上取决于你一开始的时候有多么生气。以下是一组九年级中学生在被问到这个问题时的回应："当另外一个学生毫无理由地冲你发火时，你会怎样?"调查显示，他们选择暂时走开等平静下来再回来和对方讲道理的可能性，随着愤怒程度的增高而急剧降低。这也是我们在感到不悦时要让这种不悦就此打住、避免升级的另一个原因。

暂时走开可以使生气的人平静下来，但具有很强的侵略性和好斗个性的人倾向于对任何刺激都作出对抗性反应，而不是摆脱和走开。这样做是由他们的本性决定的。

2. 让对方说最后一句话

人们往往因为一些事情而恼火，比如水龙头漏水、汽车发动不起来等，但他们却总是和人生气。所以说，大多数愤怒都是发生在人与人之间。一个人会首先发难，从而形成一种情感刺激并引起争执。问题是：谁先停下来？让谁说最后一句话？

在你意识到自己生气的时候，你应该作出决定：让对方说最后一句话。而且越早越好——除非你打算让局面变得不可收拾。

下面是一对父子间的两种对话过程，看一看哪种对话更好。首先看第一种对话：

父亲：吃饭前你先把你的房间收拾干净。

儿子：我正忙着呢。

父亲：（不悦）我说了——我要你把房间收拾干净。

儿子：（生气）你别管我。

父亲：（生气）你少跟我这么说话。现在就收拾你的房间——马上！

儿子：（暴怒之下把书扔了过去）我说了，你别待在我房间里！

父亲：（非常生气）你敢冲我扔东西！现在你马上给我收拾，不然你等着瞧。

下面是第二种对话：

父亲：吃饭前你先把你的房间收拾干净。

儿子：（不悦）我正忙着呢。

父亲：（不悦）是的，我看见了，但是我要你先收拾房间。

儿子：（生气）你别管我。

父亲：（不悦但没有发火）好吧。但是你要收拾房间。

儿子：（生气）我想收拾的时候会收拾的。

人们在和他人发生争执的时候，都极力想让自己说最后一句话，却看不到事情正变得不可收拾。对于愤怒管理来说，更重要的是对生气的过程进行控制，而不是怎样处理愤怒失控造成的严重后果。如果你能做到让对方说最后一句话，那就尽量这样做，因为这样就改善了争执的过程，从而不至于产生更糟的结果。

如果你一定要说最后一句——你无法控制自己——那你这句话应该尽量不含敌意。我在这种场合最爱说的就是：“你爱怎么想就怎么想。”如果某人冲我发火，并正要怒气冲冲、长篇大论地说我是多么让人讨厌，我一般不会跟他争吵，而只是说：“你爱怎么想就怎么想吧。”或者“你爱怎么说就怎么说吧。”然后就起身离开。这样，我就不必跟他玩生气的游戏了。

3．有时感到愧疚是有好处的

负疚感本身无所谓好坏，这要取决于你是在发泄你的愤怒之前还是之后感到愧疚。如果负疚感能阻止你因为愤怒而对别人进行言语的或肢体的伤害，那它就是好的；如果你在满足了报复的渴望之后才感到愧疚，那这种愧疚就没有什么好处了。

在约翰开车的时候，他妻子有时会突然大叫："小心！"每当这时约翰就会很生气。有几次，她紧张的喊叫差点使他发生事故，他真想吼叫着对她说："该死！你不要这样行不行？你想让我们都被撞死呀？"但是他没有这样做，因为他爱他的妻子，他们已经相互陪伴着过了40多年，而且他知道如果冲她吼叫只会伤害她的感情，所以他就不去计较了。

记住：当你感到恼火或者愤怒的时候，在行动之前，先考虑一下后果。如果你觉得你过后肯定要为自己盛怒之下的举动道歉，那就别再作出那样的举动。你可以用没有伤害性的方式表达你的情感。记住：一分的预防要胜过十分的补救！

第二章　生气之下无好果

生气最直接的结果会影响你的健康，然后伤害你和家人、老板、同事以及朋友之间的感情。在带着情绪的情况下，你不但不能让别人服从，对问题于事无补不说，反而更不利于事情的解决。

第一节　生气不是问题的答案

与其发火伤身、伤神，不如多动动脑筋，多想点办法，多干些开拓进取的好事、实事。

人有喜怒哀乐，小百姓为鸡毛蒜皮发火，原是常情。年轻人，肝火旺，因琐屑小事而对别人动怒发火，乃至出手掴巴掌，都是常有的事。

与小百姓不同，大人物的涵养好，不会轻易发火。但是最近一段时期，不知何故，书记、省长之类高官的发火新闻，近来屡屡见诸报端。前些天，河北一位省领导对“特权司机”的蛮横劣行，当众发火，提出严厉批评；1 月 15 日，湖南省原省长张云川在省政协会议上，怒斥那些滥用权力、开着豪华轿车上下班的“科级干部”，说这类“问题一讲就让人冒火”；1月16日，在合肥召开的统计局长会议上，安徽省常务副省长张平又厉言疾色地痛斥数字造假，对虚报浮夸和瞒报漏报等统计腐败现象，大发其火！

省级领导在大庭广众之下频频发火，让老百姓舒了一口长气。他们的动怒发火，都对准了社会上的腐败问题、不良作风，站在老百姓的立场讲真话、讲实话。人们真切地看到，我们的高级干部与人民群众血肉相连，息息相通。反腐倡廉、转变作风，大有希望。这样的领导发火，老百姓听了顺气、开心！

可是，发火之后呢？会不会把问题给解决了呢？

“雷霆之所击，无不摧折者；万钧之所压，无不糜灭者。”高层领导发雷霆之怒，定会大大促进某些问题的解决。比如那个“特权司机”，少不了要挨整治，说不定要砸了他的饭碗。但是，对有些问题，如“科级干部”滥用权力、吃拿卡要，如统计数据的虚假浮夸等，领导发火就未必能管大用。小干部依仗权力胡作非为的坏作风，牵涉的人太多了，要纠正。转变毛病又反映在方方面面，不是撤掉几个人即可奏效的。而对统计腐败、数字造假“注水政绩”顽症，更不是某个领导发一通火所能遏制或消解的。这些问题背后，存在着深层的体制、机制根源和考核、管理等一系列的制度性缺陷或弊端，根源未廓清，缺陷、弊端得不到弥补、治理，只抓那么一两个犯事的“典型”，终究是治标不治本。就此而言，领导发火的作用也有限。

我们不能指望靠领导发火来解决腐败问题。我们也不该把消除腐败的全部希望寄托于领导的发话、发火，唯有实际行动，彻底而稳健地办实事，问题才能真正解决。领导动怒发火，说明问题的严重，影响的恶劣，非抓不可，非解决不可；然而，发火之后怎么办，推出什么样的改进举措，比发火更紧要、更关键。作为老百姓，更愿意看到领导发火以后的真抓实干，以大胆的制度创新来解决广泛的社会腐败问题。这样，领导的火才没有白发、空发。

所以，当领导的人还应该善自珍重，尽量少些动怒发火。老发火不是个办法。不是说办法总比困难多吗，与其发火伤身、伤神，不如多动动脑筋，多想点办法，多干些开拓进取的好事、实事。

第二节　闲气不值得

闲气多源于生活小事，而在日常生活中，不尽如人意的事儿是经常发生的。老生闲气的人该问自己一句：我是不是太小心眼了。

据说，一代天骄成吉思汗打猎的时候，口渴难耐，正好附近有一洼山泉，他捧起水来喝，一只老鹰疾飞而至，成吉思汗一惊，山泉泼得满地，喝水的“渴望”被干扰，成吉思汗大怒，抽出羽箭射杀飞鹰。成吉思汗走上山顶，发现飞鹰被羽箭穿胸而毙，而死鹰陈尸的山泉水源，有只被鹰啄死的大毒蛇。

如果你是成吉思汗，你会怎么做？当场你会后悔自责？庆幸？自认大难不死必有后福？决定以后不要随便发怒？或在发怒情况下随便决定行动？

谁都会做的一件事——生气，那太简单了；但是对应当生气的人生气，生气得恰到好处，以及为正当的理由生气，用正确的方法生气——那就不简单了；而且也不是每个人都有能力驾驭的。

闲气，是由生活琐事而生的不该生的气。有趣的是，生闲气的对象大多是生气者自己的家庭成员或身边的同事。常生闲气有三害，一害自己的身体。生闲气时心里不痛快，心情压抑或烦躁，这种消极情绪若经常出现或反复发生，势必影响人体的正常生理功能，心理平衡失调，免疫功能下降，多种疾病就可能接踵而至。二害自己的事业。因为，不良的情绪不仅会影响工作或学习的效率，还会妨碍与上下级和同事的关系，影响团结，不利于事业的成功。三害他人。生气时常会态度粗暴或出言不逊，使他人心境被破坏，心灵遭到打击。

心理学把情绪分为心境、激情、应激三种状态。其中，心境是一种使人的一切体验和活动都感染上情绪色彩的比较持久的情绪状态，它具有弥散性的特点。当一个人处于某种状态时，看待一切事物都受其影响。良好的心态使人在接人待物中发生兴趣，不良的心境使人感到凡事枯燥无味，容易生闲气。你在家拿家庭成员当“出气筒”，就是不良心境的弥散。

一般说来，人在生闲气时，容易产生发泄、找“出气筒”等攻击行为。如恶声恶气、摔摔打打、怒目而视、破口大骂、动手打人等。这些攻击行为可能直接针对挫折的制造者，但当觉察出对方不能直接攻击而心中的恶气又要发泄时，常常找个“出气筒”。这“出气筒”可能是人，也可能是物。像《红楼梦》里晴雯撕扇子就是对宝玉责备情绪的发泄。

为什么有些人好生闲气呢？原因无非是以下几类：

1．没正经事做，闲得无聊而心绪不佳，或胸无大志，私心过重，遇事好斤斤计较；

2．度量太小，或疑心过大；

3．对他人要求过高，好挑剔，待己宽而责人严；

4．工作或生活失意以及遭受挫折时。

就拿在家里吃饭来说吧，菜很可能做得咸一些或淡一些，不大合自己的口味儿。如果是一个想得开的人，菜咸些就少吃点儿，淡些就放点盐，同样吃得香。而对于好生闲气者，就会觉得菜不可口，心里不痛快。显然，这种人是把那些微不足道的小事儿给夸大了。所以，闲气大多是自找的。

老生闲气的人该问自己一句：我是不是太小心眼了？或者太无聊了？胸怀大目标，心想大事，天天有事做，就不会计较琐事而生闲气了。所以奉劝您要加强修养，宽厚待人，变责人严为责己严，这样就不会看谁都不顺眼而生闲气了。

凡事“无所谓”就不大容易生气，即使有气也来得快，去得快。俗话说：糊涂也有糊涂福。如果一个人执著地喜欢书画，就是墨泼了他一身也不会为此生气着急。我们提倡：人应糊涂一点，尽量少生气。即使生气也应尽快宣泄，一定不要超过3分钟。

第三节　闷气是感情杀手

如果动辄生闷气，就会使家庭处于“战争状态”，或者总是和朋友冷言相对，你的生活会快乐、会轻松吗？

所谓闷气，是有气不发，强憋在心里的气。这种气对身体危害甚大。因为，生气对健康的危害程度主要取决于气的强度和持续时间的长短。闷气憋在心里，不向外发泄，一般持续时间均较长。这种不良情绪压在心头不消散，可导致食不甘味，睡不坦然，机体的抗病力就会随之下降，而有损于健康。同时，气憋在心里，常是越憋越重，甚至达到难以承受的程度。这时再骤然发泄，如同山洪暴发，即大发雷霆，称之为盛怒，而盛怒则会对身心造成更大的伤害。

但我们更想说的是，闷气还会伤害人与人之间的感情。

最怕两个最亲或关系最密切的人同时相互生闷气。比如夫妻之间因为一点鸡毛蒜皮的小事斗气，谁也不服输，不先开口，于是就会对身心健康和相互的关系造成严重的损害；而且夫妻关系也会日益紧张，隔阂加深，相互感情就会受到伤害，甚至会招致严重的后果。

哪些人好生闷气？据调查研究，性格内向或孤僻者，以及平时很少与人交际，朋友甚少，不愿意与亲友同事谈心的人，都比较好生闷气。因此，这些人应该更加重视克服自己性格、修养上的弱点。诚然，改变性格并非易事，但也不是办不到的。这些人应该多参加一些有益身心的社会活动，走出狭小的天地，多结交一些朋友，培养一两项业余爱好，经常参加文娱和体育活动。这些都可以逐步优化自己的性格，开阔自己的心胸。特别是要逐步养成与熟人、朋友、同事谈心、聊天的习惯，心里不痛快就及时向外宣泄。在这方面，尤其需要得到其亲友和同事们的帮助，当发现他有气憋着、闷在心里时，就应该想方设法引导其将心里话说出来。

人们应该学会控制自己，尽量做到不生气。碰上了不愉快的事，首先要学会自己给自己“消气”；确实遇到烦心的事，也要“戒”字当先，戒除恼怒。当然，这不是简单下个决心就能办到的事情，其中还有道德修养和陶冶情操的问题。古人把“责己严，待人宽”，“温、良、恭、俭、让”视为人际交往的准则，这对保持身心健康是十分有利的。遇事冷静、待人宽厚并能适当克制自己的情绪，这实际上体现着一个人的内在修养。

养身当以戒闷气为本，要养怡身心，就要下工夫修炼品行，学会宽厚待人，谦逊处世。要做到不生气、少生气，就要心胸开阔，宽宏大量，不要对一些细枝末叶的小事斤斤计较、耿耿于怀。其实，“退一步”并非意味着“懦弱”，反倒是化解矛盾的良策，或许还会由此冰释前嫌，换得云消雾散、海阔天空。要养怡身心，还要学会息怒，善于控制和调理自己的情绪，把“生气”这种不良情绪消灭在萌芽状态。

第四节　怨气耽误正经事

不难发现，那些牢骚满腹、怪话连篇、怨气冲天的人，几乎都与事业成功无缘。怨气，它只会误事而有害无益。

2001 年，在福建曾发生了这么一件奇事：一名男子因为一点小矛盾竟然负气出走 15 年。这名男子名叫胡小仁，家住浙江省临海市白水洋镇西村。15 年前，正在准备开办小型加工厂的胡小仁因和父母吵了几句便负气出走，一直不与家人联系。其家人四处寻找，多次在报刊上登载寻人启事，仍杳无音信。福建省东峰镇公安分局在对辖区内所有外来流动人口进行拉网式清理登记时，发现在裴桥村锋源瓦片厂打工的胡小仁解释身份时吞吞吐吐，似有难言之隐。在民警的一再询问下，胡小仁不得不说出实情。分局立即向其出生地浙江省临海市白水洋镇派出所发出函调信，多次与他们联系，终于使他家人得知胡小仁在东峰。当胡小仁的哥哥胡必庆及叔叔专程赶到裴桥村，看着十多年未见面的亲人，听着公安民警的耐心劝导，胡小仁终于消除了心中的怨气，抑制不住多年的思亲之情，叔侄三人热泪盈眶、紧紧相拥。等他回到家里，他那个没有亲手去办的加工厂已经在哥哥的手中颇具规模了。

未离家时壮志满怀，15 年后回乡时仍是一介打工仔；一股怨气能生 15 年，还真是少见！

怨气是抱怨或怨恨之气，多因自认为遭遇不公而生。生怨气的对象多是自己的上级或其他有权势者。常生怨气是没有半点益处的。一些人为了自己的面子生气时不方便在外人面前显露，只能带着一肚子的怨气回家爆发，使家人成了“出气筒”。其实靠生怨气发发牢骚，什么问题也解决不了。由于心中装满怨气，今天怪这个，明天怨那个，让这种消极情绪常困扰着自己，这是在破坏自身的心理平衡，涣散自己的意志和进取心，进而还会引起机体生理功能的降低或紊乱。

在同样或相似的外界刺激下，为什么有人很少生怨气而有人却怨气十足呢？心理学告诉我们：情绪和情感的发生，不仅取决于环境刺激，而且也取决于人的认识水平，这两者同样重要。比如，对待车船票涨价一事，人们的反应相差悬殊。有些人愤愤不平，抱怨国家接连提高运费，增加群众负担。有些人则从发展经济的大局出发，认为现在能源不足，运价成本大幅度上升，人们的工资也增长许多，运费理应提价，因此，并无怨气。这表明，不生或少生怨气，必须不断地充实自己，提高自己对事物的认知水平。

如果别人的言行触犯了你，你首先要看一看是有意的还是无意的。假如是无意的，则应该“不知者不怪”。假如是有意的，则要分析其言行是对还是错。对者，应该欣然领教；错者，可以采取恰当的方法回敬，包括保持沉默，没有必要生气，否则便是拿别人的过错来惩罚自己。莎士比亚说：“我宁愿压服我的愤恨而听从我更高的理性；道德的行动较之仇恨的行动是可贵得多的。”当你越成熟时就越会感到莎翁所言有理。

第五节　迁怒没道理

有的时候，我们会对一个不恰当的对象产生愤怒，譬如这个人正在恐吓我们、权力地位比我们高，或者有能力伤害我们。这时候，把愤怒表达出来就是相当不明智的甚至是危险的。有一个方式安全多了，就是将怒气发泄在某个较不具威胁性的对象上。

而这个，就是迁怒了。

大多数人偶尔都会做出迁怒的行为来。假设你今天开车超速，被警察拦了下来，你敢对那个开你罚单的警员大声咆哮吗？大概不会。可是，等你回到家，一看到女儿忘了把图书馆的书拿去归还，你马上对她咆哮了一顿。为什么会这样？原因很简单，把怒气发泄在女儿身上比较安全嘛！然而，一个人如果不够自觉，很可能习惯成自然，老是用迁怒的方式来处理愤怒的情绪。这样的模式是有害的，久而久之还可能产生严重的后果。

你是否发现自己经常失去理性地对着老婆、儿子、女儿、部属、店员或银行办事员大呼小叫呢？你是不是偶尔会听到别人告诉你：“嘿！我不知道你怎么了，但请不要把我当成发泄的对象？”如果你经常为了一些小事而大发雷霆，也许，你已经养成了迁怒的习惯。你不妨问问自己：我真的有那么气我老婆、我小孩，或餐厅里那个服务生吗？又或者，我这么生气其实另有原因？要做好愤怒管理，其中一部分就是要认清自己愤怒的根源，再据此做出适当的处理。

迁怒的现象，是否印证了弗洛伊德的攻击冲动理论和帕斯卡尔的水压原理？愤怒也许真的会“储存起来”，“一有机会便表现出来”？答案是否定的。迁怒的行为，通常决定于当事人的心情，而且发生的时间通常在愤怒事件之后不久。各位还记得吗？愤怒跟我们的战斗或逃跑反应有密切的关联，在我们觉察到威胁的存在之后，由于担心该威胁会继续埋伏在附近，因此生理的高度激发状态会维持一段时间，让我们保持高度警戒，以便随时做出战斗或逃跑的反应。

假设你在回家前才刚刚跟一个朋友吵过架，或与你的上司或同事发生过争执，这时候的你便处在一种容易动怒的状态，一点点的小事都可能令你火山爆发，譬如，看到你老婆忘了把油箱加满，看到孩子把衣服乱扔在地板上，你就开始张牙舞爪地咆哮一顿。要是你在工作上或某段重要的关系里头长期有愤怒的问题却没有加以处理，迁怒的情形便可能经常在你的生活中发生。

假设你正在为某个不久前才发生的事情感到不高兴，而你自己也觉察到了，那很好，最起码，你知道自己现在很容易动怒。觉察是关键所在！可能的话，给自己一点时间，做一些事情让自己的心情恢复平静。你心中虽然有一股想要对老婆、孩子或属下大吼大叫的冲动，但是你可以选择不这么做，你可以克制住这股冲动。你事后会很庆幸自己这么做的。

第六节　愤怒不能“服”人

何苦要气？气是别人吐出而你却接到口里的那种东西，你吞下便会反胃，你不看它，它便会消散了。气是用别人的过错来惩罚自己的蠢行。

在森林里，老虎自恃是强者。有一天觅食的时候，一只飞来飞去的牛虻总萦绕着它。老虎生气地喝道：“不要在我眼皮底下打扰我，否则我就撕碎你!"

"嘻嘻，只要你够得着就来吃我啊。"牛虻一面嘲笑老虎，一面飞到老虎鼻子上吸血。老虎大怒，用爪子抓，牛虻又飞到老虎背上吸血。老虎恼怒地用钢鞭一样的尾巴驱赶牛虻，但是牛虻不断地转移位置，不停地狠狠叮咬。老虎已经失去了理性，愤怒地咆哮着，牛虻却依然故我，在老虎身上东叮一口，西咬一下。老虎气极了，它躺在地上打滚，妄图压死牛虻，可牛虻立刻就飞走了。没过一会儿，它又回到老虎的鼻尖上了。周而复始。最后的结果是，老虎精疲力竭地趴在地上一动不动。

像寓言中的这只老虎一样，我们人类也会生气也会愤怒，愤怒的结果往往就是把自己折磨得疲惫不堪。但常常是，你的愤怒只会让你的对手高兴，让你的对手欢笑，你的愤怒并不能控制别人，相反，如果你经常愤怒，你自己被愤怒折磨却不会得到别人的同情与理解。即使有的时候别人做错了，你也应该试着用平和的语气与之说话。

一位商界精英说："在我与别人共同工作的一生中，多少学到了一些东西，其中之一就是，绝不要对一个人喊叫，除非他离得太远不喊听不见的时候。即使那样，也得确保让他明白你为什么对他喊叫。对人喊叫在任何时候都是没有价值的，这是我一生的经验。喊叫只能制造不必要的烦恼。"

1809 年 1 月，拿破仑从西班牙战事中抽出身来匆忙赶回巴黎。他的间谍告诉他外交大臣塔里兰密谋造反。一抵达巴黎，拿破仑就立刻召集所有大臣开会，他坐立不安，含沙射影地点明塔里兰的密谋，但塔里兰却没有丝毫反应。这时候，拿破仑无法控制自己的情绪，忽然逼近塔里兰说："有些大臣希望我死掉!"但塔里兰依然不动声色，只是满脸疑惑地看着他，拿破仑终于忍无可忍了。他对着塔里兰粗鲁地喊道："我赏赐你无数的财富，给你最高的荣誉，而你竟然如此伤害我，你这个忘恩负义的东西，你什么都不是，只不过是穿着丝袜的一只狗。"说完他转身离去了。其他大臣面面相觑，他们从来没有见过拿破仑如此失态。

塔里兰依然一副泰然自若的样子，他慢慢地站起来，转过身对其他大臣说："真遗憾，各位绅士，如此伟大的人物竟然这样没礼貌。"

皇帝的失态和塔里兰的镇静自若像瘟疫一样在人们中间传播开来，拿破仑的威望降低了。

伟大的皇帝在压力下失去冷静，人们开始感觉到他已经走下坡路了，如同塔里兰事后预言："这是结束的开端。"

塔里兰激起了拿破仑的怒气，让他的情绪失控，这正是他的目的。人人都知道拿破仑是一个容易发怒的人，他已经失去了作为一个领导的权威，这种负面效果影响了人民对他的支持。面对大臣企图发动阴谋这样的事，焦躁和不安只能起到相反的作用，这说明他已经失去了主宰大局的绝对权力。

在这种情况下，拿破仑应该怎么做呢？他首先应该思考：他们为什么会反对自己？他也可以私下探听，从手下的士兵身上了解自己的缺陷，更可以试着争取他们回心转意支持他，甚至干脆除掉他们，将他们下狱或处死，杀一儆百。所有这些策略中，最不应该的就是激烈地攻击和孩子气地愤怒。

再让我们来看看心理学家们是如何看待"愤怒"的。我们在这里所讲的愤怒，是指当某人在事与愿违时做出的一种惰性反应。它的形式有勃然大怒、敌意情绪、乱摔东西甚至是怒目而视、沉默不语。它使人陷入惰性，其起因往往是不切实际地期望大千世界要与自己的意愿相吻合。当事与愿违时，就变得怒不可遏。

假设你有一个 3 岁的女儿，她正在街上玩耍，而且很可能会被车子撞上，你板起脸大声叫她回来。如果你觉得这样高声说话的目的是为了让孩子别在危险的地方玩耍，那么这倒不失为一个很好的方法。然而，假如你因此而真的生气，气得脸发红、心跳加快、乱摔东西——总之，在一段时间内陷入惰性，那你便是处于愤怒状态了。

多思考一下，你完全可以通过其他方法教育孩子，根本犯不上自寻愤怒。你可以这样想："女儿在街上玩很危险，我要让她懂得在街上玩耍是不能允许的，我要高声叫她回来，以表明我的坚决态度，但我无论如何也不会为此大发雷霆的。”

有这样一位妈妈，她根本不能控制自己的愤怒。每当孩子淘气时，她总是大发脾气。可是，她越是发脾气，孩子们就越淘气。她惩罚他们，把他们关在屋里，并对他们大声叫骂，她自己还愤怒不已。与其说她在当妈妈、带孩子，倒不如说她是在带兵打仗。她光知道大声叫嚷，一天下来，犹如从战场归来，累得自己筋疲力尽。

你看，孩子们知道他们淘气会惹妈妈生气，可他们仍然不听话。这是为什么呢？因为愤怒就是这样捉弄人：它根本不能改变别人，只能使别人更想控制动怒的人。如果要上面提到的孩子们说出他们淘气的理由，他们或许会这样告诉你：

“知道怎样让妈妈动怒吗？只要说这样一句话，做那样一件事，就可以控制她，让她气得发昏。你会在屋里给关一会儿，那是无所谓的；可是你得到的却很多，以这么低的代价就在感情上完全控制了她！既然我们能对妈妈施加这么大的影响，我们就应多这样逗逗她，看看她会气成什么样。”

从以上的例子中我们可以看出：在生活中，不管对什么人动怒，也只能使别人继续自行其是。尽管惹人生气的人有时会有些后怕，但他同时也知道他可随意叫对方动怒，这就相当于牵动着对方的一根神经，从而在感情上能够轻易地控制住对方。可怜的是，发怒的人往往认为可以通过愤怒来控制对方。在明白了这些道理后，你或许会少一些愤怒的情绪，而代之以平静的心情去面对生活中的许多不如意。

第七节　你是怎么表达让你生气的事情的

你说话的嗓门越大，你的话被人们接受的就越少。过分激动的对话将使你的信息无法得到有效的传达和理解。愤怒可以成为一种有效的沟通手段，但如果你想让别人听到你说的话，你就必须注意以下两点：

音量：你说话时声音的大小和强度。一个人越生气，他的嗓门就越大，所以你不必用精确的检测和计算就能很容易地辨别他是不高兴还是气得暴跳如雷。

语速：你说话时的频率或速度。随着你生气强度的增加，你会发现自己说话的速度也越来越快。这时你说的话像是处在一种受压的状态，以迫不及待的方式从你的嘴里喷涌而出。

生气的时候首先要注意自己说话的状态，如果你发现自己的嗓门在变大，语速在加快或者声音太尖利，那就要进行相应的调整，就当做是对自己的一种调试，就像在调试一件乐器一样。

马里兰大学的阿朗·乌尔夫·西格曼教授发现，当人们生气地说话时，他们的声音倾向于越来越大，而语速则越来越快。愤怒会刺激你的神经系统，并带来各种反应，其中包括心律加快。心跳的加速会强化你的发声系统的反应力度，使你的嗓门更高，语速更快。而这又会使你的愤怒变得更强烈。这样，你很快就陷入了一个靠自身的推动不断升级的恶性循环中。（不知有多少人曾这样对我说：“我不知道怎么回事——我一开始只是在对我妻子说她很气人，说着说着我就叫嚷起来，把她吓得要死。”）

对于愤怒管理来说，有利的情况是，你可以通过降低自己的音量来减弱生气的强度。你不一定非要改变你说话的内容（除非其中带有脏字），你只需要改变你说话的方式。

西格曼教授在试验中还注意到，人们倾向于模仿或者效仿对方发声方式。你生气的时候嗓门越大，我回复你的嗓门也越大，情况就这样一直进行下去。这样的你来我往会使愤怒不断升级，变得无法控制。

长此以往，这种在愤怒刺激下的声调不断增高的恶性循环会给健康带来严重的影响。被卷入这种激烈争吵中的人出现心脏疾患的可能性会极大地增加。所以，你不能自控的吼叫不仅会打击对方的心情，同时也会对自己的心脏造成打击，这样做就等于在慢性自杀。

不管什么时候，只要你发现自己处在失去冷静的边缘，就问自己这个问题："我值得为此使我的血压升高、心血管受损并最终引发心脏病吗?"如果你认为不值得，那就应该采取一些常用而有效的措施来控制自己。

在我和几个愤怒的青少年打交道的过程中，常有情绪明显过分激动的孩子对我进行顶撞。而我会用一种坚定但平缓的语调进行应对（而不是作出冲动的反应）。因为我知道我最不该做的就是激化他们的愤怒。他们自己也许会越来越激动，但我会一直用平缓的语气回应他。这时，他们的嗓门往往会降下来。换句话说，如果我不去匹配他的语调（叫嚷），那他会自动地和我的语调匹配。因此你再遇到发怒的人时，要保持冷静，这样就可以使局面缓和下来。

第三章　你为何生气

究竟是什么原因让你怒不可遏呢？仔细想想，你会发现自己生气就是向别人揭自己的短，向别人透露你的弱点在哪里，实在是不值得。因此我们要学会控制自己的脾气，不要庸人自扰，更不要让鸡毛蒜皮的小事成为心灵的负担。

第一节　敌意和仇恨自何处来

敌意是一种态度，一种对周围的人或事物的恶意。敌意和仇恨一样，它们与愤怒和攻击性行为之间有一种循环的关系。换句话说，怀有敌意的人更容易愤怒，而愤怒又反过来会引发敌意。但是两者的区别是，愤怒往往是短暂的，有始有终的；敌意却可以是长久的。

那么，生活的敌意和仇恨这些负面的态度是怎么形成的呢？实际上，有两个来源：来自家庭。和很多习惯一样，这种态度也是在早年形成的。来自被压抑的、没有化解的愤怒。我们可以拿一个你每天用来喝咖啡的杯子举例。假如你从来不擦洗那个杯子，会发生什么情况？你每次喝咖啡都会在杯子里留下一层残渣，这些残渣最终会使杯子的里层变色，并且会使你的咖啡带上一种苦味。如果你总是隐藏自己的情感，或者如果你不善于原谅，那就会发生同样的后果。敌意就是你品尝生活时的一种苦味。这种苦味影响着你对周围的人或事的态度。

人一般是不会一夜之间变得对生活充满敌意的，敌意的形成是一个长期而隐蔽的过程。敌意和仇恨也会来自没有释怀的过去的经历，这些经历被你从过去带到了今天甚至将来。实际上，这充分说明，昨天的愤怒也会变成今天的愤怒；而今天的愤怒会变成明天的愤怒。

如果你不想成为一个敌视和仇恨生活的人，那除了采用本书中所有的其他策略外，你还应该按下面的建议去做：

只要你一感到生气就马上承认自己生气。

利用愤怒更好地了解自己。

表达愤怒而不是发泄愤怒。

如果你感觉不快，就不要说“我很好”。

每天都对自己倾诉你的愤怒。

把愤怒看成你的盟友而不是敌人。

用一些健康的方式（比如运动）来化解气愤。

把愤怒作为一种正常的情感看待，就像对待友爱和快乐一样。

对态度粗暴的人说“请你自重”，而不是出于礼貌说“抱歉”。

原谅他人，解脱自己。

生活在现在，不要生活在过去。

把自己的怨恨倾诉给上帝。

放弃报复的想法，世间仇恨是永远也不会被扯平的。

在你和你最爱的人之间建立健康的界限。

生气的时候选择先离开，等平静下来再回来讨论你生气的原因。

提升自己的个人魅力。

采取预防压力的措施。

用积极正面的体验来抵消负面的体验，以平衡你的生活。

第二节 烦恼源自心灵

周华健有一首名为《最近比较烦》的歌，深得人们喜爱，因为这首歌表现了现代人的真实感受，唱出了多数人的心声。随着社会经济的发展，生活水平的不断提高，我们的感觉不是快乐与日俱增，却凭空增加了许多烦恼，笑声反而越来越少。这又是为什么呢？

一个年轻人四处寻找解脱烦恼的秘诀。他见山脚下绿草丛中一个牧童在那里悠闲地吹着笛子，十分逍遥自在。年轻人便上前询问："你那么快活，难道没有烦恼吗？"

牧童说："骑在牛背上，笛子一吹，什么烦恼也没有了。"

年轻人试了试，烦恼仍在。于是他只好继续寻找。

他来到一个小河边，见一老翁正专注地钓鱼，神情怡然，面带喜色，于是便上前问道："您能如此投入地钓鱼，难道心中没有什么烦恼吗？"

老翁笑着说："静下心来钓鱼，什么烦恼都忘记了。"

年轻人试了试，却总是放不下心中的烦恼，静不下心来。于是他又往前走。他在山洞中遇见一位面带笑容的长者，便又向他讨教解脱烦恼的秘诀。

老年人笑着问道："有谁捆住你没有？"

年轻人答道："没有啊！"

老年人说："既然没人捆住你，又何谈解脱呢？"

年轻人想了想，恍然大悟，原来是被自己设置的心理牢笼束缚捆绑。

生活中，为了满足各种欲望，我们整日劳苦奔波，身不得闲，而心灵欲念膨胀，被杂念纠缠，故亦不得闲，烦恼便由此而生。所以说，烦恼皆由心生。

佛教第二代传人慧可曾向达摩祖师诉说他内心的不安，希望达摩祖师能帮他把心静下来。达摩祖师让他拿心来，才肯替他安心。慧可找了半天回答说没找到，达摩祖师说："给你安心竟然没有找到。"

真的，心在哪里呢？心都不可得，哪里还有可得的烦恼？心是烦恼的关键。现代人一心追逐名利，心中充满欲望，整天患得患失，自然会有烦恼。深沉的烦恼、苦闷和痛苦比浅薄和廉价的快乐毕竟要幸福些。

第三节　压力带来愤怒

读到这里，你或许会猜想，愤怒应该不只是婴儿式行为在成人身上的翻版而已吧？你猜得没错。从生物的角度而言，心脏怦怦跳、手心出汗、过度激动等不舒服的感受，以及想要捍卫自己地盘的冲动，和生物天生的另一种自保机制有关，那就是：战斗或逃跑反应（fight - or - flight response）。每当我们的安全或舒适突然面临威胁时——譬如碰到驾驶闯红灯，或同事转告你"老板要见你"——我们的身体就会自动调整至备战状态，好动员我们全身上下所有的生理资源，以迎战可能的危险。这便是所谓的战斗或逃跑反应。从演化的角度看，此种反应其实是人类老祖宗的遗传——当人类的老祖宗在面临极可怕的威胁时，譬如有老虎在一旁虎视眈眈，他们必须立即做出判断：是要留下来跟对手决一死战呢，还是要赶快溜之大吉，寻找掩护？人类脑中一个叫杏仁核（amygdala）的地方，此时会启动一连串的生化变化，好让身体做好迎战或快跑的准备。

那么，当战斗或逃跑反应启动时，我们的身体究竟会发生什么事呢？首先，肾上腺素和皮质醇（cortisol）这两种压力荷尔蒙，会迅速释放到血液中。结果，我们的身体在很短的时间内便产生急剧的变化，好让我们能够清楚察觉并面对突然出现的生理挑战。于是，我们的出汗量增加，心跳加快，大肌肉和四肢处的血流量大增（好让我们能够迅速行动），肠胃的血流量则明显减少（身体在面临危险时，消化得好不好并非第一要务），瞳孔放大，所有感官都进入高度警戒状态：视觉变得更敏锐、反应时间缩短、对周围状况的察觉力也提高。然而与此同时，我们有一种感觉反而变迟钝了——那就是痛感。当战斗或逃跑反应正在积极运作时，我们对任何身体不适感的感受力都会比平常迟钝许多。仿佛我们的身体正在告诉我们："你待会儿要喊痛有的是时间，现在，我们有更要紧的事情必须去做。"

各位或许听过一些很戏剧化的例子，说某某人在面临危机时展现了不可思议的力量，譬如，做父母的看到自己的孩子被困在车里，忽然使出神力将车子抬起；某某人碰上意外事故，身受重伤，却能够走上一大段路去求救。类似的状况，或许你自己也经历过，因此你可能有第一手的经验，知道战斗或逃跑反应启动时究竟是什么感觉——肾上腺素的激增，让你忽然变得像头猛兽，天不怕地不怕，只为了保护你自己或你所爱的人。

可是，有一点我们必须了解：在本质上，战斗或逃跑反应的目的是为了帮助我们迅速进入备战模式。这时候，我们的理性思维，也就是仔细评估各种方案并谨慎寻求解决之道的能力，可能会忽然停滞。也就是说，当我们被大量的肾上腺素所驱使时，我们在乎的是短时间内能不能生存，而不是我们的行动就长远的眼光而言会造成什么后果。明辨慎思，思考这些决定会对我们自己或我们所爱的人造成什么影响，在这个当下并不是什么要紧的大事。

我们之所以很容易在盛怒的当下，也就是战斗或逃跑反应飙升到最高点时，做出或说出我们事后会后悔的行动或话语出来，以上所说正是原因之一。我们偶尔会在报纸上看到一些叫人匪夷所思的新闻，像是某某人因为一件看似无关紧要的小事，比方说被人插队、餐厅的服务生送错了餐点，结果失去理智，做出极端的反应来。当然，这些毕竟是少数的特例，更常见的情况是，我们会先疯狂咆哮一阵子，之后才回过头来问自己为何如此歇斯底里；

还有一点很重要：在战斗或逃跑反应所引起的过度激发状态底下，我们是处于一种警戒状态，因此会特别留意危险的存在，很多平日里看起来没什么大不了的东西，此时在我们眼中都可能成为威胁。就生理上而言，敏感度的提高是合理的，因为它可以让我们更加警戒（毕竟，刚刚那只老虎此刻说不定还埋伏于某处）。但是从实际的效用来讲，这样的状态其实有其缺点。因为，在当下，我们的恐惧会被放大，以至于对一个最轻微的负面字眼甚至人家一个白眼都会过度反应，因为，这时候的我们很容易把许多事情都看成是威胁。

此外，在面临威胁时，我们的言行举止都更容易被我们的偏见和不安全感所主导。假设，今天有个 17 岁的青少年开车从后头撞上了你的车尾巴。在这个惊险的时刻，你所有关于青少年如何不负责任的信念可能将全部浮上心头。于是你开始破口大骂：现在的父母怎么都不好好管教子女，任他们为所欲为；现在的青少年怎么老爱奇装异服，光刺青还不够，还喜欢在身体上随便穿洞，真是不伦不类；你家附近那些青少年怎么成天在便利商店附近鬼混，而且举止粗鲁莽撞。终于，你冷静了下来，知道没有人受伤，还发现这个撞你的年轻人其实相当礼貌善良，还不断地向你道歉赔罪，你才有办法用比较客观正确的眼光来看待整件事。总之，当火气消退以后，我们才能把事情看得比较清楚。

战斗或逃跑反应一旦启动，往往要经过一段时间才会解除。当我们对眼前的威胁做出行动之后，我们的心跳加速、敏锐度提升、痛觉变得迟钝等生理反应，才会逐渐消退。我们的身心已经对危险做出了反应，于是开始慢慢恢复正常。

第四节　不公平与无能

想一想那些你经常的遭遇，你会发现，让我们生气的状况通常不外乎两种：不公平或者无能。当遇上我们觉得不公平的状况，或某个愚蠢的人、事、物时，我们便很容易生气。

公平这件事，是人类的一个老问题了。探讨愤怒的先驱塔瑞斯认为，对于公平或正义的要求或期待，普遍存在于人类身上："人生并不是一场公平的游戏……然而很奇怪的是，我们却经常表现得好像人生是公平的。我们常常以为，事情就应该是我们所想的那样，以至于当我们的做人处世遭到抨击时，我们就勃然大怒、愤愤不平。"当事情不符合我们的期望时，我们的心中往往会生起强烈的失望、沮丧和愤怒；当许多人都觉得某种情况很不公平，众人的不满便汇聚成改革的动力——大多数社会运动都是这样来的。

具有讽刺意味的是，尽管我们是如此渴望人生是公平的，但不公平的现象却随处可见。人类社会中，能够在财富、权柄、容貌、聪明才智等各方面享有优势的人，往往只是少数，至于其他的大多数人，只能辛辛苦苦地工作，把握那有限的发展机会，甚至，还有一些人则罹患重病、家境贫寒，或遭遇其他非一己之力所能扭转的苦难。总之，看看你的四周，你会发现，不公平的情形随处可见。

生活当中，我们经常可以碰到一些事情让我们大叹："好不公平！"例如，你开车上高速公路，却卡在车阵当中动弹不得；你搭乘的公共运输系统误点了；你用你神圣的一票所选出来的政客，居然枉费选民的期待，只顾追求自己的利益；你那张健康险的保单花费不菲，最后当你有需要的时候，保险公司却找尽借口，拒绝给付。生活在当今这个世界，我们每天都会碰到各种不公平的事，以上所举的例子只是其中一小部分而已。

引发愤怒的情境还有另外一种，这在现代生活中相当常见，那就是：无能。你以为技师修好了你的计算机，结果他走后才10分钟，你的计算机就又死机了；修理人员收了你的钱，却没有把你家的烘碗机给修好，还是照样发出怪声音；你上餐厅明明点的是A餐，服务生却送B餐给你；你点的牛排明明是三分熟，厨师却把它煮成了全熟。类似的例子不胜枚举。

不只如此，在家里，在我们最亲爱的家人身上，更容易碰到这种种让我们大叹无能的状况。譬如，孩子总是不做功课；另一半忘了缴款；你老公常常迷路，却老爱装出一副胸有成竹的模样，还不肯向路人问路；工具用完了没物归原位；出门前总是拖拖拉拉，等到快来不及了才赶着去搭火车或搭公交车。甚至，牙膏的盖子有没有盖，都可能成为吵架的导火线。一些可能令人不悦的小事，在家庭里头却更容易被我们注意到，甚至放大。因此，我们不禁觉得，怎么到处都是些无能的人啊？

只要我们一动气，就有可能上钩，甚至被钓出水中，因而失去了自由：我们成了冲动的奴隶。除了最初的习惯性反应外，我们其实还有别的选择。原本，我们可以考虑自己的行为就长远而言会造成什么后果，但我们却主动放弃了这个机会。诱饵和鱼钩的比喻在此十分贴切；当我们被某个状况所激怒时，我们确实就好像一条离开了水的鱼，失去了自由，苦不堪言。

很多人都相信，愤怒有它自己的生命，因此除了将怒气表现出来，你别无选择，否则的话你将面临严重的后果。事实上，只要你理解到，看到诱饵时你不是非得上钩不可，你便能用比较不具伤害性的方式来控制和管理自己的愤怒。不只如此，当你碰到某个看起来美味可口的诱饵时（也就是说，当你碰到某种不公平或无能的状况而觉得自己有充分的理由发脾气时），你更应该警觉到，这里头潜藏着危险。接下来，你可以选择置之不理，不张口去咬饵——这是个很睿智的抉择，由于你这次并未受制于愤怒的支配，因此你将会觉得，原来我是有力量的。

第五节　不恼恨自身的缺陷

司芬克斯的鼻子胜过嘴，维纳斯的断臂胜过腿。

你是否一直都在追求完美无缺，追求完美的生活、完美的人格、完美的生命。其实缺陷也是一种美，但往往被人们忽视了。在人们心中无缺口的富士山是完美的，假如你绕“富士山”一圈，认识它的全貌以后，你就会发现有缺口的富士山更美丽些。

著名的维纳斯雕像，就是因为“断臂”才魅力无穷的。曾有好心人将她的手臂根据自己的想象作了修补，可看见的人却都说这不是维纳斯了，因为失去了她那种“残缺的美”。

法国著名雕塑家罗丹在完成巴尔扎克雕像后，一群学生看到那极富魅力的双手称赞道：“这双手太美了!”罗丹听罢，沉思许久，最后拿起斧子，砍掉了那双“太美的手”。他解释说，有了这双完美但又显得“过于突出”的手，有损于人物全貌，从而失去了“本质的人”。可见，残缺而真实的神韵，往往胜过完整无缺的外表华美；为求全而补上残缺，有时反而弄巧成拙，破坏了真实的美感。

很多人都看过谢尔·希尔弗斯坦画的一幅名为《缺失的一角》（The Missing Piece）的寓言。

由于缺了一角，它总是不快乐，于是动身去寻找那失落的一角。它唱着歌向前滚动，其间有苦有乐。它因为缺了一角，不能滚得太快，它和小虫说话，闻花香，蝴蝶还站在它头上跳舞。它经历了很多，也碰到很多失落的一角，可是有的太小，有的太大，有的太尖，有的太钝……终于它找到了恰到好处的一角，太合适了！它高兴极了，因为它再也不缺一角了，它滚得很快，快得都不能停下来了，它不能和小虫说话，也不能闻花香，蝴蝶也站不到它头上了……它累了，于是把那一角轻轻放下了，从容地向前滚动着……

我们每个人都是缺少了一角的，那缺失的一角，也许不够可爱，但那也是生命的一部分，我们要正视它的存在。正因为我们缺失了那一角，我们必须去认识、去找寻、去完善，那样才会丰富多彩。如果我们生下来就很完美，没有缺失一角，那我们还真的不知道自己怎么发展、怎么完善，那一生都不会有什么太大改变，也就没有多彩的人生了。

在生活中，很多人对一些缺憾不能正确地理解和认识，反而给予轻视甚至嘲讽，认为残疾是一种缺憾。2005 年中央电视台春节联欢晚会上，21 个聋哑演员将舞蹈《千手观音》演绎得天衣无缝、美轮美奂，震撼了所有观众，在中央电视台的元宵晚会上，《千手观音》被评为“我最喜爱的春节晚会节目歌舞类一等奖”。由无声世界里的人们带来的舞蹈《千手观音》，引发了长久的赞誉和惊叹。这又说明了什么，他们用自己的行动证明，残疾并不意味着生活不完美，残缺也是一种美。

曾长期担任菲律宾外长的罗慕洛身高只有 163 厘米，他也像其他人一样，常常为自己个子低矮而自惭形秽。他甚至穿过高跟鞋，但这种方式只能令他心里不舒服。他感到那是在掩耳盗铃，于是便把高跟鞋彻底扔掉。然而，也正是身材矮小促使他走向了成功。因而他说：“我愿下辈子还做矮人。”

1935 年，罗慕洛应邀到圣母大学接受荣誉学位，并且发表演讲。同一天，高大的罗斯福也是演讲人之一。事后，罗斯福含笑对罗慕洛说：“你抢了美国总统的风头。”

1945 年，联合国创立会议在旧金山举行。罗慕洛以无足轻重的菲律宾代表团团长身份，应邀发表演说。讲台几乎和他同样高。等大家都安静下来，罗慕洛庄严地说：“我们就把这个会场当做最后的战场吧。”这时，全场陷入了静默，接着爆发出一阵热烈的掌声。最后，他以“维护尊严、言辞和思想比枪炮更有力量……唯一牢不可破的防线是互助互谅的防线”结束了这次演讲。全场掌声久久不息。

事后，他分析：“如果是高个子讲这些话，听众可能礼貌地鼓一下掌，但菲律宾那时离独立还有一年，自己又是矮子，由我来说，就会收到意想不到的效果。”

就从那时起，小小的菲律宾国家就开始在联合国中被各国当做很有资格的国家了。也正是从那时起，罗慕洛认识到了矮个子比高个子更有着某方面的天赋。矮个子起初总被人轻视，但一旦爆发，就会一鸣惊人。

无论你存在哪种缺陷，无论你是否完美，当你处在人生的低谷，因自己某方面的缺陷而自卑时，不妨对自己说：“相信自己明天就会有所作为！”这样你就会突破残缺的障碍，让你的生命迸发出更耀眼的光彩。

如果你能够认识到自己生活在一个有缺陷的世界中，并不断地追求进步，不断地克服缺陷，不断地超越缺陷，那才是真正认识了自己的生命价值。

第六节　做人还需要难得糊涂

西汉大臣霍去病曾六次出击匈奴，为汉朝打通了通往西域的道路。霍去病出身贫寒，自小过着奴仆的生活，但没有失去自己的志向。

公元前 123 年，汉武帝考虑到霍去病精于骑马射箭，作战英武勇猛，于是下令，派大将军卫青挑 800 名精锐的骑兵归于霍去病的帐下，让其指挥出击匈奴。霍去病在带领骑兵作战中出奇制胜，活捉了单于的叔父、相国及将军多人，开战告捷，大快人心。在以后的抗击匈奴战争中，霍去病又屡建奇功。汉武帝龙颜大悦，对他加官晋爵，大加赏赐。

这一年，汉武帝为霍去病建造了一座豪华的府邸，他带着霍去病参观了一遍，出门后以为霍去病会谢主隆恩。哪知，霍去病看着这些雕梁画栋、富丽堂皇的深宅大院后，对皇上深深地一拜，说道：“多蒙皇上赐爱，匈奴一日不灭，去病一日不安，又何来雅兴享受荣华富贵，深居广厦呢？还望皇上多多包涵。”说完，翻身上马，急急地朝军营奔去。汉武帝望着他远去的背影，一股暖流涌上心头。

“淡泊明志，宁静致远”，见利让利，这种态度常人认为你太糊涂，然而在背后，自然是名利双收，迈向更大的成功。

人是不可能没有欲望的。然而，在一般情况下，忍住显示自己才智的欲望，可以获得更多才能，保持不自满的心态的同时也可以避免因为炫耀自己的才能，招致他人对自己的忌妒、攻击和陷害。

常听人说起难得糊涂，过于显露自己的才能和智慧，过分地招摇，首先会招致对自己的损害。大凡历史上的名人能人、英雄豪杰，都常常身怀绝技，《盐铁论·毁学》中也有这样一句话：“君子怀德，小人怀土；贤士殉名，贪夫死利。”意思是说，作为君子不要像小人一样太贪恋那点蝇头小利，用通俗点的话来说，就是不要太斤斤计较。

在人与人交往中，谁都不喜欢那种将什么都分得清清楚楚，不让自己吃一点亏的人，因为这种人让别人觉得，与他交往非常累，自身什么亏也不吃，做事太过认真。同样，在与亲戚交往中，有些人对亲戚要求十分苛刻，总是尽量想对自己有好处，一旦亲戚有了困难，却不去关心和帮助，甚至避而不见，这是典型的世俗习气，是不足取的。

亲戚交往，气量要大一些，切忌斤斤计较。你给我半斤，我给你八两。而应该你敬我一尺，我敬你一丈。这样才有利于关系的密切发展。

朱德年轻的时候，特别注重与亲戚的关系。平时他总是为亲戚解决些困难，做些不计较个人得失的事情，使他的亲戚对他的印象非常好，彼此间的关系相处得非常不错。

朱德当时年轻力壮，很有几分气力。在每年的农忙季节，他总是很快地就把自家的庄稼给收完了。而这时，朱德并没有因此而停下来休息，他总是跑到其他亲戚的田地里帮忙，这样，一天下来，总累得他腰酸腿疼。可第二天，他又拿起工具，继续去亲戚的田地里帮收庄稼，从没有喊过累，也没有抱怨过。

有一次，朱德跑到一个表叔家去收庄稼。可这个表叔却是一个疑心特别重、很小心眼的人，看到朱德来帮忙，就怀疑他要趁机偷自己的庄稼。所以在朱德干活时，就不时地监视他的行动，特别是朱德要走的时候，还要偷偷地打开朱德带来放工具的筐子，检查是否拿走什么东西。这一切朱德看在眼里，微微笑了一笑，然后说道："表叔，活干完了，我走了，我妈等我回家吃饭呢！"

说完，背起筐子，挥挥手走了，表叔看到这一切，惭愧地摇了摇头，心里不由暗暗钦佩。

不斤斤计较，这就是朱德与亲戚处好关系的最根本原因。不计报酬帮助别人，帮助别人也不声张，好心相帮，即使被疑心也不抱怨。他如此大度，深受亲戚们的赞许，和亲戚们相处得很好。

有许多伟人对人处世都是如此。毕加索对冒充他的作品的假画，毫不在乎，从不追究，看到有伪造他的画时，最多只把伪造的签名涂掉。"我为什么要小题大做呢?"毕加索说，"作假画的人不是穷画家就是老朋友。我是西班牙人，不能和老朋友为难。而且那些鉴定真迹的专家也要吃饭，而我也没吃什么亏。"雨果说："世界上最宽阔的东西是海洋，比海洋更宽阔的是天空，比天空更宽阔的是人的心灵。"人心很大，可以包容一切。一颗宽容的心，能使浪子回头，能使坚冰融化，能带来宁静和坦然，能带走痛苦和仇恨。

第七节 不烦恼鸡毛蒜皮的小事

做人应大气一点，别老醉心于鸡毛蒜皮的小事。要知道在小事上纠缠，是时间的浪费，也可以说就是生命的无端消耗。一个人虽不能玩世不恭、游戏人生，但也不能太较真，认死理。“水至清则无鱼，人至察则无徒”，太认真了，就会对什么都看不惯，也就无法在这个社会上生存。

因为，在人际交往、工作、生活中可能发生的小错误很多，如有人将你的姓名搞错，或者在交谈的时候，把“三元钱一千克”说成是“四元钱一千克”、把“托尔斯泰”说成了“泰戈尔”等。诸如此类鸡毛蒜皮、无关大局的小错误，我们大可不必去当面纠正，假装没有发现好了。这是一个真正聪明的人做人的智慧。

一个人最想拥有的东西，就是这个人的大事。虽然很多事情都是从小事开始的，但是，只有专心致志地做大事，才有可能谈得上高效率。然而既有趣又悲哀的是，我们通常都能够很勇敢地面对生活里面那些大危机，却经常被一些小事情搞得垂头丧气。

在日常生活中，小事也会把人逼疯。例如，在仲裁过四万多件不愉快的婚姻案件之后，芝加哥大法官埃尔文·约翰逊就曾经说过：“婚姻生活之所以不美满，最基本的原因通常都是一些小事情。”纽约的地方检察官派蒂·波森也说过：“我们的刑事案件里，有一半以上都起因于一些很小的事情。”

怎样化解这些小事对我们情绪的干扰，并且使我们腾出情绪波动的时间用来工作呢？

最专制的沙皇俄国凯瑟琳女皇二世在厨子把饭做坏了的时候，通常只是付之一笑。美国第三十二任总统富兰克林·罗斯福与夫人刚刚结婚的时候，罗斯福夫人每天都在担心，因为她的新厨子饭做得很差。后来她说："可是如果事情发生在现在，我就会耸耸肩，把这事给忘了。"事实就是这样，"耸耸肩"就是一个好做法。

罗斯福夫人所言不差，而我们更要清清楚楚地说，在多数的时间里，我们要想克服被一些小事所引起的困扰，只要把目光转移一下就行了——让我们有一个新的、能够使我们开心一点的看法——如此一来，热水炉的响声，也可以被我们听成美妙的音乐。很多其他的小忧虑也是一样，我们不喜欢它们，结果弄得整个人很颓丧，原因只不过是我们不自知地夸大了那些小事的重要性。

第八节　留一半清醒留一半醉

留一半清醒留一半醉，织一个美梦给自己，以你的心感受一份虚拟的真。倘若，在下一个黎明到来时，你会发觉那七彩的天空不过是你梦中偶尔的涂鸦，无须哭泣，至少你曾有过真切的心醉与心碎。

常言所说的"大事要清楚，小事要糊涂"，即指对原则性问题要清楚，处理起来要有准则，而对生活中的一些小事，则不必认真计较。在日常生活中，我们对一些非原则性的不中听的话或看不惯的事，可以装作没听见、没看见，或是随听、随看、随忘，做到"三缄其口"。这种"小事糊涂"的做法，不仅是处世的一种态度，更是健康的秘诀之一。

世人都愿当智者，不愿做糊涂虫，更不会心甘情愿地由聪明而堕入糊涂。然而事实上，人世间凡事复杂善变，我们不可能把每一件事都掰扯得清清楚楚，而且有些事情越是清楚越是让人烦恼。所以古人有"大智若愚"和"难得糊涂"之说。

清代著名诗人、书画家郑板桥曾写过一个条幅："难得糊涂。"条幅下面还有一段小字："聪明难，糊涂难，由聪明转入糊涂更难……"当然，这里所讲的"糊涂"是指心理上的一种自我修养，意在劝人明白事理，胸怀开阔，宽以待人。所以真正的难得糊涂，是一种聪明升华之后的糊涂；是一种涵养，心中有数，不动声色；是一种气度，得道高深，超凡脱俗；是一种运筹，整体把握，不就事论事。一个人要是做到这些，他一定是最"糊涂"而又最聪明的人。

对一些生气烦恼也无济于事的情况，要学会糊涂对待。"糊涂"既可使矛盾冰消雪融，又可使紧张的气氛变得轻松、活泼，从而保持心理上的平衡，避免许多疾患的发生。当你处于困境时，"糊涂"一点能使你保持心胸坦然、精神愉快，减少对"大脑保卫系统"的不必要刺激，还可消除生理和心理上的痛苦和疲惫。

在男女的爱情中，更是需要难得糊涂。而当一段情感改变颜色——或疏远、或伤害、或背叛，总有一方会忍不住愤怒："你曾经说过爱我到永远，原来你的话全是骗人的！"被质问的人常常会深感委屈："我当时真的很爱你，真的是想和你同生共死，我没有骗你！"

真与假，无恒定。所谓的"真作假时假亦真，无为有处有还无"，人生在世，本就是在真真假假、迷迷糊糊中度过。如果你有佛的智慧，可以看透自己的来路去途，可以明了自己的生辰死日，可以观视你将遇未遇的一切人、一切事，生命，于你还有意义吗？活着的滋味，岂不比白开水更寡淡？

正因为人生中虚实难料、前程未卜，正因为人际交往中真假交错、爱恨更替，我们才会充满探究的兴致，追寻的意趣，跌宕起伏间惊心动魄；才会在得到真情时备加珍惜，博取成功时激情难抑。假设好坏成败早已注定、早已明晰，你的心即便不是进入漫长的冬眠期，也会变得迟钝，失去活力。

第四章　学会给自己松绑

乐观又积极的思维，能带给人们积极的作为，有利于更好地生活和工作。在生活中遇到能引爆你情绪的事情，就要学会别让这件事把你越捆越紧，甚至把你绑在原地，阻止了你向前的步伐。

第一节　不要沉溺在小事中

生活中的你是否经常为一些小事而烦恼，甚至有时会感觉这些小事是一座过不去的火焰山呢？如果你有这样的想法，那么就请立刻抛弃。想想你曾经经历过的那些更大的灾难，当面临这些灾难时，你都能够咬紧牙关挺过来，难道现在这样一道小小的坎就能挡住你前进的脚步吗？

"我曾经是个多虑的人，"美国企业家阿伯特曾经讲过他自己的故事，"但是，一年春天，我走过韦布城的西多提街道，有个景象驱除了我的所有忧虑。事情的发生只有十几秒钟，但就在那一刹那，我对生命意义的了解，比在过去十年中所学的还多。"

"那几年，我在韦布城开了家杂货店，由于经营不善，不仅花掉了所有的积蓄，还负债累累。我只有去银行贷款。”

“就在我垂头丧气独自发愁的时候，有个人从街的对面走过来。那人没有双腿，坐在一块安装着溜冰鞋滑轮的小木板上，两手各用木棍撑着向前前进。”

“就在那几秒钟，我们的视线相遇，只见他坦然一笑，很有精神地向我打招呼：‘早安，先生，今天天气可真不错！’我望着他，突然体会到了自己是何等的富有。”

“结果，这件事改变了我的一生，我在堪萨斯找到了一份不错的工作。”

钢铁大王卡内基告诉我们：一个人活在世上的光阴只有短短几十年，但我们却浪费了很多时间，为一些一年内就会被忘了的小事发愁。

细想一下，你就会发现，我们有时候会勇敢地去面对和搏击大的困难，最终战胜大困难。但却往往在一些琐碎的小事面前弄得颓废不堪、败下阵来。

人生何其短暂，我们怎能愚蠢地为一些小事而影响自己美好的心情和生命的质量呢？

当然，在当下这个经济危机的大时代，人们心中不免有些忧虑，甚至恐慌。但是人们应该相信一点，那就是我们必定能冲破经济危机的形势，重新走上幸福的人生之路。现在，我们在为生活奔走疲惫不堪时，心中难免会有一些郁闷的情绪，可是当我们把这些郁闷或忧虑放弃的时候，就会感到无比的轻松，所以，我们完全没必要为这些小事而发愁，因为那不值得！

第二节 绕过人生的峭壁——偏执

偏执是一种带有盲目性的执著。知其不可为而为之，是偏执，是一种内心的疯狂状态；知其可为而努力为之，朝着自己的目标和人生理想而前进是执著。偏执的极致是疯狂，执著的极致是坚定。欣赏执著，但要避免偏执。

有一个村落，一场暴雨降临了，洪水开始淹没全村，一位神甫在教堂里祈祷，眼看洪水已经淹到他跪着的膝盖了。一个救生员驾着舢板来到教堂，跟神甫说："神甫，赶快上来吧！不然洪水会把你淹死的！"神甫说："不！我深信上帝会来救我的，你先去救别人好了。"

救生员走了。过了不久，洪水已经淹过神甫的胸口了，神甫只好勉强站在祭坛上。这时，又有一个警察开着快艇过来，跟神甫说："神甫，快上来，不然你真的会被淹死的！"神甫说："不，我要守住我的教堂，我相信上帝一定会来救我的。你还是先去救别人好了。"

警察长久地劝说着，但神甫仍然不走，警察只好走开了。又过了一会儿，洪水已经把整个教堂淹没了，神甫只好紧紧抓住教堂顶端的十字架。一架直升飞机缓缓地飞过来，飞行员丢下了绳梯之后大叫："神甫，快上来，这是最后的机会了，我们可不愿意见到你被洪水淹死！"神甫还是意志坚定地说："不，我要守住我的教堂！上帝一定会来救我的。你还是先去救别人好了。上帝会与我同在的！"

于是，飞行员只好去救别人了。不久，洪水滚滚而来，神甫终于被淹死了……神甫上了天堂，见到上帝后很生气地质问："主啊，我终生奉献自己，兢兢业业地侍奉你，为什么你不肯救我？"上帝说："我怎么不肯救你？第一次，我派了舢板来救你，你不要，我以为你担心舢板危险；第二次，我又派一只快艇去，你还是不要；第三次，我以国宾的礼仪待你，再派一架直升机来救你，结果你还是不愿意接受。所以，我以为你急着想要回到我的身边来，可以好好陪我。”

看起来，这个神甫好像是在坚持一种什么理念，但其实就是偏执。偏执是一种执著状态，但它又不同于执著。因为偏执是一种带有盲目性的执著，它无视事物的整体，只执著于某个局部，一意孤行，沿着错误的方向不撞南墙不回头。而执著则是对某一目标锲而不舍的追求，秉承执著理性的精神，向着正确的方向奋勇前进，不达到目标绝不松懈。

有一个人，害怕自己的影子，厌恶自己有脚印。于是他奋力奔跑，想离开自己的脚印。但是，他跑得越远，脚印越多，跑得再快，影子也能追上他。他自以为跑得太慢了，就加快速度，永不停止，最后力竭而死。明知无法摆脱自己的影子，却偏偏要去做，这就是偏执——无知而形成的偏执。

对于执著，人们总是青睐有加。对于那些情感执著的人，我们往往投以钦羡的眼光，与这样的人交朋友，你会感到心底踏实，不会轻易遭到伤害；对于那些事业执著者，我们更是如仰高山，他们对目标的执著追求，对真理的衷心热爱，常会给你增添一种信心、一种勇气。

有这样一个孩子，因为父母双双早逝，自幼就开始了贫病交加、无依无靠的生活，尝尽了人生的艰辛。为了养活自己，他不得不到一家印刷厂做童工。虽然环境很苦，但喜爱看书读报的他还是非常珍视这份工作。

一天，他在一家书店的橱窗前看到一本书，他伫立在书橱前，贪婪地盯着那本书，手不停地摸着口袋里仅有的买晚饭的钱。

为了能够买下自己喜爱的书，他不得不挨饿，从饭费中积攒钱。这天，他在路过书店时，发现书店的书橱里有一本打开的新书，便如饥似渴地读了起来，直到把打开的两页读完才恋恋不舍地走开。第二天，他又身不由己地来到书橱前，惊奇的是，那本书又往后翻开了两页！他又一气读完了。他是多么想把它买下来啊，可是书价太高了。第三天，奇迹又出现了。书页又往后翻开了两页。此后，每天书页都会往后翻开两页。他就每天都来读，直到把全书读完。这天，书店里一位慈祥的老人抚摸着他的头发说道："好孩子，从今天起，你可以随时来这儿任意翻阅所有的书，不需要付一分钱。"

日月如梭，这个少年成了著名的作家和记者，他就是英国一家晚报的主编——本杰明·法利吉尤。

执著的力量，能让你披荆斩棘，征服高山，走过人生的沼泽，这是受到人们尊重的一种精神；而偏执则是疯狂的，人们对此避之唯恐不及。

第三节　防止你的愤怒日积月累

负面情绪是可以积累的，有的时候它可能暂时消失了，但只是暂时的，如果一个人长期被负面情绪所困扰，那有一天所有这些积攒下来的情绪就会成为决堤之祸，因为说不定它就会在某一个时刻突然爆发，而且，后果是不堪设想的。

2004 年 2 月 23 日，云南省昆明市云南大学生化学院生物技术专业的四名学生被歹徒残忍地杀害于学生公寓内。

事后，经公安机关的调查，将嫌疑人锁定在同院学生马加爵身上，并且发出了通缉令。终于在 2004 年 3 月 15 日于海南三亚抓获了嫌疑人马加爵。据调查，马加爵杀人的起因非常简单。一次，他与四位同学一起打牌，玩了几把之后，四位同学言辞激烈地指责他在玩牌过程中作弊，言语上用了很多侮辱性的话语。于是，马加爵怀恨在心，用锤子将四人打死，并把尸体放进柜子中。

2004 年 4 月 24 日下午，云南省昆明市中级人民法院一审以故意杀人罪判处被告人马加爵死刑，剥夺政治权利终身。

从天之骄子到阶下之囚，让我们感慨的实在是太多了。我们在扼腕叹息的同时，也不得不对人的情绪和心理进行深深的思索。

事件发生后，心理学家了解到：第一，他没有朋友，一直是一个自卑、内向、性格孤僻的人，平时受到委屈也总压在心里，一旦遇到什么事情想不开，就可能一触即发；第二，马加爵在外地读书，由于生活环境等与在家时不一样，加上感情比较脆弱，这也是积淀的怨气爆发的原因之一；第三，心理压力大，作为一名大四的学生，就要毕业找工作了，面临着很大的压力。这些因素积压在一起，导致了他心理的极度变态。

心理学家认为：这种长时间的积怨储存下来而得不到有效疏通，就难以化解，而且很容易将本来风马牛不相及的事情混在一起，形成连环反应。如果马加爵的情绪能通过一个有效的途径疏通，惨剧可能就不会上演。

情绪它不会自动消失，只会实实在在存在着，不会因为搁置的时间久，就可以慢慢不见了，特别是负面的情绪，一点点地积累到最后可能形成火山爆发之势。

负面情绪是人身上埋伏的一种很危险的东西，有时它像咆哮奔腾的洪水，一旦冲决了理智的堤坝，就会顷刻掀翻人生之舟，冲断希望之桥；有时它就像一桶被点燃的汽油，轰然爆炸，瞬间毁灭许多东西。

一点点负面的情绪也许不会导致过激的行为，但是长久地积攒下来，却会造成非常可怕的后果。这些情绪如果不通过适当的途径发泄出来，就会以破坏性的途径喷涌而出。如果指向内部就会导致个体的痛苦压抑、胆怯保守、扼杀个体个性和生命活力，培养出自私、嫉妒等不受欢迎的性格；如果指向外部则更加可怕，依照个人能力的不同可能造就出欺负儿媳的婆婆、杀害无辜的恶魔、屠杀犹太人的纳粹，或者鼓吹核战争的将军……

我们前面提到过，情绪是可以被自己掌控的，积极的如此，消极的同样如此。既然我们能把消极的、负面的情绪点燃，那也可以让这些情绪通过某些途径而彻底消失。

（1）自我调整心态，心理换位，消除不良情绪。任何事物都是在不断变化发展的，而且任何变化都是有条件的。把这种想法贯穿于工作和生活中，就能客观地对待每一件事情，摆脱心理的不平衡，就能较好地自我调控心境，保持健康平和的心态，妥善处理各种心理问题。只有承认压力存在的客观性，当压力到来时，就不会有大起大落的应激反应，有利于防止自己不良情绪的产生，或消除已产生的不良情绪。

（2）转移注意力，心理暗示，自我激励。当人的情绪激动时，为了使它不至于爆发和难以控制，就需要有意识地转移注意力。例如，转移话题或者做点儿别的事情，改变注意焦点，从而分散注意力。做一些平时最感兴趣的事，这是使人从消极情绪中解脱出来的好办法。在苦闷、烦恼时，不要再去想引起苦闷、烦恼的事，而是去游戏、绘画、下棋、听音乐、看电视、打篮球等，从而忘却烦恼，消除负面情绪的困扰，使心情逐步好转。

另一种转移注意力的方法是心理暗示法，如用手中的笔投入写作，写日记等创作。用积极的心理暗示，发表心中的郁闷，把心中的苦与乐诉诸笔端，有利于心情的放松。有些人可能有这样的感觉，谈恋爱失败后，如果把整个爱情的过程写成一部小说，他的心情就会好多了。

（3）适当发泄，找人倾诉，取得心理帮助。医生提醒人们，当自己遇到烦恼、怨恨、悲伤、愤怒的事情时，在不危害社会和他人利益的情况下，可适当发泄。如找人倾诉就是一个好办法。交朋友不在于数量，而在于质量。专业人士建议，这部分人员应经常寻求家庭和朋友们的支持，与他们交流自己的想法，诉说自己的担心，这样有助于减轻心理压力。

每一个人都有排解自己心中负面情绪的权利和需要，每一个人也可以通过不伤害自己、也不伤害他人的方式来达到这种目的。

第四节 遗忘何尝不是一种美

一个哲学家说："快乐之道无他，就是自己的力量所不及的事不要去忧虑。"

其实面对不愉快的事，我们该多学学那些老人们。

老人记恩不记仇，有容人之量，会珍惜时间和精力，也容易忘掉那些不愉快的事，做到情绪平稳。我们要学会像老人那样遗忘。

1. 遗忘经历的坎坷。有些人不为经历的坎坎坷坷而悲伤，而是承受了创伤，心情平静地做好当前的事，来弥补创伤。武汉的卫衍翔、北京的王兆民老人等都是坎坎坷坷地生活了几十年，工作不久又到了退休年龄，但他们退而不休，继续发挥他们的作用，大踏步追赶、弥补失去的青春年华，了却他们的终生夙愿，取得了成就，得到了欣慰。

2. 遗忘个人的恩恩怨怨。有的人提起某人对他的打击，就牢骚满腹、喋喋不休、怒气冲天，直到古稀之年还记忆犹新，真是记了一辈子的仇，付出的代价太大了。受了打击感到委屈，情有可原，但如果认识了让心情平静的秘诀是正确的价值观念，他的埋怨就可以大部分遗忘了。

3. 遗忘心烦的小事。对微乎其微的小事也不要记在心上，有时因为夸大了小事，引起不必要的烦恼。有一位老人掉了一根针，未找着就一夜未睡好，担心那根针刺伤了小孙孙。其实尽量查找清楚就行，何必发愁！生命有限，失去不会再来，还是把引起心烦的事忘掉，以求心情平静，利于健康。

4. 遗忘力所不及的事。对于力所不及的事，不要纠缠在心，对生活中意想不到的困难不去着急。人生有顺境也有逆境，有成功也有失败。克服了困难，取得了成就，自然可体会到战胜困难的幸福，但在战胜不了时，还是忘掉为好，也不要勉强去办。

日本老人更是从长寿经验中悟出了三项该遗忘的：①忘记死亡，可摆脱恐惧死亡的困扰；②忘记钱财，可从钱财的桎梏中解放出来；③忘记子孙，可卸去为子孙操劳的精神负担。这也是值得我们参考的。

第五节　说出你的不满

如果你不敢为自己说话，从来不能站起来维护自己的权益，那你的心里很可能会充满仇恨。而且这是很自然的事情，因为你就像是一个不断存储挫折感和愤怒的仓库。你从来不让自己的情感（特别是负面情感）见光，所以你就永远也不能释怀。

记得有一个关于四个老先生的笑话。这四位老先生在一起打高尔夫已经有三十多年了。每个星期六的早晨，他们总是第一个离开发球区，而且总是最先回到球迷俱乐部。有一天早晨，一个跟他们在一个球场打球的人走过来问其中一个人他们那天玩得怎么样。那位老先生回答说："太费劲了！"这时另一位老先生补充道："你知道跟我们一起的那个哈里吗？他在打第四个洞的时候心脏病发作了。""上帝！那你们怎么办了呢？"跟他们搭话的人问道。"我们帮不了他，只能一边打球一边拖着哈里，直到打完球。"那位老先生说。也许你一天到晚也在拖着一个哈里先生，那就是你的从过去积累下来的、没有表达出来的愤怒。而这种愤怒现在已经结晶成为那种持久不去的态度——敌意。

如果你想让你的哈里先生安息，那就要敢于说出自己的意见。而要做到这一点，你可以考虑下面的这些方式：如果在饭店吃饭时你对服务不满意，就对服务员说出来，最好也让他们的经理知道。当有人（比如骚扰你的推销员）侵犯了你的私人空间的时候，尝试礼貌地说"不"。

如果有人要求（甚至命令）你做什么事情，问清楚为什么再行动。要让自己习惯把有缺陷的商品退给商店，不要感到不好意思或者心存愧疚。不要不敢和售货员争论，毕竟钱是你自己的。如果有人在你前面插队，对他说“请你自重”，然后客气地请他到后面排队。没有做错什么，是对方做错了。不是你不注意，而是他不注意，所以不要道歉。只有当某人承认自己做错了什么的时候才道歉。所以，除非是你撞着了别人，否则就不要说抱歉。你应该说的是：“请你自重！”这是一种文明地提醒对方注意自己的粗鲁行为的方式。当然我不是说所有碰着你的人都是故意的，而且疑罪从无。但除非你冒犯了别人，否则不要道歉。

如果“请你自重”让你觉得有些粗鲁，那你可以说“请您注意点儿！”或者“请您小心点儿！”这样至少不会为别人的过错而承担责任。

为别人做错的事情道歉往往会被对方理解为你原谅了他的行为。如果别人撞到你的身上，你却说“请原谅”，那你要对方原谅你什么呢？是不是原谅你竟敢挡了他的路？你真这样想吗？这是你想告诉对方的想法吗？

在旧世界的社会秩序中，关于什么是可以接受的行为，对男人和女人有一套不同的标准。如今，虽然世界各地的妇女在政治、经济、社会等各方面的地位有了很大的提高，但是旧世界的一些残余思想还是留了下来。如果一个女性敢于张扬地表现出自己的不满和愤怒，那她就会被冠以“泼妇”的恶名。但是作出同样行为的男人却不会得到这类的称呼。很多妇女慑于这种双重标准而不愿完全表露自己的情感，除非这些情感是正面的、积极的。（相反，如果一个男人公开地表露悲伤、害怕、忧郁等情感，就会被别人甚至也被自己认为是软弱和女人气。）

如果因为你承认自己恼火甚至愤怒，或者因为想让别人的恶劣行为有所收敛，或者因为在正当的情况下对一个人说“请你自重”而被称为“泼妇”的话，那我的建议是：就做一个“泼妇”好了。做一个骄傲的泼妇，一个直陈己见的（但不是污言秽语的）泼妇，做一个敢爱敢恨的泼妇，做一个充满个性魅力的泼妇，做一个敢于昂着头直视对手的泼妇。至于别人那么称呼你，那是他的问题。用语言表达自己的感受，而不要用行动进行对抗。

形容那些和人有冲突的人，如今常用的词是："他有些问题。"这个"问题"是指某种引发恐惧、悲伤或者愤怒的不良情况。然而在我看来，有些人的问题是他们太关注他们的遭遇，却不知道该怎样表达自己当时的感受。

下面是我和一个顾客的对话，从中我们可以看出让一个人不再表现得"有问题"而是用语言表达出自己的情感是多么困难：

金特里：这星期你公司的情况怎样？

顾客：还那样。我的老板还是排斥我。比如为一个要走的同事举办了一个午餐聚会，所有的人都通知了，就是没告诉我。

金特里：那你有什么感受呢？

顾客：我认为这不公平。

金特里：那是你的看法，而不是你的感受。我想知道你的感受。

顾客：（停顿了一会儿）我不清楚你到底想知道什么。反正这种事很多，我总是被排斥在外。

金特里：这一点我已经知道了。现在我想知道的是，当你意识到你又一次被排斥的时候，你有什么感受？

顾客：（不耐烦）我告诉你了——我认为那不公平！我不知道你还想让我说些什么。

金特里：这样说吧，当你发现唯独没有邀请你参加午餐会的时候，你是感到幸福、快乐，还是伤心、愤怒？你选择一下。

顾客：（面带疑惑）你总是问我的感受。我不知道我是什么感受。这些词都不合适。我只是觉得不公平。

他的老板让他找我咨询，是因为觉得他与同事不合作，对老板傲慢无礼。而他却否定了这些说法。"我不知道他们为什么要我来这里，我根本没有生气。"他说。但我看他的确是在生气（这是对被排斥的一种很自然的反应)。问题是他没有说明自己的愤怒，而是用他老板所说的“对抗行为”来发泄这种愤怒。我相信当他说他没有生气的时候并没有撒谎，因为他根本没有意识到自己在生气。

有一种语言训练也许对这种人有帮助。我将其称之为“感受——缘由”训练。首先确定自己的感受，比如可以说：“我很恼火。”然后确定引起这种感受的情况，比如说：“因为不管办公室有什么集体活动总是把我甩到一边。”通过调查我发现，这种“感受——缘由”陈述可以减少别人对你的敌视行为，使对方认同、理解你的感受并注意到你的利益是否受到损害。如果前面提到的那位顾客能够直接地告诉他的老板他的感受以及为什么会有这样的感受，而不是以他使用的那种方式发泄愤怒，也许他的老板就不会事事都把他排斥在外了。这事谁也说不准，但的确有可能。

第六节　尽释前嫌

面对前嫌，我们可以选择两种处理方式：一种是摒弃前嫌，重归于好；一种是耿耿于怀，势不两立。很显然，前者是值得称道的，是我们需要学习的。

有一次，楚庄王大宴群臣。在座的大臣中，有一个臣子平时就垂涎于王妃的美貌，但总是没有机会下手。

正好这次宴请时，王妃就坐在楚庄王旁边，陪同楚庄王向群臣劝酒：那个大臣心中窃喜，想寻个机会找王妃开开心。

说来也巧，正饮酒间，蜡烛突然燃尽，室内顿时黑暗下来。此时王妃正在向大臣劝酒，那大臣便趁着黑暗，拉扯着王妃的衣袖，调戏王妃。王妃恼怒之际，顺手扯下了那人的帽缨。

接着，王妃告诉楚庄王：刚才有人调戏她，被她扯下了帽缨，一会儿蜡烛点燃后，那人是谁便可一目了然，出乎意料的是，楚庄王不仅没有发怒，让人快快秉烛，反而发出一道奇怪的命令：请大臣一同做一道游戏——趁蜡烛未点燃之际，各自将自己的帽缨摘下来投入火中。

群臣照做了，烛亮之时，群臣帽缨全部没有了。那个调戏王妃的大臣，得以保住了性命。

后来，楚国攻打郑国。在这次战役中，楚庄王发现有一员战将勇猛异常，为这次战役立下了大功。

到底是谁如此不怕死，肯为楚庄王卖命呢？后来楚庄王一询问，才知道这个人就是那个被王妃扯去帽缨之人。

楚庄王不计前嫌，以德报怨，受恩者以义报恩，这样的胸怀是值得人们学习的。

韩信被刘邦封为大将军后，衣锦还乡。当年侮辱他的恶少知道后，吓得赶忙上门向韩信请罪。面对当年欺压自己的恶少，此时的韩信有理由，也有能力将其置于死地，但韩信没有那样做。他亲手扶起了跪在地上的恶少，好言安慰一番后，得知恶少会使枪弄棒，韩信便把他招到自己帐下。后来成了一名骁勇的士兵。

试想一下，当初韩信如果不屈辱忍耐，定要拼个鱼死网破，恐怕他后来也无法统率百万大军，功成名就；他如果是冤冤相报，后来他的帐下就不会多了一名奋勇作战的士兵。

这样的事例虽属偶然，但是我们却可以从中看出，不计前嫌是一种很高的思想境界，是一种处理彼此积怨的好方法。不论在同事之间，还是在家人亲友之间，如果能够摒弃前嫌化解已有的矛盾，恢复和谐的人际关系，你就能在生活中感觉到更多的快乐。

一般人和别人有嫌怨，尤其是受了伤害，本能的反应就是报复。然而，报复虽能发泄怒气，减轻心中的负荷而痛快一时，但永远不能平息伤痛，甚至还会激化矛盾，步入“冤冤相报何时了”的恶性循环中。要解决这类问题，只有一条路——宽恕。宽恕能使你“大肚能容天下难容之事”。

不过分地计较个人的恩怨得失，从而把自己塑造得更加完美。

宽恕需要勇气、需要爱心、需要付出。如果不能宽恕别人，就不能从别人那里得到宽恕。

杰克逊就是一位率性而为、随便发脾气的人。

他心地不坏，但脾气说来就来，也不管对方是什么样的人，他说："我就是这样的一个人，看别人的脸色过日子，太辛苦了！"很多时候，他不管对方处于一种什么地位、什么情景、什么样的心情，想说什么就说什么。也就是说，他不知道委婉的说话技巧，所以他对一切事都率性而为。

周围的人并不怎么喜欢他，因为他从不考虑一句话出口的后果，常常让人困窘不堪，唯一让大家放心的是，他没心机，不会害人！但是，他却害了自己。

有一天，他不知为了什么事，与上司在办公室里大吼大叫，最后，他把桌子一拍，拿起公文夹往主管脸上一扔，大声说："我不干可以吧！"

他并没有辞职，因为他找不到更好的工作，但是，他再也没有被重用过。当年的同事纷纷升了职，只有他还在原地踏步，做些无关紧要的工作。这就是杰克逊率性而为、乱发脾气的结果。

在生活中，你虽然无法改变别人的行为，或是无法避免生气情况的发生，但是你却可以改变自己的期望。每次当你固执地坚持一些不合理、不实际的期望，总是认为别人需要改变；最后总是落得让自己很沮丧、痛苦而且生气。因此，如果你能探索自己的内心世界，聆听自我对话，调整期望，设身处地为对方着想，不率性而为，那么你的沮丧、痛苦和生气的程度就会大大降低。

现代研究证实，持久的不良情绪，特别是表现为烦恼、忧郁悲伤的消极情绪，还可通过神经、内分泌系统影响机体的免疫功能，使人体对细菌、病毒及肿瘤细胞的抵抗力下降。正如一位英国哲学家说过的："生命的潮汐因快乐而升，因痛苦而降。"少生气或完全不生气，你就能摆脱不良心境的影响，让自己的生活变得快乐幸福。

第七节 不拿别人的错误惩罚自己

你是不是心中也还怀着一股怒气呢？要知道这样受伤害最大的是你自己，何不看开点，放自己一马呢？莎士比亚曾告诫我们："使心地清净，是对青年人最大的成命。"

从前，在威尼斯的一座高山顶上，住着一位年老的智者，至于他有多么的老、为什么会有那么多的智慧，没有一个人知道。人们只是盛传他能回答任何人的任何问题。有两个调皮的小男孩并不以为然，甚至认为可以愚弄他，于是就抓来了一只小鸟在手心，一脸诡笑地问老人："都说你能回答任何人提出的任何问题，那么请你告诉我，这只鸟是活的还是死的？"老人想了想，完全明白了这个孩子的意图，便毫不迟疑地说："孩子啊，如果我说这鸟是活的，你就会马上捏死它；如果我说它是死的呢，你就会放手让它飞走。孩子，你的手掌握着生杀大权啊！"

同样地，我们每个人都应该牢牢地记住这句话，每个人的手里都握着关系成败与哀乐的大权。

一位朋友讲过他的一次经历：

一天下班后，我乘中巴回家，车上的人很多，连过道上也站满了人。站在我面前的是一对恋人，他们亲热地挽着，那女孩背对着我，她的背影看上去很标致，高挑、匀称、活力四射，她的头发是染过的，是最时髦的金黄色，穿着一条最流行的吊带裙，露出香肩，是一个典型的都市女孩，时尚、前卫、性感。他们靠得很近，低声絮语着什么。女孩不时发出欢快笑声，笑声不加节制，好像是在向车上的人挑衅：你看，我比你们快乐得多！笑声引得许多人把目光投向他们，大家的目光里似乎有艳羡。不，我发觉他们的眼神里还有一种惊讶，难道女孩美得让人吃惊？我也有一种冲动，想看看女孩的脸，看看那张倾城的脸上洋溢着的幸福会是一种什么样子。但女孩没回头，她的眼里只有她的情人。

很巧，我和那对恋人在同一站下了车，这让我有机会看到女孩的脸，我的心里有些紧张，不知道自己将看到一个多么令人悦目的绝色美人。可就在我大步流星地赶上他们并回头观望时，我惊呆了，我也理解了在此之前车上那些惊诧的目光。我看到的是张什么样的脸啊！那是一张被烧坏了的脸，用“触目惊心”这个词来形容毫不夸张！真搞不清，这样的女孩居然会有那么快乐的心境。

朋友讲完他的故事后，深深地叹了口气感慨道：“上帝真是公平的，他不但把霉运给了那个女孩，也把好心情给了她!”

其实掌控你心灵的，不是上帝，而是你自己。世上没有绝对幸福的人，只有不肯快乐的心。你必须掌握好自己的心舵，下达命令，来支配自己的命运。

你是否能够对准自己的心下达命令呢？倘若生气时就生气，悲伤时就悲伤，懒惰时就懒惰，这些只不过是顺其自然，并不是好的现象。释迦牟尼说过：“妥善调整过的自己，比世上任何君王更加尊贵。”由此可知，“妥善调整过的自己”，比什么都重要。任何时候都必须明朗、愉快、欢乐、有希望，勇敢地掌握好自己的心舵。

人常常会假想一些敌人，然后累积许多仇恨，使自己产生许多毒素，结果把自己活活毒死。

总之，快乐是自己的事情，只要愿意，我们就可以随时运用手中的遥控器，将心灵的视窗调整到快乐频道。

第八节　笑泯恩怨，摒却烦恼

生活在凡尘俗世，难免与人磕磕碰碰，难免遭别人误会猜疑。你的一念之差、你的一时之言，也许别人会加以放大和责难，你的认真、你的真诚，也许会被别人误解和中伤。如果非得以牙还牙拼个你死我活，非得为自己辩驳澄清，可能会导致两败俱伤。所以人生之所以会有很多烦恼，都是因为遇事不肯让他人一步，总觉得咽不下这口气。其实，这是很愚蠢的做法。

杨玢是宋朝时期的一个尚书，年纪大了便退休在家，安度晚年。他家住宅宽敞、舒适，家族人丁兴旺。有一天，他在书桌旁，正要拿起《庄子》来读，他的几个侄子跑进来，大声说："不好了，我们家的旧宅被邻居侵占了一大半，不能饶他！"

杨玢听后，问："不要急，慢慢说，他们家侵占了我们家的旧宅地？"

"是的。"侄子们回答。

杨玢又问："他们家的宅子大还是我们家的宅子大？"侄子们不知其意，说："当然是我们家宅子大。"

杨玢又问："他们占些我们家的旧宅地，于我们有何影响？"侄子们说："没有什么大影响，虽然如此，但他们不讲理，就不应该放过他们！"杨玢笑了。

过了一会儿，杨玢指着窗外落叶，问他们："树叶长在树上时，那枝条是属于它的，秋天树叶枯黄了落在地上，这时树叶怎么想？"侄子们不明白含义。杨玢干脆说："我这么大岁数，总有一天要死的，你们也有老的一天，也有要死的一天，争那一点点宅地对你们有什么用？"侄子们终于明白了杨玢讲的道理。

第五章 用宽容浇灭怒火

怨恨就像一团麻，要想解开，必须有足够的耐心和善心，心胸狭窄、“英雄气短”的人，只会用极端的办法加剧矛盾。凡在小事上对真理持轻率态度的人，在大事上也是不可信任的。干大事者，往往是那些心胸宽广的人。

第一节 给不悦之情画一个句号

“不悦”是最轻微的一种愤怒。它和暴怒处在愤怒的等级序列的两极。一般情况下，你不必为管理这种形式的愤怒而操心。

不悦要比愤怒更加常见。在我调查过的人中：差不多有一半人告诉我他们每星期都会有不悦的经历。因为不悦不如愤怒那么强烈，人们一般会更快地从不悦中恢复过来。而且，不悦的感觉也更容易自行消失。

总之，如果仅仅感到不悦，一般不是什么问题，但前提是这种感觉能就此打住，不往下发展。

怎样才能让不悦之情就此打住不往下发展呢？

不要把事情或情况想得过分严重，用正确的眼光对待问题。如果在开车时有一辆车突然插到了你的前面，要记住这只是让你不快的小事，而不是世界末日。

不要把问题个人化。那个开车时插到你前面的司机并不认识你——他很可能并没有意识到给你带来的不快。也许某件事让他不顺心，因此想发泄出来，但这绝对不是针对你本人。

不要指责别人。一旦你开始指责另外一个人，就很容易使你的不快升级。所以，让事情就这么过去吧，别再去追究。

不要老想着报复。把某事归罪于某人后，下一步往往就是报复。与其这样，不如把精力用在比报复更有用的事情上面。

不断探寻让自己面对某种情况而不生气的方法。开车的时候其他司机让你不悦，但你该怎样做才能不让这种不悦升级为愤怒呢？也许你可以播放自己喜欢的音乐，或者收听自己喜欢的电台节目，特别是一些轻松愉快的节目，也许一些其他的方法对你更有效。总之，你要不断地总结和摸索能有效解除自己不悦的有效方法。

不要把自己看成一个无助的受害者。采取一些措施使自己适应令你不快的情况，或者想办法改变这种情况。不管你做什么，只要你在做，就比在那里生气要好。

不要让负面情绪（比如抑郁）放大你的愤怒。愤怒会加剧你的郁闷。告诉自己：我不会因这种令人不快的情况使我的坏心情雪上加霜。问自己：如果我心情不这样糟糕，遇到这种情况我会怎样做？然后就那样去做。

第二节　太过认真也不可取

人生福祸相依，变化无常。少年气盛时，凡事斤斤计较，锱铢必较，这还有情可原。一个人年事渐长，阅历渐广，涵养渐深，对争取之事应看得淡些，凡事不必太认真，顺其自然最好。如果少年就能如此，那就可称得上少年老成了。

话说师徒二人东游，来到一个地方，感觉腹中饥饿，师傅就对徒弟说："前面一家饭馆，你去讨点饭来。"徒弟领命就到了饭馆，说明来意。

那饭馆的主人说："要饭吃可以啊，不过我有个要求。"徒弟忙道："什么要求?"主人回答："我写一字，你若认识，我就请你们师徒吃饭，若不认识，乱棍打出。"徒弟微微一笑："主人家，恕我不才，可我也跟师傅多年。慢说一字，就是一篇文章又有何难?"主人也微微一笑："先别夸口，认完再说。"说罢拿笔写了一"真"字。徒弟哈哈大笑："主人家，你也太欺我无能了，我以为是什么难认之字。此字我五岁就识。"主人微笑问："此为何字?"徒弟回答说："不就是认真的'真'字吗。"店主冷笑一声："哼，无知之徒竟敢冒充大师门生，来人，乱棍打出。"

徒弟就这样回来见老师，说了经过。

大师微微一笑："看来他是要为师前去不可。"说罢来到店前，说明来意。那店主一样写下"真"字。大师答曰："此字念'直八'。"那店主笑道："果是大师来到，请!"就这样吃完喝完不出一分钱走了。

徒弟不懂啊，问道："老师，你不是教我们那字念'真'吗？什么时候变'直八'了?"

大师微微一笑："有时候的事是认不得'真'啊。"

凡事不必太较真，夫妻生活中也是一样。俗话说：金无足赤，人无完人。作为夫妻，食的是人间烟火，谁也不可能完美无缺，所以双方都应当学会宽容对方的缺点，只要不是原则性的大问题，就不要求全责备，该装糊涂就装糊涂，该和稀泥就和稀泥。对方无意间带给你的小小伤害或不悦，不要放在心上或挂在嘴边，过去了的事就让它过去。适时地宽容对方，可以消除婚姻的阴影。

婚姻的密码在于“求大同，存小异”。有人比喻夫妻就像两块拼在一起的木板，双方的结合并非天衣无缝，质地和纹路也不尽相同。夫妻不会像两滴水一样，他们在性格、爱好、生活方式上都存在着差异，任何一方都不能用自己的特点去消灭对方的特点，也不能按照自己的标准去塑造对方。夫妻双方应允许各自保留一块独具特色的“自留地”。

凡事不必太较真，如果太较真，由于人是相互作用的，你表现出一分敌意，他有可能还以二分，然后你则递增为三分，他又会还回来六分……把敌意换成善意，你会有多么大的收获。当“冤冤相报何时了”的双负能转变成为“相逢一笑泯恩仇”的双赢时，岂不是人生最大的成功吗？

对周围的环境、人事，假如你有看不惯的地方，不必棱角太露，过于显示自己的与众不同。喜怒不形于色，是保护自己的一种方式。

第三节　不让仇恨长出恶之花

宽容是一种艺术，宽容别人，不是懦弱，更不是无奈的举措。在短暂的生命中学会宽容别人，能为生活平添许多快乐，使人生更有意义。正因为有了宽容，我们的胸怀才能比天空还宽阔，才能尽容天下难容之事。法国19世纪的文学大师雨果曾说过这样的一句话：“世界上最宽阔的是海洋，比海洋宽阔的是天空，比天空更宽阔的是人的胸怀。”

古希腊神话中有一位大英雄叫海格里斯。一天他走在坎坷不平的山路上，发现脚边有个袋子似的东西很碍脚，就踩了那东西一脚。谁知那东西不但没有被踩破，反而膨胀起来，加倍地扩大着。海格里斯恼羞成怒，抄起一条碗口粗的木棒砸它，那东西竟然长大到把路堵死了。

正在这时，山中走出一位圣人，对海格里斯说："朋友，快别动它，忘了它，离它远去吧！它叫仇恨袋，你不犯它，它便小如当初；你侵犯它，它就会膨胀起来，挡住你的路，与你敌对到底！"

我们生活在茫茫人世间，难免会与别人产生误会、摩擦，如果不注意，在我们引发仇恨之时，仇恨袋便会悄悄成长，最终会堵塞了通往成功之路。所以，我们一定要记着在自己的仇恨袋里装满宽容，那样我们就会少一分烦恼，多一分机遇。

拿破仑在长期的军旅生涯中养成宽容他人的美德。作为全军统帅，批评士兵的事经常发生，但每次他都不是盛气凌人的，他能很好地照顾士兵的情绪。士兵往往对他的批评欣然接受，而且充满了对他的热爱与感激之情，这大大增强了他的军队的战斗力和凝聚力，成为欧洲大陆的一支劲旅。

在征服意大利的一次战斗中，士兵们都很辛苦。有一次拿破仑夜间巡岗查哨，在巡岗过程中，他发现一名哨兵倚着大树睡着了。他没有喊醒士兵，而是拿起枪替他站起了岗，大约过了半个小时，哨兵从沉睡中醒来，他认出了自己的最高统帅，十分惶恐。

拿破仑却不恼怒，并和蔼地对他说："朋友，这是你的枪，你们艰苦作战，又走了那么长的路，你打瞌睡是可以谅解和宽容的，但是目前，一时的疏忽就可能断送全军。我正好不困，就替你站了一会儿，下次一定小心。"

拿破仑没有破口大骂，没有大声训斥士兵，没有摆出元帅的架子，而是语重心长、和风细雨地批评士兵的错误。有这样大度的元帅，士兵怎能不英勇作战呢？如果拿破仑不宽容士兵，那后果只能是增加士兵的反抗意识，也丧失了他本人在士兵中的威信，这样只会削弱军队的战斗力。

还有另外一则故事：

杰克和汤姆曾经是好朋友，有一次他们合伙做卖米的生意。

在他们居住的那条街上，分布着许多米店，大多数店主把米放在外面，晚上找人看守。他们也和那些店主一样把米堆在商店外面。

可是，有一天早上他们起来后发现米少了许多。杰克记得晚上汤姆起了好几次，他怀疑很可能是汤姆把米转移到其他地方，想独吞，因此心中大为不悦。而汤姆说他没有看见那些米，杰克不相信，两人吵了起来。汤姆忍无可忍，动手打了杰克，杰克毫不示弱也狠狠还击，打得汤姆鼻青脸肿。从此他们成为仇人，不再往来。

第三天杰克要到附近的一个小镇去做生意，一大早推开门发现门口放着一个陶罐，罐里装着几根骨头。按照当地风俗这是不吉利的象征，很晦气。杰克想肯定是汤姆诅咒他生意落败故意放在他家门口的，他非常生气地将陶罐扔到花园里，就出门了。结果那天他的生意很不好，不但没有赚到钱，反而亏了不少本。回到家中他给院子里的花松土施肥时，无意中看到那个陶罐，想把它砸碎出气，又觉得很可惜，就顺便移了几株快死的花进去。

过了几天，他从外边做生意回来，因为赚了不少钱，他很高兴地侍弄花草时惊喜地发现，陶罐里开满了鲜花。这让他很高兴，没想到用来出气的陶罐竟给他带来了意想不到的欢乐。看着这些鲜花，他开始为自己狭隘的心胸感到脸红，觉得自己当初不应该迁怒于汤姆，应该心平气和地向他解释。他决定主动向汤姆道歉。

在去汤姆家的路上，他遇到自己的邻居，邻居问他说，前一段时间自家的小孩夜里在外面玩，把一个准备泡药的陶罐和一服兽骨药给弄丢了，不知杰克看见了没有。杰克回家找到陶罐和扔在院子里的兽骨还给了邻居。奇怪的是当他把东西还给邻居时，邻居反而给了他几袋米。

原来就在杰克和汤姆把米放在外面的那天夜里，有人要买杰克邻居家的米。黑暗中邻居错把杰克和汤姆的米卖了，等第二天发现时，买主已不知去向。邻居找杰克时杰克已到外地去了，后来就把这件事给忘了。杰克觉得自己错怪了汤姆，他带上从陶罐里采摘的鲜花到汤姆家表示真诚的道歉。

后来他们重新成了朋友，感情比以前更好了。

人与人之间避免不了因互相误解而导致仇恨。最好的方式是以宽容的心态将这种仇恨栽培成一盆鲜花，让自己心里开花才能让周围遍地开花。时间带走一切也考验一切，值得珍惜的是无限春光和快乐的果实，真正的友谊并不因误解、仇恨而变淡，反而因海纳百川的胸怀和气度而更加深厚。

让仇恨长成鲜花是一种智者大彻大悟的境界，也是人生快乐的源泉。

第四节 怨恨是肿瘤

哲学家汉纳克·阿里德指出，堵住痛苦回忆的激流的唯一办法就是宽恕。对普通的人来说，宽恕别人不是一件容易的事情，在一般人看来，宽容伤害者几乎不合自然法规，我们的是非感告诉我们，人们必须为他所做的事情的后果承担责任。但是宽恕则能带来治疗内心创伤的奇迹，能使朋友之间去掉旧隙，相互谅解。

当人们受到不公平的待遇和很深的心灵创伤之后，自然对伤害者产生了怨恨情绪。一位妇女希望她的前夫和新妻的生活过得艰难困苦，一位男子希望那位出卖了他的朋友被解雇。怨恨是一种被动的、具有侵袭性的东西，它像是一个化了脓的不断长大的肿瘤，使我们失去了欢笑，损害了健康。怨恨，更多地危害了怨恨者本人，而不是被仇恨的人。因此，为了我们自己，必须切除怨恨的肿瘤。

然而怎样才能切除这个肿瘤呢？

首先要正视我们的怨恨。没有人愿意承认自己恨别人，所以我们就把怨恨埋藏在心底。但怨恨却在平静的表面下奔流，损伤了我们的感情。承认怨恨，就等于强迫我们对灵魂施行手术以求早日痊愈，即作出宽恕的决定。我们必须承认发生的一切事情，面对另外一个人直接地说："你伤害了我。"

丽兹是美国加利福尼亚大学的教授，一位很称职的教师。她的系主任答应替她向教务长请求提升她，然而系主任却口是心非，在向教务处提交的报告中严厉地批评了丽兹的工作，以致教务长对丽兹说："走吧，你只好另谋职业去了。"于是，丽兹恨透了系主任对她的诋毁。但她还得从他那里得到一纸推荐书，以便另寻职业。系主任对她说："很抱歉，尽管我在教务长面前为你说了许多好话，但仍然不能使教务长提升你。"丽兹假装相信他的话，但她内心却无法忍受这口怨气，一天，她直接和这位系主任吐露了心中的怨气，系主任竟断然否认了事实，这使丽兹看出他是个多么可怜、多么卑微的人。于是她感到和这样的人生气不值得，并最后决定把这件事抛在一边。丽兹重新找自己的新工作去了。

有人说，宽恕是软弱的表现，其实这是错误的。冤冤相报抚平不了心中的伤痕，它只能将伤害者和被伤害者捆绑在无休止的怨恨战车上。

第五节　和敌人握手

畅销书作家托尼·希勒获得过美国侦探小说家大师奖。他第一次打工是做农场工，而且这次经历让他受益匪浅。

他 14 岁时，英格拉姆先生敲响了他们在俄克拉荷马的萨克勒哈特农舍的门。这个老佃农住在马路那头大约一英里的地方，想找人帮助收割一块紫苜蓿地。这就是他第一次得到的有报酬的工作——1 小时 12 美分，要知道这在 1939 年已经很不错了，因为他们还处在经济大萧条时期。

一天，英格拉姆先生发现一辆装有西瓜的卡车陷在自家的瓜地中。显然，有人想偷走这些西瓜。

英格拉姆先生说车主很快就会回来的，让托尼在那儿看着，长点见识。没过多久，一个在当地因打架和偷窃而臭名昭著的家伙带着两个体格粗壮的儿子出现了。他们看起来非常恼怒。

英格拉姆先生却用平静的口吻说道："哎，我想你们要买些西瓜吧？"

那个男人回答前沉默了很久："嗯，我想是的。你要多少钱？"

"25 美分 1 个。"

"好吧，你帮我把车弄出来的话，我看这价格还合适。"

这成了他们夏天里最大的一笔买卖，而且还避免了一场危险的暴力事件。等他们走后，英格拉姆先生笑着对他说："孩子，如果不宽恕敌人，就会失去朋友。"

几年以后，英格拉姆先生去世了。但托尼永远忘不了他，也忘不了第一次打工时他教给他的东西。

穿梭于茫茫人海中，面对一个小小的过失，常常一个淡淡的微笑、一句轻轻的歉语，就能带来包涵谅解，这就是宽容。宽容地对待你的敌人，你就会得到"退一步海阔天空"的喜悦，"化干戈为玉帛"的喜悦，人与人相互理解的喜悦。

第六节　从刻薄的人身上学习宽容

法国文豪巴尔扎克曾经写道："世上所有德行高尚的圣人，都能忍受凡人的刻薄和侮辱。"

其实，有时候，刻薄的人，比那些表面迎合你的人更有用处，因为他们的话语虽然尖酸，他们的行为虽然刻薄，但却可以让你因此而学到宽容。

有一名自认学富五车的学者搭船过江，船来到河中，为了夸耀自己学识渊博，他便问船夫说：

“船夫啊，你懂文学吗?”

船夫摇摇头表示不懂，学者不屑地说：“不懂文学，那你就等于失去了一半的生命了。”

过了一会儿，学者又嘲讽船夫：“那么，你懂哲学吗?”

船夫摇摇头，学者又惋惜地说：“不懂哲学，那你就又失去了另一半的生命了。”

船继续前行，学者又问：“既然你不懂文学，也不懂哲学，请问历史、生物、美学……你知道的有哪些呢?”

船夫耸了耸肩说：“我一样也不知道。”

学者听了摆出相当鄙夷的表情，夸张地说：“我真为你的无知感到难过。什么都不懂，你活着还有什么意思呢?”

说时迟那时快，突然，一个大浪打上来，小船一不小心就被浪花打翻了，船夫和学者双双落入水中。学者吓得面无血色，不停地挣扎着，船夫问：“你懂游泳吗?”

学者摇摇头，船夫接着说：“那你就失去了你全部的生命了。”

故事中，这位言辞刻薄的学者自认为上知天文下知地理，但是他却忽略了最浅易的处世方法。

人各有志，各人头顶一片天，因此，为人处世不要太过刻薄。因为你的鱼翅说不定会是别人的毒药，怎能用同样的标准去衡量所有人？人更没有资格仗着自己的学识，去评断别人的生存价值。

印度诗人泰戈尔曾说：“越是有人责备我，我就越坚强；越是面对刻薄的人，我就越懂得宽容。”

因为，刻薄的人，有时候是一面自我省思的镜子，我们可以从镜中看到自己曾经刻薄的嘴脸，进而体会到被刻薄的人，那份渴望被宽容的心情。

每个人都有自己的世界，可悲的不是活在狭窄的天地里，而是只活在自己的世界中，一味地以自己的眼光看待别人。因此，为人处世的最高境界就是懂得向刻薄的人学习宽容。

第七节 别走在“不平衡”的独木桥上

现实生活中，每个人的内心世界都或多或少有一些不平衡。某人赚了钱，某人升了官，某人买了车，某人出了国，某人盖了别墅……本来自己比他们强，却不如他们风光体面！因对比产生了心理不平衡，而这种心理不平衡又驱使着人们去追求一种新的平衡。倘若在追求新的平衡中，你能不昧良知、不损害别人，自觉接受道德的约束和限制，通过正当的努力、奋斗去实现人生的自我价值，达到一种新的平衡，倒也是值得称道和庆幸的；倘若在追求新的平衡中，不择手段、毫无廉耻、丧失道义、膨胀自私贪欲之心，让身心处于一种失控的状态中，那么就必然会产生一些意想不到的可怕后果。由此，你的人生也必将陷入难以回旋的败局之中。

有这样一个人，原先曾是个表现不错、工作很有干劲也很有实效的干部，因政绩突出不断受到提拔。但是后来，当他看到过去的同事、同学通过各种途径都富起来的现实时，想想自己能力不比他们差，职位也比他们高，然而钱却比他们少得多。特别是到年终评比考核，在台上给厂长经理发奖金，每个人少则几万，多则十几万，而自己作为一市之长，担子比他们重，责任比他们大，工作也比他们辛苦，却两手空空，囊中羞涩。他心里深感不平衡，由此也就有了“何不捞点钱”的想法。于是在他任职期间，大肆收受贿赂。这样一来，他思想上警惕的闸门在不平衡心理的驱动之下终于倾斜了，欲望的洪水顿时倾泻而下，一发不可收拾，终于成了一名“死缓”的囚犯。

一位老师原先在教学上精益求精、兢兢业业，对学生无私奉献。但当眼见身边的一些人通过各种手段富起来时，心理也不平衡了。单位要集资建房，口袋里没有钱，眼巴巴地望着别人搬进了宽敞明亮的新居，自己却仍然要住在低矮破旧的小平房里，对比之下，备感自己的寒酸清贫。于是，靠山吃山，靠水吃水，靠学生就吃学生。这样，他先是暗示学生家长节假日送礼，接着便是公开地索要，再往后就干脆勒令班级几十名学生晚上到他家补课，每人每月收取几十元补课费，收入既可观又合“情”合“理”。白天课堂上尽量少讲，学生有什么问题晚上到家里去补。一年下来，腰包鼓了，高档家具置了，名牌时装穿了，几万元住房集资款也筹齐了。然而，正当他干得起劲之时，却得到了学校的黄牌警告，自己先前树立的那种为人师表的美好形象也消失得无影无踪了。

不平衡使得一部分人心理自始至终处于一种极度不安的焦躁、矛盾、激愤之中，使他们牢骚满腹，不思进取，工作中得过且过，心思不专，更有甚者会铤而走险，玩火烧身，走上了危险的钢丝绳。因此，我们必须走出不平衡的心理误区。

不平衡心理源于比较，源于比较方式的不当，源于比较“参照系”选择的失误。上面所说的某官的腐败及某教师的师德败坏，他们所选择的比较“参照系”自然是那些风流倜傥、一掷千金的大款，自认为能力才华不比他们差，而收获却比他们少，这是多么不公平啊！而其实，只要我们多想一想那些普通工人、农民、个体劳动者，我们的心理又怎么会有这么多的焦灼、急躁与失落，甚至是愤愤不平呢？

当今社会，在种种诱惑特别是金钱美色的诱惑面前，一些人目眩头晕，忘记了做人的起码标准，在追求心理平衡的过程中，向腐败、堕落的目标迈进。在他们身上缺少的是一种圣洁的信念、奋斗的理想，缺少的是一种世界观、人生观的持续刻苦的改造。

第八节　忘却、宽恕、行进

忘却、宽恕、行进。当我们碰到人生的波折时，宽恕自己，才能把犯错与自责的逆风，化为成功的推动力。

如果你仔细观察你的周围，你就会发现，在我们宁静的生活中，大多数人都是亲切的，富有爱心的，也蛮宽容的。如果你犯了错，而且真诚地要求他人宽恕时，绝大多数人不仅会原谅你，而且他们也会把此事儿忘得一干二净，使你再次面对他们时一点愧疚感也没有。

可贵的是，我们这种亲切的态度对所有人都一样，没有什么人种、地域、民族的区别，但就只对一个人例外。谁？没错，就是我们自己。

也许你会怀疑："人类不都是自私的吗？怎么可能严于律己，宽以待人？"是的，人总是会很容易原谅自己，不过，这只是表面上的饶恕而已，如果不这么自我安慰的话，如何去面对他人？但在深层的思维里，一定会反复地自责："为什么我会那么笨？当时要是细心一点就好了。"或是："我真该死，这样的错怎能让它发生？"

如果你还不相信，请你想想自己有没有犯过严重的错误。如果想得出来的话，那你一定有过耿耿于怀，并没真正忘了它。表面上你是原谅了自己，实际上你是将自责收进了潜意识里。

我们可以对他人这么宽大，难道就没有资格获得对待自己的这种仁慈吗？

没错，我们是犯了错。但除了上帝之外，谁能无过？犯了错只表示我们是人，不代表就该承受如下地狱般的折磨。我们唯一能做的只是正视这种错误的存在，在错误中学习，以确保未来不会发生同样的憾事。接下来就应该获得绝对的宽恕，再下来就应该把它忘了，继续往前走。

人的一生在不断地犯错误，如果对每一次错误都深深地自责，那么一辈子都将背着一大袋的罪恶感过活，你还能奢望自己走多远？

犯错对任何人而言，都不是一件愉快的事情，一个人遭受打击的时候，难免会消沉。在那一段灰色的日子里，你会觉得自己就像失败的拳击选手，被那重重的一拳击倒在地上，头昏眼花、满耳都是观众的嘲笑和那失败的感觉。在那时候，你会觉得简直不想爬起来了，觉得你已经没有力气爬起来了！可是，你会爬起来的。不管是在裁判数到十之前，还是之后。而且，你还会慢慢恢复体力，平复创伤，你的眼睛会再度张开，看见光明的前途。你会淡忘掉观众的嘲笑和失败的耻辱，你会为自已找一条合适的路——不要再去做挨拳头的选手。

玛丽·科莱利说："如果我是块泥土，那么我这块泥土，也要预备给勇敢的人来践踏。"如果在表情和言行上时时显露着卑微，每件事情上都不信任自己、不尊重自己，那么这种人也将得不到别人的尊重。

造物主给予人巨大的力量，鼓励人去从事伟大的事业。这种力量潜伏在我们的脑海里，使每个人都具有雄韬伟略，能够精神不灭、万古流芳。如果一个人不能尽到对自己人生的职责，在最有力量、最可能成功的时候不把自己的力量施展出来，那么你就不可能成功。

第二篇

CHUSHISANBU

BUSHENGQI

BUBAOYUAN

BUZHETENG

不抱怨

第一章　抱怨的背后是什么

抱怨的背后到底隐藏着什么玄机？真是你对事情坏的一面的认识吗？其实，抱怨是一种坏话，会打击你生活和工作的热忱，更是推卸责任的表现，带来周而复始的恶性循环。

第一节　抱怨是不自信的表现

很多人可能会问，抱怨与不自信有什么关系？这两者似乎很难联系起来。其实不然，我们常说“抱怨是无能的表现”，那些喜欢抱怨、习惯抱怨的人，无一不是自卑、消极、平庸得可怜。遇到挑战，他们会说“不行不行，我不行”；遇到挫折，他们会说“我恨我恨我真恨”；遭遇失败时，他们会大发感慨：“看来我真的不行，这个世界真的是‘不如意事常八九’啊！”……可见，抱怨的实质就是对自己不信任，消极的心态和行动则是抱怨产生的根源。

反观生活中的勇者，他们的字典里从来没有“不可能”，当然更没有“抱怨”。压力越大，他们的激情越高涨；困难越多，他们的心境越平和。

无论身处何时何地，他们总是高呼着“我能行”，自信满满地奋勇前进，百折不回。

命运对于刘坚来说，可谓不公平，由于家庭条件不好，他不得不中途辍学养家。更为糟糕的是，由于小时候的一场车祸，他的一条腿留下了残疾。因此，即使是做普通工作，刘坚也往往感到很吃力。

一开始，刘坚和几个同乡一起进了广州一家电子厂，他根本跟不上传送带的节奏，虽然忙得满头大汗，但和其他工友相比无疑差得很多，这自然影响了整体效益。于是，领导对他发脾气，同事们对他不满意，有的人甚至讥讽他说：“你天生不是干活的料，不如回家领点低保凑合着混日子得了。”刘坚知道，自己的确影响了同事们，因此他从不计较，相反他决定用行动证明自己能干好这份工作。于是，他每天早出晚归，甚至以厂为家，每天不是研究技术就是研究工作要领，一天到晚累得满头大汗。

正所谓天道酬勤，渐渐地，刘坚的工作越来越出色。到年底时，他竟然被评为“年度最佳员工”，不仅受到了领导的奖金嘉奖，而且还被提升为车间主任。但是刘坚并没有满足，在工作中，他总是身先士卒，更好地促进企业的发展，同时赢得了上司和下属的尊敬，最终在工作两年后被提升为副厂长。

必须承认，人生不如意事十常八九，很多时候甚至令人心酸。但是一味地抱怨总不是办法。抱怨非但于事无补，反而会使我们失去冷静、平和的心境以及前进的动力。刘坚的成功，再次印证了这样一个道理：即使我们并不优秀，甚至有着明显的不足，但只要我们拥有信心和百折不挠的勇气，最终就能够劈开困难的枷锁，赢得胜利。而那些专门抱怨、缺乏信念的人，往往只能在对别人的羡慕、对自己的懊悔之中虚度一生。

哲人说：“如果不能改变，那就要学会适应。”于是很多人学会了适应。但是他们与其说是在适应，倒不如说是在苟且偷生。苟且偷生之余，他们还要抓紧一切时机发泄他们的不满，抱怨上帝的不公。

很显然，他们曲解了哲人的原本用意：山中有狼，这个现状鹿改变不了。鹿变不成狼，但是鹿不能因为狼的存在，就躲在灌木丛里抱怨上苍的不公平。它必须不停奔跑，不停奋斗，直到强壮了自己，强化了基因。它们不能改变自己是鹿、注定要被狼吃的宿命，它们只能通过改变自己，尽量谋求生存。

同样的道理。抱怨也不会使人更聪明、更强大。唯有“自助”，才能有“天助之”。因为“天若有情天亦老”，上帝如果有了同情心，这么多失意的人，他怎么帮得过来？

所以，如果你还在抱怨，请从现在开始立即放弃抱怨，转而用积极的眼光看世界，用信心去改变自己。请记住：一棵草改变不了大地，但它总能选择根的深度。当自信深种在你的心田，抱怨将没有丝毫的立足之地！

第二节　是抱怨者为失败找的借口

居里夫人曾经说过：“失败者总是找借口，成功者永远找方法。”这里所说的借口，无疑是抱怨的另一种表达方式。在失败面前，人们总能找出种种借口，编织各种各样的理由，来掩饰自己的懦弱、错误和无能。在日常生活、工作中，总是充斥着这样那样的借口和抱怨：

“这个客户太难伺候了，我真无奈！”

“要是给我换个搭档，事情早就成了！”

“全世界都在闹金融危机，怎么能怪我呢？”

这些都是失败者的声音。表面看来，他们似乎很有道理，借口背后却隐藏着他们对困难的妥协和对生活的迷惘。很多人甚至会在事情开始之前就为日后的失败准备下借口或理由，以免到时候自己受不了打击。应该承认，这是一种不错的养心术，但是由此造成的消极影响和严重后果，却是所有人都不愿意接受的。

因此比尔·盖茨说，一个善于为失败准备借口的人，无论怎么掩饰，都是一个不折不扣的懦夫！翻开历史，看看身边，哪个成功人士没有经历过失败？重要的是面对失败，你还有没有从头再来的勇气。人生如梦，成功则是一个不断失败而最终胜利的游戏，与其怨天尤人，哭天抢地，何不鼓起勇气，向命运回击？否则，成功将与你无缘，失败也失去了原有的意义。生而为人，别人可以，我们为什么不可以？没什么可抱怨的，也没什么可遗憾的，更不必为了失败而丧气！经历了寒冬的洗礼，必然是春回大地！

在英伦三岛，有人可能没有听说过莎士比亚，但他肯定听说过“霍布戴尔香肠”。10 年前，霍布戴尔先生在曼彻斯特一所小学“工作”——负责看门、拖地板、擦黑板、整理桌椅等，报酬是每周 5 英镑，他的工作平凡而又充实。

可是后来，老校长退休，新校长约翰逊上任，为加强管理，他建立了新的考勤制度，要求每个教职工早晚都要在考勤簿上签名。大字不识的霍布戴尔不会签名，只好回家。

失业的霍布戴尔到处求职，但是有谁需要一个不识字的人呢？多次碰壁之后，他想，也许我应该找一份不需要识字的工作。正巧，隔壁卖香肠的琼斯太太去世了，家人工作太忙，准备转让香肠店。霍布戴尔便用自己打工攒下的积蓄，盘下了香肠店，由于他服务热情、童叟无欺，香肠店的生意越做越好。霍布戴尔抓住时机，大做广告，广开分店。

最“疯狂”的时候，霍布戴尔请来了电影公司，将自己的事迹拍成了电影——《一种香肠的诞生》，在英国各家电影院轮回放映，并雇用飞机在空中做广告。很快，“霍布戴尔香肠”就誉满大不列颠，同时也引起了媒体的关注。一位记者在采访时问他：“霍布戴尔先生，您没有受过教育，但是您获得了成功。您设想一下，如果您会读和写，您将干什么呢？”

“或许还在那所小学校当看门人，一个星期收入 5 英镑。”霍布戴尔笑着回答。

霍布戴尔用自己的亲身经历告诉世人：生活真的很公平，它可以让人意志消沉，也可以让人百炼成钢，关键就看你是怎样的一个人。命运也真的很公平，在关闭一扇命运之门时，上苍必定会为我们留一扇希望之窗。与其死守着那扇紧闭的大门怨天尤人，何不转过身来，尽快找到属于自己的那扇窗呢？

另一方面，霍布戴尔的事迹告诉我们这样一个道理——生存没有绝境，走出门去，外面就是一片蓝天。只是有时候，潜力和成功是被逼出来的。所以，遭遇困难和挫折时，我们不应该一味地怨天尤人，因为等待你的，可能是一片更宽广的天地。其中的关键，就在于我们肯不肯“逼迫”自己。学历不等于能力，知识也不见得绝对改变命运，只有百折不挠、自强不息，才有可能走向成功，创造奇迹。

就像哲人所说的那样——你只能成为你头脑中的你。要想赚大钱，创大业，做大事，必须敢想敢为，百折不回。古人说：世上无难事，只怕有心人！身边的成功人士则用他们的实际行动告诉我们：成功并不难，就怕你没有成功的信念。只有树雄心、立壮志，有了崇高的目标，就会产生进取心，才能干出一番轰轰烈烈的事业。想都不敢想，做都不肯做，难道天上真的会掉馅饼吗？

反之，失败则根源于那些不自觉地让自己产生失败意念的人身上。不穷不富，一日三餐，稍有存款，时有欠债，无疑是大部分人的“正常”生活写照。这是为什么呢？很大原因就在于人们穷惯了，也失败惯了，往往自我设限，把自己定义为穷人或失败者，过于安贫乐道。事实证明，一个人老认为自己是失败者，就不会有追求成功的意识和行动。受此影响，他们只能做失败者，一如下面这个故事中的老人。

有一位老人退休后觉得很不适应，就在家门口摆了一个烤香肠的摊子。虽然摊子很小，但由于他家恰好处在热闹的街口，因此每天都能收入一二百元。

老人有个儿子，在大学学的是历史和经济，可谓博古通今，人送外号

“无所不知先生”。

暑假回家时，儿子看到老爸的摊子上挂着大批的香肠，非常吃惊：“老爸，难道你没听说现在金融危机很严重吗？你批发这么多香肠，不怕卖不完坏掉？”

老人没上过学，老实巴交了一辈子，觉得儿子到底是念过书的人，眼光和见识就是不一样。于是从第二天开始，逐渐减少了进货量。卖香肠的时候，由于反复想着儿子说过经济不景气的话，也不愿意吆喝了，烤香肠时也不那么用心了。

就这样，随着老人自身的改变，来摊子上吃香肠的人逐渐少了，老人不得不一次又一次地减少进货量。到后来，来吃香肠的人越来越少，这个小本生意渐渐地入不敷出了。老人感慨地说：“唉！上学真是有用处啊！这金融危机真是越来越严重了！”

“态度决定一切”，天道必定酬勤！然而生活中，又有几人能懂？更多的时候，人们是在攀比、抱怨、懊恼、失意……而一味地为自己叫屈，整日牢骚满腹，只会让我们在怨天尤人中自惭形秽，从而自绝于成功。

所以，不要再抱怨世事浮沉、人生无常，也许那恰恰是我们的机会；更不要在失败中沉沦，自己把自己打败。请坚信——只要心中充满阳光，鲜花终究会开满生活的大地。成功，必定属于那些从不抱怨、永不认输的人。

第三节　抱怨的牺牲者是自己

有位哲人说：“这个世界上最多的‘东西’不外乎两种：穷人和抱怨，而且两者之间存在着鸡和蛋的关系——贫穷（抱怨）孕育了抱怨（贫穷），抱怨（贫穷）又孵化了贫穷（抱怨）。人们越穷越抱怨，人们越抱怨越穷。”这句话虽然有失偏颇，但也有一定的道理：我们之所以抱怨，就在于我们认为抱怨能为我们带来某些好处，比如同情、认可和优越感。但就像哲人说的那样，事实上我们不仅“越抱怨越穷”，还会由于抱怨招致一连串的麻烦。到头来，我们反倒成了抱怨的最大受害者。

先说说抱怨与同情。生活中，有相当一部分人有过抱怨自己的身体不舒服的经历，但是这些人却并非真的生病，而是因为他们知道，“病人”的角色能让他们获得附带的好处。抱怨可以赢得同情，但是这里有一个度的问题，如果你认定抱怨一定会赢得他人的同情，无疑是大错特错。最典型的例子就是鲁迅先生笔下的祥林嫂。

祥林嫂一生坎坷，两任丈夫都因病去世，儿子也惨死狼口，为了排解心中的痛苦，她逢人便讲儿子的死和自己的悲惨遭遇，逐渐被乡里人所厌恶，甚至远远地见到她便躲开。再后来，连东家鲁四老爷也厌恶她，先是不让她插手祭祀，后来一怒之下将她赶出鲁家。流落街头的祥林嫂，很快便结束了她贫穷、艰难的一生。

虽然我们并不能据此说是抱怨害死了祥林嫂，毕竟真正造成这一悲剧的是万恶的封建制度，但是我们至少可以从侧面看出，一味地抱怨非但换不来同情，反而会招人反感。而且同样是祥林嫂，在她没有抱怨以前，她是颇受鲁家和众人喜欢的。可见，还是及早放弃抱怨为妙。

接下来再说说抱怨与认可的关系。

一位招聘经理曾经说过这样一段话：“每次面试，我都会问应聘者‘你为什么离开上一家公司’，之所以问这个问题，是想正面了解他对以前自己所在公司的评价，如果他说他以前的公司多么多么不好，有这样那样的问题，那么不管这个人有多么优秀，我也不会录用他。因为我相信，那些整天喜欢抱怨的人，肯定一事无成！”

当然了，企业中的抱怨者远远不止那些已经离开的人。当公司利益与个人利益发生冲突时，各种“声音”立即会从各个角落传来！有的人虽然口头不说，但他们会立即用行动来发泄自己的不满，比如偷奸耍滑、钻空子等，反正绝不会任劳任怨。这样一来，工作必然是一塌糊涂，抱怨和被抱怨自然在所难免。这样的人，往往也会很快出现在其他公司的招聘经理面前。

所以，试图通过抱怨别人或抱怨环境以期得到他人的认可，其实是最不明智的做法。也许有的环境确实不太适合你，但是与其抱怨，你还不如选择离开；当你选择留在这里的时候，就应该为它而努力。唯有高度的敬业和忠诚，才有可能改变环境和他人对你的看法，实现企业和个人的双赢。否则，即便是自己创业，这种恶习也会给你带来各种不利影响，甚至直接从根本上导致你与成功无缘。

还有一种人的抱怨动机，源自于他们认为抱怨对方可以使自己显得更为优秀。我们常说的“贬低别人等于变相地抬高自己”，说的就是这个道理。然而我们同样知道，人不是“抬”高的，无论你把对方贬得有多低，你仍然是你，跟他有多高多低，甚至跟有没有他，都没有必然的联系。更何况当我们在抱怨别人的某些缺点时，就是在暗示我们自己没有这一缺点，但就能据此认为我们就比对方优秀吗？显然不能，或许我们真的没有这一缺点，但人无完人，我们甚至有更致命或者更不堪入目的缺点。所以说，这种抱怨的背后不是为了掩饰什么，就是自夸或吹牛，而这样的人，通常都是一些没有安全感、不能明确自我价值的人。他们的抱怨，无形中向人们传递出了“自己是受害者”的信息，而这样一来，往往会招致更多的加害者，随之而来的，自然是更多的怨天尤人。

也许有人会问，我用抱怨来惩罚那些伤害我的人，把他搞臭，这总可以了吧？仍然不行。抛开那些人在不在乎不说，须知“盗亦有道”，从一开始你就走偏了，与其用抱怨让彼此两败俱伤，我们为何不通过正当的途径去解决问题、达到目的呢？而且那样的话，我们与小人何异？或许导致我们被人伤害的原因就在我们自己身上。

综上所述，抱怨的本质源自于人们想通过抱怨得到什么，但无论从哪一方面来说，抱怨都会让你得不偿失，后悔不迭。所以，聪明的你应该考虑用其他途径去实现自己的目标。

第四节　抱怨是霉运的征兆

之前提过，抱怨时用的字眼，经常和非抱怨的字眼相同；是你的意图和背后隐含的能量，决定了你是否在抱怨。所以，你要开始注意自己有没有常说以下这些话，又是在什么情况下说的：

“当然会这样!”

“难道你不知道吗?”

“我只是运气好!”

“我总会碰上这种事!”

当事情不太对劲，而你说：“当然会这样!”或“难道你不知道吗?”就是在传送这样的讯息：你在等待坏事的降临。这个世界听见了，就会带来更多坏事给你。

当我第一次决定认真留意自己的言论，同时明白这些话是在反映我的想法，而想法将造就我的现实生活。我还记得那时的情景：我正开着我太太桂儿那辆二十年的小卡车，运回一些我放在仓库里的东西。桂儿的这部F-150 老车的引擎已经跑了几百里，所以每开二十里大约要用掉一加仑的油！我们时常替这辆老卡车加油，同时也会在后车厢放一箱油，以备不时之需。

当我起程展开一百多里的旅途时，我确定油箱已加满了油，还邀请我们家的狗吉布森跳上前座，和我一起做伴。吉布森是一只澳洲牧羊犬，这个名字是桂儿帮他取的——桂儿说，如果有哪个澳洲人要睡在她的床脚边，她希望是电影明星梅尔·吉布森。

我们花了好几个钟头，才从南卡罗来纳州艾纳市的家开到曼宁市的仓库，再把物品装上车。回程时，我决定走捷径，朝葛利里镇的方向行驶。

我以前住在曼宁，对通往葛利里镇的路很熟。其实，我以前常在周末骑单车到葛利里镇，然后再骑回来，当成是运动。那条路约有十三里，车辆并不多。

太阳开始西下时，“引擎故障灯”亮了。那一刻，我的思考模式照理说应该是：“糟糕！有麻烦了。”但是，我反而转身对吉布森说：“会有办法解决的。”内心里，我觉得自己可能有点脑子进水吧——就像我说的，我对这条路很熟，这十三里路上只有十来户人家，而我却没带手机。

第五节　抱怨者常常不负责任

寻找借口永远是最容易的事，但是无论到什么时候都不会有收获。

在工作中遇到问题，积极的人找方法解决问题，消极的人找借口回避问题。比如，当业务拓展不开、工作无业绩时，积极的人会想是不是自己的工作方法有问题，或者自己的经验有欠缺；而消极的人则会想，都怪领导指挥不当，同事的配合不够默契，反正自己尽力了等。

找借口是回避问题的最直接表现，职场上很多人都有这个习惯。即便在迟到这样的小事上，他们也能找到无数个借口，比如堵车了、表慢了，或闹钟没响睡过了，人称“常有理”。

借口毒害着人们的灵魂，并且互相感染和影响，极大地阻碍员工能力的发挥，使许多人丧失斗志、消极处世。对于这些人来说，借口已经“吃掉”了他们努力拼搏的希望，结果当然只能收获平庸。

林小姐毕业于名牌大学，加上形象气质很好，很快就找到一份不错的工作，可是没过试用期，她就被老板辞退了。原因就是她总找借口回避问题，从不想办法解决问题。

一天，老板派她到清华大学去送材料，要分别送到三个地方，结果她去了一个地方就回来了。老板问她为什么不能完成任务，她说："清华大学太大了，我问了好几次门卫，才找到一个地方。"

老板一听生气了："这三个地方都在清华大学里面，你找了一个下午怎么只找到一个？"

"我真的去了，不信您去问门卫？我对那里不熟悉，要不您派个熟悉路线的人去吧。"她辩解说。

老板更加生气了："你做每一件事情，难道都要我去核实？你不熟悉路线，别人就熟悉？遇到问题不想办法解决，理由倒不少！"

其他同事好心地帮她出主意：你可以进去问问老师和同学；你可以咨询校内工作人员，或许他们知道；你可以打电话咨询清华大学的总机，找到那两个单位的电话……

谁知这位林小姐嘴角一撇，根本不理会同事的好心，反而气鼓鼓地说："反正我已经尽力了……"

为此，老板辞退了她。如果林小姐以后仍然秉持这种态度去工作，那么，她注定平庸一生，并处在被淘汰的边缘。

所有的人都希望在职场上得到晋升，可是，很多人不能如愿以偿。他们之所以不能得到晋升不是因为没有能力，而是因为他们习惯了坐在原地给自己找各种各样的借口。

回避问题，不但无法改善现状，所产生的负面影响还会让情况更加恶化。

寻找借口永远是最容易的事，但是无论到了什么时候都不会有收获。拿破仑·希尔在他的《思考致富》一书里将一位个性分析专家编的借口表列出来，居然有50多个。拿破仑·希尔说："找借口解释失败是人类的习惯。这个习惯同人类历史一样源远流长，但对成功却是致命的破坏。"

所有的理由都是借口，实际上你可以做得更好，只是你在回避问题。而把"事情太困难、太昂贵、太花时间、问题太大"等种种理由合理化，要比相信"只要我们更努力、更聪明、更有信心，就能解决任何问题"的念头容易得多。

实际上，一个人对待问题的态度可以直接反映出他的敬业精神和道德品行，在问题面前你所要做的是想办法解决问题，而不是逃避、推卸责任。逃避会让老板失去对你的信任，看低你的道德品行。老板如果这样看待你，就不会再对你委以重任。

总之，找借口回避不能解决问题，就像频繁跳槽并不能证明你的能力有多强一样。这样，不但问题得不到解决，反而会因时间的推移，变得越来越严重。结果只能忍受多年如一日的平庸地位，最终碌碌无为、一事无成。“不必请示汇报，放手一搏吧！”经过一个多月的日夜奋战，网站终于建立起来，虽说不尽如人意，但公司总算有了自己的网站。老板对李姚大加赞赏，并提升他做了公司的副总经理。

世界上很少有报酬丰厚却不需要承担任何责任的便宜事。一个人想要一时不负责当然有可能，但要免除世间所有责任可得付出巨大的代价。如果当责任从前门进来时，你却从后门溜走，那么你可能会失去很多伴随责任而来的机会！

主动要求承担更多的责任或自动承担责任是成功者必备的素质。大多数情况下，即使你没有被告知要对某件事负责，你也应该认真地去做好它。如果你能表现出认真的工作态度，那么责任和报酬就会接踵而至。

第六节　不知不觉陷入抱怨的泥潭

生活中经常有人抱怨，但是也有人说：“我不是在抱怨，而是在陈述事实。”但我想问的是，你能分得那么清楚吗？你敢说你说的这句话是在陈述事实吗？绝没有一点抱怨的口吻吗？你可能会纳闷：“我所说的话，什么时候算是抱怨，什么时候又是陈述事实呢？”其实这很简单，你有所期待，或者说是想改变别人，或者希望一切有别于现状，那就是在抱怨，相反则是在陈述事实。抱怨与非抱怨陈述的用语可能是一模一样的，其间的区别则在于——你在话里传达的用意以及隐含的能量。

比如张芳说:“我的火车预计在早上 8 点发车。现在已经是早上9：30，而我刚刚才得知，新的发车时间是中午 12 点——慢了 4 个小时。”

像这样的话语，你就很难分辨它是陈述事实还是在抱怨。这就要结合说话者的语气或心情来看。如果张芳坐在火车上，欣赏着春天的美景，听着优美的音乐，那么她的一席话就是在陈述事实，而不是抱怨。如果她在火车上很无聊，等发车的时间等得很不耐烦，那么她就是在抱怨。其实是抱怨还是在陈述事实，说话者心里最清楚，你的话语是没有任何深层次的含义吗？你的话语里没有任何感情色彩吗？你是心平气和地在说这句话吗？我想在你说话之前应该最好要想一想。

有时候抱怨的背后也有另外一些潜台词，比如“对不起，经理！今天这事情没有办成，其实要不是谁谁从中捣乱，那么肯定成。”或者“要不是，今天早晨出门天气不好……”这种抱怨背后往往是隐藏着推卸责任，或者是给自己找一个理由。

再比如，一家餐厅的菜品极优，服务是令人称赞的。但是你刚一坐下，那就对这家餐厅的服务不满，甚至还说：“你们应该这样或那样。我以前就是酒店的大堂经理。”那么你的抱怨也是暗藏着潜台词的，你是在显摆自己过去是大堂经理，暗示自己有很多酒店服务的经验。你们做得不到位，应该向我请教。

相反，陈述事实如果没有什么更深层的含义，也没有什么暗示，它只是在讲述一件事或一个道理。所以当你在说这句话的时候，最好应该仔细斟酌。

第七节 想让事情更糟糕，那就抱怨吧

是的，找借口只会让事情变得更糟糕，因为没有人愿意听你解释事情的原委。当事情发生后，找到办法，解决问题才是关键。因此，遇事请别找借口，因为那只会让事情更糟糕。

遇事找借口几乎已经成了大多数人的习惯，当遇到问题时，他们会责怪自己儿时的经历，或抱怨碰不上好的老师，或抱怨组织的管理制度不好，总之，有无数的借口来为自己推脱责任。

找借口最糟糕的是：一旦一个人习惯了找借口，他就不再愿意努力去改变自己的处境了，遇到问题时也不愿意寻找方法解决。

例如，当你听到“我没有按时交报告，是因为我无法把这个项目组的所有成员及时集中起来”这句话时，你会做何反应？你感觉它是一个借口，还是一个切实的理由？其实，这句话是借口还是理由都已经无关紧要了，因为事情的结果已经出来了，那就是：报告已经交迟了。

一句话是借口还是理由，这不是最重要的，养成了寻找借口的习惯才是真正的问题所在。就拿上面那句话来说，如果它是出自一位负责人之口，你会认为它是一个理由，但若是其他人，你首先想到的是一个借口。

但是，负责任的人是很少让你听到这样的话的，因为他们从来不会在寻找借口上浪费时间。

一位被手下的“借口”搞得心烦意乱的总经理，实在没有办法了，便在自己的办公室贴上了一条标语，上书：“这里是‘无借口区’。”后来，他向各个部门宣布接下来的一个月是“无借口月”，并告诉所有人：“在这个月里，我们只解决问题，不允许找借口。”

在这个月里，大家都开始按规定的那样，不找借口，只找办法。本月

的一天，一位顾客打电话来抱怨说："你们公司的货送来的时间太晚了，怎么回事呀？"

物流经理听后，立刻道歉说："对不起，的确是我们的错，我们不应该把货送迟的，我们保证下次绝对不会出现这样的情况了。"随后，他安抚顾客，并给顾客承诺要补偿他的相应损失。当物流经理挂断电话后，他说自己原本是要向顾客解释原因的，但一想到这个月是"无借口月"，所以他立刻把借口去掉，然后找出了解决问题的办法。

后来，那位顾客给公司的总经理写了一封信，评价了物流经理给予他的出色服务。顾客在信中说："我在贵公司里并没有听到千篇一律的托词。这让我大感意外和新鲜，因为很多公司遇到此类问题一般都是找借口和理由的。"

找借口只会使事情变得更糟糕，如果不找借口，反而专注于找方法。效果往往十分理想。这就是该企业的"无借口月"活动得出的有益结论。

是的，找借口只会让事情变得更糟糕，因为没有人愿意听你解释事情的原委。当事情发生后，找到办法，解决问题才是关键。因此，遇事请别找借口。

第八节　抱怨就是往你鞋子里倒沙子

抱怨就是往鞋子里倒水。正像法国思想家伏尔泰说的那样："使你疲惫的不是远方的高山，而是你鞋子里的沙。"你若烦恼，烦恼则更多；你若抱怨，抱怨则更多。

抱怨的人总是以为自己经历了世上最大的困难，他忘记了听他抱怨的人也同样经历过这些，只是感受不同。不必抱怨，抱怨有什么用呢？不会因为你的抱怨，老板就会给你加薪晋爵；不会因为你的抱怨，老板就会转变态度由原来的不喜欢你而变得喜欢你；不会因为你的抱怨，周围的同事就完全变成你喜欢的人，更不会因为你的抱怨，别人从此就会对你好起来。

所以你必须得明白抱怨无济于事，现实绝不会因为你的牢骚满腹而发生改变。为什么老是跟自己过不去呢？为什么不想想自己应当怎样在既定条件下，发挥自己的主观能动性去改变呢？

在法国北部的一个小山村里，住着一户人家，这户人家很贫穷，只有夫妻二人是壮年劳动力，其他的不是老人就是孩子，而且那位老人——丈夫的父亲、孩子们的祖父，已经90多岁了，得了一种病，生活几乎不能自理，所以家中每天都必须有人来照顾他。因为家中的条件艰苦，所以3个孩子都很懂事，他们常常会在父母外出劳动的时候照看年迈的祖父，或者去采一些蘑菇给家里人吃。

查理斯是这户人家里最小的一个孩子，虽然年龄小，但是他很懂事，知道怎样可以为家里人分忧。一天，查理斯和哥哥出去捡蘑菇，姐姐留在家里照看祖父。这一次，查理斯和哥哥捡回了很多又大又丰满的蘑菇，够家里人吃几顿了。等他们回到家以后，姐姐负责做饭，哥哥去拾柴，而查理斯则负责叫回在烈日下工作的父母。看到孩子们已经炖好了一锅蘑菇，父母很高兴。母亲要先给祖父喂饭，依照惯例，还是父亲和几个孩子先吃饭，可是查理斯不知又跑到哪里去玩了，所以今天只有哥哥姐姐和父亲一起吃饭。

就在一顿饭刚刚吃到一半的时候，祖父、父亲、哥哥和姐姐分别感到胃里难受得厉害，母亲急忙去寻找村里的一位大夫，路过邻居家里时又委托邻居帮自己找回小儿子查理斯。正在和村里的小伙伴们一起玩游戏的查理斯被邻居叫回家时，他看到当地的一位乡村大夫正摇着头告诉母亲，所有的人都已经无法救治了，祖父、父亲还有哥哥和姐姐都因为吃了有毒的蘑菇而死去。村里其实早有过这样的事情发生，但是查理斯从来没有想到过这样的事情居然会发生在自己家。而且让他一下子就失去了四位亲人。

母亲几乎要崩溃了，但是看到年幼的查理斯，她想：自己必须要好好地活下去。就这样母子二人相依为命。到了查理斯13岁的时候，城里有人来招工，查理斯谎称自己已经16岁，然后就来到了城里，那个城市正是巴黎。

到了巴黎，一起来的孩子们才知道，他们干的工作有多么辛苦——每天几乎要工作16个小时以上，条件很艰苦，而且工资还很少。尽管如此，但查理斯也只能在这里干下去，因为他对巴黎不了解，而且也没有什么钱。查理斯在工厂里的一个放废品的角落里发现了一本医学专著。在其他人都累得倒头大睡时，查理斯如饥似渴地读着这本书。以他的文化水平，这本书的很多地方读起来很难懂，但是查理斯却像着了迷一般，一有空就捧着书看。渐渐地，查理斯居然成了这里小有名气的小医生。

正在他决定要在医学道路上发展时，他得到了从家乡传来的消息：母亲得病身亡了。母亲的去世让他感到痛苦极了，他觉得上天对他太不公平了。正在他感到灰心的时候，他偶然在一本书中看到了美国著名作家华盛顿·欧文说过的一段话："如果有人总是抱怨自己的天赋被埋没的话，那通常都是推辞，是那些慵懒的人和意志不坚定的人在公众面前故作姿态而已……"

这句话一下子激励了他，查理斯又振作起来。他在日记中这样写道："所有对世界的抱怨都是不公正的。我从来没有见到一个真正被埋没的天才。一般情况下，是那些失败者自己的错误导致了他们的霉运。"

查理斯果然没有失败。几年之后，他成为巴黎最有名的医生，凭借高超的医术赢得了崇高的威望。

查理斯在一次又一次的困难面前没有抱怨，而是积极主动地去挑战生活中的一切困难。

由此看来，丢掉抱怨，清空你鞋子里的沙子，才能在人生之路上走得更远！

第二章 抱怨是滋生问题的根源

抱怨就像是羊群里的瘟疫一样，人人敬而远之，它并不能为你带来事情的转机，反而会给你带来不必要的新问题，吞噬你所有的快乐和激情，让你和成功渐行渐远。

第一节 任何问题都不是用抱怨来解决的

西方有一句古老的谚语："如果说不出别人的好话，不如什么都别说。"很明显，先哲们是在告诫世人为人处世时要学会尊重和赞美，至少也应做到慎言慎行。可惜的是，这句话没有引起世人足够的重视。尤其是在崇尚言论自由的当今社会，几乎所有的机构、大小组织，到处都是吹毛求疵、流言飞语和永不止息的抱怨。

工作不好，抱怨；上司不好，抱怨；下属不好，抱怨；经济不景气，抱怨；生活环境不好，抱怨……可以说，只要有人的地方就有抱怨，这个世界的方方面面，无处不在人们抱怨的唇枪舌剑之下。然而事实却是，抱怨根本解决不了任何问题。不信试问，天下虽大，谁又能靠抱怨成为成功人士？

相反，抱怨反而会把问题带向更加复杂的一面，给我们带来诸多严重影响。

首先，抱怨会破坏我们原本积极的潜意识。曾经抱怨过的朋友都知道，只要我们的头脑中一有抱怨的意识，我们立即就会停下或者放慢手中的工作，为自己鸣不平、拉选票，甚至不顾一切地找到对方讨个公道。如果得不到他们想要的结果，不是大骂世事不公，就是哀叹老天无眼。久而久之，不仅直接影响工作和生活，还会影响心情和心态。而真正的勇者，他们从不抱怨，他们总是能冷静地看待世界，审视自己，最终成就自己。

今年刚满30岁的苏珊是美国一家化妆品公司的创办人。小时候，她和奶奶一起生活在乡下。奶奶开了一个小杂货店，为人慈祥又和气，邻居们都喜欢和她聊天。每当那些喜欢抱怨、爱发牢骚的邻居到商店买东西时，奶奶总是会把苏珊拉到身边，让她看自己和邻居说话。

有一次，邻居爱普生前来买香烟。奶奶问他：“今天怎么样啊，爱普生老兄？”

爱普生长叹一声说道：“唉，今天不怎么样啊，哈德森大姐。你看看，这天气这么热，气死人了。这种鬼天气，真要命啊！”

奶奶一边给他拿香烟，一边附和着说：“是啊，是啊！嗯，嗯……”一直抱怨了十多分钟，爱普生才离开了小店。

又有一次，邻居汤姆一进店门就向奶奶抱怨道：“哈德森大姐，真是气死我了！我再也不想干犁地这活儿了！尘土飞扬不说，驴子还不听使唤。我真是干够了！你看看我的腿、脚，还有手、眼睛、鼻子，到处都是尘土，我真是干够了！”

奶奶仍然是那副老样子，一边给他拿东西，一边附和着说：“是啊，是啊！嗯，嗯……”

等汤姆发完了牢骚离开小店，奶奶把苏珊拉到身前，问她：“孩子，你听到这些喜欢抱怨的人说的话了吗？”苏珊点点头。奶奶接着说：“孩子，在每个夜晚都会有一些人——不管是白人还是黑人，不管是富人还是穷人——酣然入睡但是再也不会醒来。那些与世长辞的人，睡觉时不会感到暖和的被窝已变成冰冷的灵柩，身上的羊毛毯已变成裹尸布，他们再也不能为天气热或驴子不听话而唠叨一分钟。孩子，你要记住：不要抱怨，因为抱怨不能解决任何问题。如果你对现状不满意，那你就设法去改变它。如果改变不了，那就改变你的心态去面对这些问题，但你一定不要去抱怨什么。"

长大后，苏珊牢记着奶奶的话，无论遭遇多大的挫折，她也从未抱怨过什么，最终靠自己的勤奋和智慧打拼出了一片天地，成了业界有名的女强人。

其实，我们与文中的爱普生和汤姆何其相似，相信大多数人都能在他们身上找到自己的影子。一件小事、一句无关紧要的话，甚至于天气不好，都能让我们陷入长时间的烦恼，沉浸于懊恼和悲伤中不能自拔。然而天气绝对不会因为你的抱怨而转凉，驴子也不会因为你发牢骚而变得听话些。尤其是当你面对的是一个不会体谅别人、不会自省的人，情况会更加糟糕。但你一定要清楚，烦恼、抱怨、愤怒都没有用。即使你抱怨连天，它也不会为你失眠。唯一的办法就是学会改变。

其次，抱怨会破坏人际关系。没有人会喜欢一个消极、负面的人，更没有人愿意忍受你的牢骚和坏脾气。不满的情绪，必然会破坏内心的平静，进而影响工作和整个团队，接下来势必会带来更多的被抱怨和相互抱怨，甚至成为致祸的根源。俗话说："病从口入，祸从口出。"古往今来，因为不能管住自己的嘴巴，导致身败名裂甚至为此丢掉性命的人数不胜数。当今社会我们虽然不可能因为抱怨几声就掉了脑袋，但是因为抱怨丢掉工作、丢掉人脉甚至招致无妄之灾的例子却比比皆是。与其如此，我们又何必非得抱怨呢？毕竟，抱怨不是我们的目的，只是一种最最拙劣的手段而已。

第二节　抱怨并不能让你万事如意

当事情发生时，你没有必要向朋友、同事和家人发牢骚，更不要把他们也牵扯进来。最明智的做法应该是找一个可以帮助你的人，告诉他你想要什么。

人为什么喜欢抱怨？因为他们企图通过抱怨让自己的愿望得到满足。比如有人抱怨东西贵，那是他们希望能用更少的代价获得他们想要的东西。其实，你完全可以好好表达自己的期望，而不需要以抱怨现况来获取你想要的结果。

一天，威尔的手机响了，来电显示是“不明号码”。当时他正在忙，没有接电话，打来的人也没有留言。接下来，几乎每隔一小时，威尔都接到同样的“不明号码”打来却又不留言的电话。最后，威尔忍不住接到了这通“不明号码”来电，听到电信公司的语音留言：“这是要通知玛丽·强森的重要讯息……如果你是玛丽，请按1；如果不是，请按3。”

威尔想都没想就按了3，心想电信公司应该会发现他们打错了号码，就不会再有这些来电了。但他们还是没发现自己的错误，电话几乎每小时响一次，都是“不明号码”打来的，而当威尔接起电话，又听到同样友善的语音留言。他不断按3，来电却依然没有停止。

“人都会犯错，我知道我也会犯错，而所谓的公司，只是一大群想尽力做好事情的人们。”威尔这样说。

在过了好几天每小时都有固定来电的日子后，威尔打电话给电信公司，期望他们能解释这样的状况，而他们也承诺，保证会处理。但是，来电还是持续不断。

被折腾得无法工作的威尔并没有投诉，也没有臭骂负责此事的相关人员。此外，他也没有向身边人提起过这件事，更没有抱怨电信公司的服务。

最后，威尔又一次打通客服的电话："我知道出错是难免的，我也知道这不是你的错，但是我应该不会再接到贵公司的电话了才对，而我也愿意和你配合，直到我们发现问题出在哪里，而且一起解决。"不到10分钟，客服就发现了问题的症结所在，他们把威尔的号码当成别人的号码输入电脑了，来电于是停止了。

从这个故事来看，有时候，你不必怒发冲冠，就能得到想要的结果。

你要知道。你有权利得到你应该得到的、属于你的东西。要达到这个目的，就不要一直谈论这个问题，或是把注意力完全放在上面。你应该从更高的层次来思量问题，看着它被解决。只要谈你的渴望，只要和可以给出解决方案的人谈，你就会缩短等待的时间，从而让你的需求更快被满足。在这段过程中，你也会更快乐，而不是抱怨。

英国文豪弥尔顿有一句名言："境由心生，心可以使天堂沦为地狱，让地狱变成天堂。"或许这里就是天堂——要不然，至少我们可以让它变成天堂。

当别人问起你近来可好时，你不妨诚心诚意地回复："我快活得似神仙。"也许你起初会感觉不太自在，但当你习惯了以后，这将成为你不假思索的答案。用心观察，你会注意到这句话会让其他人露出灿烂的微笑。由此，你要明白，当下的你可以决定自己要快乐还是要悲伤，要置身天堂，还是要坠入地狱。

第三节　抱怨产生了，成功走远了

生活中我们常常能听到一些抱怨声，有的人抱怨自己太平庸，没有什么大才气；也有的人抱怨自己的家境太普通，不能让自己成功；还有的人抱怨周围人不愿合作，影响了自己做事的速度。他们不停地抱怨着……

事实上，一个思想健全、人格健全的人是不会抱怨不停的，只有那些缺乏自我依靠的人才会在抱怨和牢骚中求得安慰。因为喋喋不休只能给自己带来消极情绪，结果不但救不了自己，反而影响了别人的情绪。真正勤勉的人、渴望做大事的人，即使遇到了挫折和困难，也会卧薪尝胆，以图东山再起。

伟大的航海家哥伦布曾先后 4 次率领船队横渡大西洋，发现了加勒比海内所有的岛屿，以及南美洲大陆。他能够在航海事业上取得如此大的成就，远离抱怨是其中一个重要原因。

1492 年 8 月的一天，哥伦布带领着一行人出发了，他们由西班牙国王派遣，去寻找“新大陆”。船队在无边无际的大海上航行了一个多月后，始终不见陆地的影子，眼前能看到的只是一望无际的海水。船上的水手们开始沮丧，后悔不该跟着这个叫哥伦布的疯子去找什么鬼陆地！有的水手懒洋洋地躺在甲板上、船舱里，嘴里骂骂咧咧，有的水手则忍不住去质问哥伦布：“海军上将先生，你究竟要把我们带到哪里去?”“陆地在哪儿呀?鬼才知道!”“我不想干了，我要回去!”各种抱怨、不满之声不时传入哥伦布的耳中。面对大家伙的质疑，哥伦布始终没有动摇，也没有抱怨，他只是不停地行动着。

他在仔细研究了一位大学教授送给他的地球仪和穿越大西洋的地图后，意志更坚定了。他信心百倍地对队员们说：“三天之后就能够找到陆地，到那时，我将付给大家双倍的工资。”

果然，第三天清晨，船上的一名水手站在高高的桅杆上惊喜地叫了起来："陆地！陆地！陆地！"大家借着惨淡的月光，看到了不远处平坦的沙丘。他们拥抱着，跳跃着，有的船员甚至兴奋得跳起舞来。这块陆地被哥伦布命名为"圣萨尔瓦多"，意即"救世主"的意思。那些曾经不停抱怨的人都感到羞愧不已。自此后再没有人责难、质问、怨恨哥伦布了，而是对他言听计从。

在陆地上考察了两个多月后，哥伦布挑选出近四十名水手留在岛上，并为他们建造了房屋。留下一年吃的东西，自己则带着其他水手驾船返航。在返航途中，轮船不幸遇上了令人心惊胆战的暴风雨，被风刮起的巨浪汹涌着冲向船只，扑打着甲板，桅杆被吹断了，风帆也被刮得四分五裂。大家都感受到了死亡的阴影。于是，一些水手又开始抱怨了。他们骂哥伦布带他们走向死亡，骂自己太蠢，后悔没留在陆地上。他们还埋怨鬼天气，埋怨轮船太破……但是，哥伦布仍镇静地做着他认为应该做的事情。其实他比船上的其他人更清楚他们面临的是怎样的困难，但他想到的不是抱怨，而是怎样面对已经发生的问题，怎样去解决问题。

为了能把航海的情况报告给西班牙，哥伦布让船员们把他捆在一张固定的椅子上，在膝盖上绑了一块大木板，找来羊皮纸，把发现新大陆和几十名水手留在岛上的情况都记了下来，然后把纸裹在一块涂了蜡的亚麻布里，塞进小木桶。做好这些以后，他解开捆在身上的绳子，跌跌撞撞地走上了甲板，把桶投进大海。幸运的是，轮船最终经受住了飓风的袭击，曲曲折折地回到了西班牙。他带回的鹦鹉、长矛、华丽的羽毛等物，使西班牙人认识了另外一个世界。

可以说，哥伦布的成功是多种因素构成的。但是，如果他遇到困难时总是抱怨个不停，就不可能果断地采取行动，也不可能找到陆地，更不可能安全返回西班牙。他的与众不同之处，就是远离抱怨，冷静地面对现实，接受现实，并积极想办法解决问题。这才是一个智者遇到问题时应该采取的态度。

第四节　抱怨会吞噬你的激情

激情是工作的灵魂，甚至就是工作本身。当你满怀激情地工作，并努力使自己的老板和顾客满意时，你所获得的利益会增加。

抱怨是激情的天敌，一个整天抱怨的人是不可能充满激情地做事的，而一个做事富有激情的人是拒绝抱怨的。在他们的眼里，没有悲观，没有退缩。他们就像准备出征的战士，时时刻刻准备以饱满的热情投入战斗。

激情就是将内心的感觉表现出来，把全身的每一个细胞都调动起来的力量。激情可以融化一切，它源自于人的内心，而不是虚伪的表象。激情使人充满魅力和感染力。

在所有伟大成就的取得过程中，激情是最具有活力的因素。每一项改变人类生活的发明、每一幅精美的书画、每一座震撼人心的雕塑、每一首伟大的诗篇以及每一部让世人惊叹的小说，无不是激情创造出来的奇迹。最好的劳动成果总是由头脑聪明并具有工作激情的人完成的。

无论是谁，心中都会有一些热忱，而那些渴望成功的人们的内心世界更像火焰一样熊熊燃烧，这种激情实际上是一种可贵的能量，用你的火焰去点燃别人内心热忱的火种，那么你又向成功迈向了一大步。

著名人寿保险推销员弗兰克·贝特格在他的自传中，向我们充分诠释了这一点：“在我刚转入职业棒球界不久，我就遭到了有生以来最大的打击——我被开除了，理由是我打球无精打采。老板对我说：‘弗兰克，离开这儿后，无论你去哪儿，都要振作起来，工作中要有生气和热情。’这是一个重要的忠告，虽然代价惨重，但还不算太迟。于是，当我进入纽黑文队时我下定决心，一定要成为最有激情的球员。”

“从此以后，我在球场上就像一个充足了电的勇士。投球如此之快、如此有力，以至于几乎要震落内场接球同伴的手套。在烈日炎炎下，为了赢得至关重要的一分，我在球场上奔来跑去，完全忘了这样很容易中暑。第二天早晨的报纸上赫然登着我们的消息，上面是这样写的：'这个新手充满了激情，感染了我们的小伙子们。他们不但赢得了比赛，而且看来情绪比任何时候都好。'那家报纸还给我起了个绰号叫'锐气'，称我是队里的'灵魂'。三个星期以前我还被人骂做'懒惰的家伙'，可现在我的绰号竟然是'锐气'。"

"于是我的月薪从25美元涨到200美元。这并不是我球技出众或是有很强的能力，因为我在投入热情打球以前，对棒球所知甚少。除了'激情'还有什么能使我的月薪在十天内竟上升700%呢？"

"退出职业棒球队之后，我去做人寿保险推销工作。在十个月令人沮丧的推销之后，我被卡耐基先生一语惊醒。他说：'贝特格，你毫无生气的言谈怎么能使大家感兴趣呢？'我决定以我打球的激情投入到做推销员的工作中来。有一天，我进了一个店铺，鼓起我的全部热情试图说服店铺的主人买保险。他大概从未遇到过如此热情的推销员，只见他挺直了身子，睁大眼睛，一直听我把话说完，最终他没有拒绝我的推销，买了一份保险。从那天开始，我真正地展开推销工作了。在12年的推销生涯中，我目睹了许多的推销员靠激情成倍地增加收入，同样也目睹了更多人由于缺少热情而一事无成。"

弗兰克·贝特格在事业上有所成就，与其说是取决于他的才能，不如说是取决于他的激情。凭借激情，他在烈日当空的酷热中超常发挥；凭借激情，他说服了自己的客户，最终创造出不凡的成就。

一个人如果仅仅是勉强完成职责，那么，他做起事来就会马马虎虎，稍遇困难就会打退堂鼓。很难想象这样的人能始终如一地、高质量地完成自己的工作，更别说他能做出创造性的业绩了。如果你不能使自己的全部身心都投入到工作中去，你就难以得到成长和发展的机会，无论做什么，只可能使自己沦为平庸之辈。

只有在热爱工作的前提下，才能把工作做到最好。一个人在工作时，如果能以火焰般的热忱，充分发挥自己的特长，那么即便是做最平凡的工作，也能成为最精巧的工人；如果以冷淡的态度去做，哪怕是最高尚的工作，也不过是个平庸的工匠而已。

激情是不断鞭策和激励人们向前奋进的动力，对工作充满高度的激情，可以使你不畏惧现实中所遇到的重重困难和阻碍。可以这么说，激情是工作的灵魂，甚至就是工作本身。当你满怀激情地工作，并努力使自己的老板和顾客满意时，你所获得的利益也就会增加。而工作中最巨大的奖励不只是来自财富的积累和地位的提升，而是由激情工作带来的精神上的满足。

满腔热情工作的员工，是最受企业欢迎的员工。从来没有什么时候像今天这样，给满腔热情的年轻人提供了如此多的机会！这是一个年轻人的时代，各种新兴的事物，都等待着那些充满激情而且有耐心的人去开发。各行各业，人类活动的每一个领域，都在呼唤着满怀激情的工作者。

不要畏惧激情，如果有人愿意以半怜悯、半轻视的语调称你为狂热分子，那么就让他这么说吧。一件事情如果在你看来值得为它付出，如果那是对你能力的一种挑战，那么，就把你能够发挥的全部激情都投入到其中去吧，至于那些指手画脚的议论，则大可不必理会。成就最多的人，从来不是那些半途而废、冷嘲热讽、犹豫不决、胆小怕事、毫无激情的人。

激情只能是从内燃烧，而不是从外促进。对于工作的激情要靠自己发掘，自己的工作士气要由自己负责，天下没有任何一家机构或者任何一个人能够为你承担这个责任。

几乎每个人在初入职场时，由于新鲜感和为了让自己更快地适应工作，都曾对工作充满激情。一旦新鲜感消失，工作驾轻就熟，激情也就往往随之湮灭了。一切开始平平淡淡，昔日充满创意的想法消失了，每天的工作只是应付。既厌倦又无奈，不知道自己的方向在哪里，也不清楚究竟怎样才能找回曾经让自己心跳的激情。自己在老板眼中也由“前途无量”

的员工变成了“比较称职”的员工。

有时，压力也是人们失去工作激情的原因之一。职场上的人士承担着巨大的有形或者无形压力，同事之间的竞争、工作方面的要求，以及一些日常生活的琐事，无时无刻不在禁锢着你的心灵。在种种压力的禁锢之下，无精打采、垂头丧气和漠不关心扼杀了你对事业的激情。从热爱工作到应付工作，到抱怨工作，再到逃避工作，若任其发展，你的职业生涯会遭到毁灭性的打击。

但是，如果你在周五早上和周一早上一样精神振奋；如果你和同事、朋友之间相处融洽；如果你对个人收入比较满意；如果你敬佩上司和理解企业文化；如果你对企业的产品和服务引以为豪；如果你觉得工作比较稳定；只要对以上任何一个问题，你的回答中有一个“是”字，我就要告诉你：“你完全可以恢复工作激情。”

第五节　你的事业会在抱怨里沉沦

职场上抱怨无处不在，处理不好就会阻碍自身事业的发展，甚至使你陷入事业的低谷。抱怨不只是个人发泄的一种方式，还会影响你的个人形象，分散你处理事情的精力，所以，对于有志向发展事业的人而言，一定要注意闭上抱怨的嘴巴，一心一意投入到改善事业的行动中。

对于就职者而言，抱怨不会改变你的工作处境，只能是越抱怨越糟糕。一些职员抱怨自己在公司中受压制，乍一听这些抱怨都非常有道理，但是你只要经过理性的分析就会明白事实并非如此。抱怨者如果试图通过抱怨来改变自己的工作境遇，你的抱怨就不会产生任何效果，在公司中没有人会花费时间来倾听你的抱怨，即使有人愿意倾听，或许你就为自己埋下了定时炸弹，说不准什么时候，你在抱怨声中就会失去这份工作。况且，人常说金子总会发光，你不试图使自己发光，而是抱怨不给你发光的机会，在抱怨中等待机会，这与守株待兔者何异？同时，公司中也同样存在党派之争，人们避之犹恐不及，你还抓住机会就抱怨，为自己制造陷阱，一旦党派之争开始，你就必然是牺牲品。虽然工作之中切实有限制人才的情况，但是就像爱默生说的："没有一个伟人抱怨自己缺乏机会。"所以，抱怨不是你改变境况的好方法，反而会成为你改变环境的绊脚石。

对于就职者而言，牢骚满腹会使老板更看不上你。有多大的能力，老板自然给你多少报酬，老板雇用你是来干活的，而不是发牢骚的。对于牢骚满腹的人，有时老板会故意压制，因为此时你已经越权。啰唆的人都不让老板喜欢，更何况是抱怨的人，老板喜欢少说话、多干活的人，而不是招个说怪话的讨厌鬼进来。从另一个角度讲，抱怨是会传染人的，如果你经常抱怨，就会影响公司的环境，破坏公司的气氛，这是老板最不愿见到的事。那么对于老板而言，最简单的方法就是辞退你，招聘一个人进公司很容易，而对于你而言找份顺心的工作却很难。所以有时闭上抱怨的嘴巴，对你而言更好，否则，就会使你陷入事业的绝境。

对于公司的管理者而言，抱怨只会使你的管理越来越糟糕。对于一个管理者而言，管理的方式很重要，尤其是你创造的公司文化，不要使抱怨成为你公司文化的一大特色。

有一个企业的老板，他公司的业绩已经很不错，但是他每天从早到晚不停地开会、不停地骂人，总是指责公司员工做得不好，不是说员工的素质不高，就是说员工事业心不够，于是他只能事必躬亲，每次和员工聊天也是抱怨这抱怨那，结果抱怨成了他们公司的企业文化，员工也像他一样抱怨，最后员工对他越来越不满，对工作也越来越不满，于是员工不断地跳槽，结果公司业绩越来越糟。

对于职场中的任何人而言，抱怨都不会改变你的处境，只是增加你跌进事业低谷的指数。所以，对于渴望走出职场困境的人而言，一定要慎言，尤其不要抱怨。众所周知，抱怨不会改变任何事情，只会破坏很多事情，使事业的状况变得更为糟糕！抱怨性的话语会暗示着坏事的降临。

回想一下，当我们不断发牢骚的时候，会有什么好处呢？抱怨老板时，老板会觉得像你这样的员工很难缠，工资奖金的发放自有他的道理，你这样不断抱怨是对谁不满呢？从此，你在老板那里的印象就更加不好了，在以后的工作中，将失去更多升职和加薪的机会。一个人想方设法给别人留下良好的印象还来不及，为什么要用一两句毫无作用的抱怨毁掉自己好不容易才建立起来的良好形象呢？抱怨性的话语只会暗示着事情往更糟的方向发展。

第六节　苛求他人的同时也会伤到自己

“不要苛求别人，更不要刻薄自己，这样快乐会很容易。”——这是著名作家徐璐的名言。作家用寥寥数语便告诉了我们拥抱快乐、远离抱怨的真谛——不要苛求他人。

所谓苛求，简单来说就是过严地要求。既然是过严地要求别人，自然没有人乐于接受。心理学家指出，无休止地抱怨，或者向他人施加压力等行为，都是对一个人的精神施暴。人们的承受能力毕竟有限，一旦这种压力达到一定程度，除了极少数人会消极躲避以外，大部分人都会本着“哪里有压迫，哪里就有反抗”的原则回敬你。无论是哪一种结果，无疑都是人们不愿看到的，无疑都会引发一连串的不良反应。

父母过世以后，大勇一直和妹妹小玲相依为命。大勇在一家建筑公司上班，小玲则在家料理家务。

周末下班回到家，小玲一脸冰霜地抱怨道：“哥，你怎么又回来晚了！对了，刚才物业又来收取暖费了，你发工资了没有？”

“还没有，经理说……”

“说，说什么？一个大男人，一个月才赚1000块，还每个月拖、拖、拖，你看人家小丽的哥哥，现在都做部门经理了！”

“他有本事，你去找他呀！别在我这待着！一天到晚不干活，你说我一下班冷锅冷灶的，哪有心思干活？猴年马月也当不上经理，都是让你给拖累的。”

“不就今天没做饭吗？我每天在家当洗衣妇、烧饭婆，哪一天不是累得腰酸背痛的？今天我还就不做了，你自己看着办吧！”

“你累，难道我就不累吗？你知不知道，现在金融危机越来越严重，我们公司又要裁员了，我的压力有多大，你知道吗？”大勇越说越气，到最后怒不可遏，随手把手里的公事包砸到了小玲身上。

“呜——呜。”小玲像个泼妇似的号啕大哭起来。

“这日子没法过了！”大勇抬腿出门，到外面的小饭馆喝酒去了。

大勇并不知道，小玲之所以没给他做饭，而且向他抱怨，其实是因为心爱的男友抛弃了她。小玲非常伤心，却又无处排解，只好把烦恼发泄到了哥哥身上。但她哪里知道，哥哥正面临着失业的压力，心情也好不到哪里去。如此一来，家庭战争在所难免。很明显，他们缺乏必要的沟通，他们不应该动不动就苛求、指责对方。这个道理很多人都懂，但是很少有人注意到苛求他人的严重性。很多时候人们总是过于在意自己的感受，却忽略了家人同样需要安慰和体贴。家庭生活中，相关的抱怨此起彼伏：

——你看人家阿娇的老公，住豪宅、开名车，你再看看你，怎么这么不努力、不争气？说，你什么时候给我买金项链？

——你怎么每次都落在人家小刚后面，你也争争气，给我考个第一回来！

——爸爸，我同学的爸爸都是局长级的了，您怎么还是个小职员啊！跟人一说都不好意思！

类似的家庭，其幸福指数有多高，相信任何人都可以想象得出来。这样的家庭，不争吵才怪呢。

对于职场人士而言，对他人是否苛求，对他的职业生涯和整个人生同样影响深远。尤其是一些年轻人，他们拥有激情和梦想，敢作敢为，没有规矩和条框的束缚。这是年轻的资本，也是人类进步、社会发展的巨大动力。但是就像比尔·盖茨所说的那样——老板就是老板，职场不是理想世界。如果不能从老板的角度出发，去考虑问题，去改变自己，可能终其一生，你只能眼睁睁地看着别人住豪宅、开跑车，在抱怨中白了少年头空悲切了。

老板们更应该注意，不要整天把“有压力才有动力”挂在嘴边，须知“管理无情人有情”，唯有重赏，才能产生勇夫。如果只知道苛求员工多干活，而舍不得必要的激励，你又怎么好意思抱怨员工炒了你的鱿鱼呢？因此，无论你是老板还是员工，当你对别人苛求的时候，不妨退后一步，看看局中的自己和别人。

对于我们的朋友，我们更不能苛求什么。只要是我们的朋友，无论性格、能力、地位与你有多大的差别，你都应该学会去欣赏、去包容、去喜欢。有些事，很容易去做，比如埋怨，比如指责。但是抱怨和指责之后，你会发现这非但于事无补，还会让我们失去宝贵的友谊。与其如此，何不学着宽容？何不试着给予？

所以，在这个不能苛求别人的世界，我们只能苛求自己：苛求自己对家人、对爱人、对朋友，以及身边所有的人都好一点，更好一点。当你找到了自己深藏已久的爱心，当你学会了欣赏和付出，你自然就远离了苛求和抱怨。随之而来的收获，同样会让你始料不及！笑着为自己祝福吧！

第七节　抱怨是一种恶性传染病

抱怨是种传染病，就像瘟疫一样，能在较短的时间内迅速地传染给他人。

这种事情经常发生：

在某部门内，刚开始可能只是某人在抱怨，但很快地可能越来越多的人都在产生抱怨。

这是怎么回事呢？一堆人在某个角落里唧唧喳喳地你一句，我一句的，不知道的还以为在发表什么重要演讲，实际上是在互诉苦衷。

张红是某公司底层员工，因为上个月自己多干了些活儿没有发给自己工钱而有些怨气。一日，她实在觉得憋屈极了。午饭后，她便向平日与自己关系不错的吴芳抱怨这事，吴芳一听觉得也很气愤，便替张红抱不平。两人你一言，我一语。不一会儿，人越来越多了，嗯，大家一听都觉得不公平，于是唧唧喳喳地不忿起来。

也许你很奇怪，抱怨怎么会传染得如此之快？

大家也许有所不知，人类天生就具有情绪模仿能力，或者说情绪具有感染性。那么我们这里为什么又说情绪具有传染性呢？可以这么说吧！好情绪感染给他人，坏情绪就像瘟疫一样是传染人的。这很像“多米诺骨牌”，一个群体、一个家庭，如果有人整天怨天尤人、牢骚满腹，周围人的热情也就会被你的抱怨一点点地吞噬掉。

下面我们来具体分析一下：

抱怨者在抱怨的时候需要听众，当然这个听众在抱怨者看来必须有共同的利益，并且要争取听众的认同，所以他会不自觉地夸大事件的严重性，并且会尽力与听众的利益取得联系（为了获得认同）。在这种方式下，自然会有越来越多的员工偏听偏信，最终也加入抱怨的行列。

所以，我们说它传染也正在于此。

小王工作失误心情不佳，回到家跟老婆闹别扭，老婆窝火后打儿子，儿子没好气，冲自家的猫踢了一脚泄愤，猫跑到街上，遇到一辆汽车，司机为了躲猫而把旁边一个小孩儿撞死了。

心理专家称上面这个事件为“踢猫效应”，即坏情绪是会相互传染的，抱怨不也正是如此吗？

无论是生活中还是工作中，总会有一些不如意的事情，也总会有一些不公平的事情，其实你仔细想想那些都是一些鸡毛蒜皮的小事，是一时的抱怨在作祟，往往事情发生的根源不在于谁起了头，而是在于你对待这件事的态度，态度决定一切。每个人只要认识到这点儿，就不会把抱怨传染给别人。

第八节　抱怨者，人远之

经常抱怨的人，他的生活态度也是消极和悲观的。抱怨的人经常通过重复的语言，抱怨重复的事情，在反复重复中寻找平衡。在抱怨的过程中，抱怨者必然要寻找倾诉对象，把自己唉声叹气的情绪和不满传达出去，而接受者必然是抱怨者的倾诉对象，时间久了，人们就会发现，经常和抱怨者在一起，自己也就感染上抱怨的恶习，所以，人们为了拯救自己，给内心一个平衡，自然就会躲避、远离那些抱怨者。

抱怨者招人烦。抱怨的人都会存在这样一个特点：语言重复、事件重复、小题大做、无病呻吟。这是抱怨者经常的表现状态，而这种状态是极其不受人欢迎的，因为人们在一起渴望交流，而不是只听一方的抱怨，何况是极其无聊、毫无意义的抱怨。人们的时间精力是有限的，人们希望把这种有限的精力放到有意义的事情上面，但是抱怨者耗费了人们这部分有效的精力，自然使人对抱怨者产生不满和反感。时间久了，人们会对经常抱怨的人产生厌烦的心理状态，因为与那种人在一起，自己不仅成了被动的接受者，而且接受的观念是生活中的苦难和不公平。把人们心中对于生命美好的心绪都消磨掉了。对于心中怀有希望的人而言，此时心里就产生了抵触的情绪，但是这种情绪又不能发作，所能采取的方法也只能是远远地躲开抱怨的人。

抱怨就是唉声叹气的无病呻吟。抱怨者抱怨的事情往往是无足轻重，既琐碎，又无意义的。为了将抱怨的事情表现得完满深刻，抱怨者往往会唉声叹气，愤懑不平，有时候可能还会失控似的破口大骂，这种生动的表演不会赢得怜悯，而是令人反感。人生活在世上，愁苦的事情很多，心理精神的压力很大，还要承担抱怨者这种痛苦的呻吟，绝对是给自己徒添负担，于是聪明的人会远离这种唉声叹气的抱怨，寻求心理的宁静。久而久之，抱怨者就会因为自己这种“精彩”的表演，断送自己的人脉，割断自己关系网，成为孤家寡人。

抱怨就像批评一样不受欢迎。人们不仅不喜欢批评，同样不喜欢抱怨，因为人们的内心是渴望朝向阳光，期望逃离阴暗面的，而抱怨就是把人们的内心蒙上灰色的昏暗，这使人们既不喜欢，也不愿意接受。就像有人说的：病重的朋友不会拖垮我，因为他乐观开朗，使我永远看到光明；而抱怨的人却使我内心沉重，因为我需要把大量的精力转化为怜悯。这也是人们选择朋友的一个原则，豁达的人带给对方的是快乐和希望，而抱怨的人只会加重对方的负担，使对方感到不快乐。这就像批评一样带给人的是不快，自然不受人们的欢迎，时间久了，对于抱怨的人，人们见了也会感到不快乐。人们的选择自然是离开。

抱怨是人际交往的大敌，没有人喜欢抱怨的人，经常抱怨的人，朋友们会离他而去。抱怨的人会令人害怕，因为人们有限的精力会消耗在抱怨者的抱怨声中，人们为了用这份有限的精力去创造有价值的事情，就会避开抱怨的人。这样一来，抱怨者就用抱怨的方式，把一个个朋友推离了自己。

第三章 找回不抱怨的自己

不要让抱怨成为你成功路上的绊脚石，搬开那块绊脚石吧！把抱怨的时间和精力用到更有现实意义的事情上来，让自己的人生重新出发，走向成功。

第一节 不去抱怨公平不公平

公平是什么，不公平又是什么？这是一组非常深刻、非常微妙的哲学命题。在这里，我们抛开那些深奥的大道理，只说说公平或者不公平与抱怨或者不抱怨的关系。

先看一个有关公平的故事：

美国的布鲁金斯学会多年来以培养世界上最杰出的推销员著称于世。该学会有一个传统，那就是每期学员毕业时，会给他们出一道最能体现推销员实战能力的实习题。

在尼克松当政时期，曾经有一位学员成功地把一台微型录音机卖给了尼克松总统。为了奖励他，学会赠给了他一只刻有“最伟大的推销员”的金靴子。但是在接下来的26年时间里，却再也没有人能够获此殊荣。

最有意思的是，在克林顿当政时期，学会居然给学员们出了这样一道难题：请把一条三角裤推销给现任总统。

后来克林顿卸任，布什走马上任，学会的实习题也有所改变：请把一把斧子推销给布什总统。

由于之前26年时间里无数前辈都无功而返，许多学员都放弃了角逐金靴奖的机会。他们抱怨说，这个任务并不比推销三角裤简单，因为现任总统根本不需要斧头，即使需要也用不着亲自购买。

直到2001年，一位名叫乔治·赫伯特的推销员的出现，才再次打破了这一推销极限。然而，用乔治·赫伯特自己的话说，他却没花多少工夫。他说："我认为把一把斧子推销给布什总统是完全有可能的，因为总统在得克萨斯州有一个农场，里面有许多树。于是我给他写了一封信，信中说：'总统先生，有一次我有幸参观了你的农场，发现里面长着许多大树，有些已经枯死了。我想您一定需要一把斧头。眼下我这里正好有一把非常适合砍伐枯树的斧头，如果您有兴趣的话，请按这封信上的地址给予回复。'后来，他就给我汇来了买斧头的钱。"

曾经有记者这样问过布鲁金斯学会的负责人：26年的时间里，学会培养了数以万计的推销员，也造就了数以百计的百万富翁。难道说他们的能力真的不如乔治·赫伯特吗？为什么不把金靴奖发给他们？换言之，布鲁金斯学会不公平。对此，该负责人回答道："这只金靴子之所以没有授予其他的学员，是因为我们一直想寻找这么一个人，这个人不因有人说某一目标不能实现就放弃，不因某件事情难以办到而失去自信。"

在乔治·赫伯特成功之前，布鲁金斯学会的每一个会员都有机会赢得金靴奖，这就是公平！当乔治·赫伯特将那把斧头成功地推销给布什总统后，他就赢得了金靴奖，这也是公平！与此同时，他的成功有力地证明了这样一个哲理：很多我们自认为难以做到的事情，并不见得真的难以做到；是因为我们失去了自信和积极的进取心，才使得有些事情愈发显得难以做到。人类的通病，就是轻而易举地将某些事情用“不可能”简单化，这也是成功路上的最大障碍，如果不能打破这种精神牢笼，把对梦想的憧憬化成奋斗的动力，这辈子你可能真的与成功无缘了。

所以，每一个成功路上的竞赛者都应该立即为自己制订一个明确的目标，知道自己要的是什么，并用热切的渴望、积极的行动去实现它，而不是一味地去抱怨世界的不公。因为世事没有绝对的公平，一味地追求公平只会让人心理失衡；一味地为了公平而争斗，只会让我们舍本逐末，失去更多。更何况，又有谁会在意一个失败者的抱怨呢?

再看一个不公平的故事：

大学毕业后，柳玫去一家公司应聘信息员职位，一路上过关斩将，终于到了老板面试这一关。谁知那位老板只是和她简单地交谈了几句，看了看她的简历，就说：“对不起，我们不能录用你——你连自己的简历都保管不好，我们怎么放心把工作交给你呢?”

原来早上临出发时，柳玫走得急，一不小心碰翻了茶杯，溅湿了简历，再重做一份已经来不及了，她只好带着那份留有水渍、皱巴巴的简历前来应聘，谁知问题就出在了这上面。

这能怪谁呢? 回家后，柳玫没有丝毫抱怨，没有埋怨那个老板小题大做，她只是非常认真地用钢笔抄写了一份简历，并给那家公司的老板写了一封信，信中写道：“贵公司是我心仪已久的单位。您对我的近乎苛刻的要求，正反映了贵公司在管理上的认真与严谨，精益求精，这也是贵公司长久以来保持兴旺发达的原因所在。我一定铭记您的教诲，在今后的工作中尽心尽责，一丝不苟。”柳玫发自肺腑的话语，详略得当的简历，以及娟秀清丽的笔迹，让对方眼睛一亮，当即打电话通知她第二天来公司报到。

柳玫的做法无疑是正确的，因为她在遇到不公正的待遇后，首先想到的不是抱怨老板的不近人情，而是立刻采取补救措施，为自己制造新的机会。因此，不要抱怨你受到的不公平对待，“存在就是合理的”，你所受到的待遇是有它“存在”的背景、条件和原因的。一个失败的人，自身肯定会有欠缺的地方。与其抱怨别人，不如改变自己，你自己改变了，一切都有可能改观。

所以说，世界上永远没有绝对的公平或不公平。如果不能摘下个人感情的有色眼镜，保持端正的心态，用潇洒豁达的人生态度去生活，那么你将永远找不到公平，永远活在抱怨的天空下。更何况，公平不公平对每个人来说真的那么重要吗？我们真的需要那些所谓的公平吗？谁都无法否认，在很多时候，公平不公平其实并不重要。让人们耿耿于怀、愤愤不平的所谓公平，不过是人们进行争斗的借口，或者说是“抱怨症”患者的偶尔发作而已。

第二节　快乐始于抱怨的停止

世间没有完美的事物，如果用挑剔的眼光来看待周围的一切，你总会发现令你不满意的地方，也总会存在让你抱怨的人和事，然后让自己不愉快，让工作沉闷，让生活毫无乐趣。与其如此，何不停止抱怨，找寻工作和生活中的乐趣，发现别人身上值得钦佩的地方，欣赏并且赞许他们呢?其实，快乐就在我们身边。

抱怨除了带给我们更多的烦恼，带给我们更差的人际关系，带给我们更加失败的前途，带给我们更为疲惫的生活之外，什么都不能给我们。与其如此，我们何不停止抱怨，开始快乐的生活呢？其实，我们只要试着改变自己，改善自己和周围一切的关系，快乐的生活就会等待着我们。

快乐是人们最多的话题，很多人觉得自己并不快乐，也没有别人过得幸福。一个国际研究组织曾对25个经济发达国家进行了一项有关“你每天是否快乐”的调查，结果显示，60%以上的人回答并不快乐。其中20%

的人认为自己“每天都不快乐”，60%的人常常生活在抱怨中。是什么让这么多人不快乐呢？又是什么让我们总在抱怨生活带给我们的苦恼呢？那是因为抱怨让他们迷失了心智。

列宾和他的朋友在雪后去散步，他的朋友瞥见路边有一片污渍，显然是谁家的小狗留下来的尿迹，就用靴尖挑起雪和泥土把它覆盖了，并且嘴里不停地唠叨着：“哪一家的主人，这么不自觉，竟然让自己家的宠物狗这样污染环境！”但是列宾却在旁边静静地说道：“你知道吗，每天我都会故意走到这边来，欣赏这一片美丽的琥珀色。在白雪皑皑的冬天，这也是一块让人的眼睛感受美的地方。”朋友有些尴尬，这时才发现自己覆盖起来的小土堆又脏又难看。列宾似乎看出了他的尴尬，便在旁边笑着说：“没关系，以后我会到这里欣赏一个小小的土丘。你看，你的小土丘多像幼小的孩童堆起来的小山。我小的时候就经常这样堆小山，这让我想起了很多关于童年的温馨往事。”

快乐的人总是看到事物积极的一面，也总能在平凡的生活中发现美丽的景色，就如同故事中的列宾。既然我们都希望自己快乐，为什么还要抱怨呢？生活中处处都有美景，关键是我们有没有一双发现美的眼睛；生活中也处处都有令人开心的事，关键是我们是不是拥有一颗追逐快乐的心。

因此，停止抱怨，开始快乐地看待你周围的一切吧！不要抱怨自己学历不高，尽管你只是上了很普通的大学，但是你可以不用再像清洁工人一样，因为没有文化知识，只能清扫街道；不要抱怨自己的工资太低，因为你的工作不用承受太大的压力，也不用像领导一样不能拥有完整的节假日，至少你可以在下班后无所牵挂地享受休闲的时光；不要抱怨和同事的关系很差，至少你面对的并不是蛮不讲理的人群；不要抱怨你的领导管理不善，公司还在继续发展，还在赢利，它为你创造了一个安定的就业平台，你可以靠此维持正常的生活，还可以养家糊口；不要抱怨公司缺少文化氛围，只要踏踏实实工作，一点一点赢得利润，公司就可以正常运转，不会因为资金紧缺而裁员，这也是一种公司文化。

与其恨我们的敌人，不如还是怜悯他们吧，并感谢上天没有让我们跟他们一样经历同样的人生。与其诅咒报复我们的敌人，不如给予他们谅解、同情、援助、宽容，以及为他们祈祷。要知道，快乐的生活需要你忘记私怨。

埋葬昨天，忘记私怨，并不是每个人都能做到的，因为这是容人的极致，是一种高尚的品德。但是如果你做到了，那么，你的天空将变得格外晴朗，你的世界将充满阳光。

阿拉伯作家阿里和朋友吉伯、马沙一起外出旅行。三人行经一处山谷时，马沙失足滑落，幸亏吉伯拼命拉住他，才将他救起。马沙于是在附近大石头上刻下："某年某月某日吉伯救了马沙一命。"三人继续走了几天，来到一处河边。吉伯跟马沙为了一件小事吵了起来，吉伯一气之下打了马沙一耳光。马沙在沙滩上写下一段话："某年某日某时，吉伯打了马沙一巴掌。"后来，阿里好奇地问马沙，为什么要把吉伯救他的事刻在石头上，而将吉伯打他的事写在沙滩上。马沙回答："我永远感激吉伯救我。至于他打我的事，我会随着沙滩上的字消失而忘得一干二净。"

在感恩与记仇之间，马沙选择了感恩。因为记住别人的恩情，不仅能使别人感到轻松而愉悦，也将使自己的生活变得美好而充实。

海尔曼博士是一位医术高超、医德高尚的大夫，他的诊所远近闻名。在布拉沙市里没有人不知道海尔曼和他的诊所。

海尔曼是个倔老头，倔得像他那把用最好的钢材做成的手术刀一样坚硬锋利。

一天夜里，他的诊所被一个小偷撬开，仅有的一点现金和几样珍贵的药物都被小偷放在提兜里准备带走。不料，小偷在慌忙中撞倒了吊瓶支架，又被氧气罐绊倒，摔折了大腿，要跑也爬不起来了。这时，海尔曼和助手从楼上下来，助手说："打电话让警察把他带走吧！"

"不。在我诊所的病人不能这样出去。"海尔曼把小偷抬上手术台，连夜给他做了手术，并打上了石膏绷带，一直把他留在诊所里，直到把他彻底治好才交给了警察。

助手说："他偷了您的财物，您怎么还如此给他治疗呢？"

"救死扶伤是医生的天职。"

小偷自然万分感激，但在海尔曼将他交给警察前，他恳求海尔曼把他放了。他说："海尔曼博士，您不愧是上帝的儿子，我愿再次得到您的拯救。不到那阴森的牢房里去领面包。"海尔曼博士两手一摊说："先生，对您的这个要求，我这把手术刀就无能为力了。"

又一天，一个女人护送一位车祸中受重伤的人来诊所。海尔曼一愣：啊，是她？她早已徐娘半老，怎么仍这般漂亮？这是他被人夺去的爱妻，至今她在他的眼里，仍然具有不可替代的地位。女人泪流满面地说："海尔曼，亲爱的海尔曼，你还恨我吗？……为了拯救他的生命，我不得不来求你，你是全市唯一能给他做手术的人。"

受重伤的人是他原来爱妻的后夫，就是这个人把她夺去了。当时差点同他进行古老的决斗。

"亲爱的海尔曼，我和他都对不起你，可是我们遇了难……但愿你的手术刀不带着往日的仇恨。"

海尔曼曾经受过他们的侮辱，现在在这种场合重逢，他不由得心潮起伏，思绪万千。

海尔曼的情敌列夫斯基一直处于昏迷状态，在进了手术室后才清醒过来，当他看清拿着手术刀的是海尔曼，不由大吃一惊，连忙挣扎着要起来。

"老实躺好，这是上帝的安排。你是我永远难以宽恕的情敌，你又是我现在必须抢救的患者。"

为了给列夫斯基做修补颅骨的手术，海尔曼站了十多个小时，最后晕倒在手术台旁。

列夫斯基伤愈后，夫妻俩在海尔曼面前愧悔地说："如果您不嫌弃，我愿意为服侍您而献出余生。"

海尔曼说："医生在手术时尽力，只是他的天职，此时我可以忘记个人恩怨。"

事实上，当我们告别了昨天，也就拥有了一个完整和充满希望的今天。

一个温暖的春天夜里，在一个城市里，有位年轻的学生走出公寓去寄一封信。当他从邮筒走回去时，被十几个不良少年围起来，拳打脚踢狠狠揍了一顿，不幸的是救护车到来之前，他就断气了。

两天之内，警察将这十几个不良少年一一逮辅。社会大众都要求严惩他们，报纸也希望采取最严厉的惩罚。

后来这位死者的家长寄来一封信，他们要求尽可能减轻这些少年的刑期，并筹措一笔基金，作为这一群孩子出狱重生及社会辅导的费用。

他们不愿仇恨这些少年。

毫无疑问，他们内心经过相当的挣扎，而且需要有相当强烈的意志，才能够不恨这些肇事的孩子。他们只恨控制这些孩子内心的病态性格。

他们要求让这些孩子从残暴、粗鲁、仇恨、病态的虐待性格中重生，他们甚至还提供金钱来帮助这一群孩子。

自夸、自私、贪婪、讽刺、仇恨、嫉妒、自怜、邪念、自我意识强烈，这些性格就好像是寄生在人们身上的水蛭，会带给他们痛苦，使他们生病，甚至夺走他们的生命。你可以仇恨这些害虫，但是应该同情被水蛭所害的人。

去爱一个可爱的人并非难事，难的是去爱不可爱的人。要求自己去体谅一个自大、傲慢、尖酸、刻薄、自私、自傲或粗鲁的人，这确实是一个很大的考验。

了解这些人确实很困难，因为这还需要你费心去了解这些人受过的伤害，某人使他们觉得不受重视而且不被需要，不过，不要让那些原因造成你的漠视和偏见，进而使别人永远痛苦。

第三节 走出抱怨的恶性循环

抱怨是最错误的处世方式，因为抱怨既不会改变你的境况，也不会为你提供解决问题的方法，只会为你增加抱怨的材料，加重你抱怨的程度。经常抱怨的人，只是徒然地给自己增添烦恼，分散解决问题的精力，削减自身的幸福感。

抱怨不会改变你的境况。改变境况的方式有很多种，唯独不包括抱怨。因为事情的现实状态已经存在了，而且有时是无法改变的，这就是事实。抱怨只能是对客观事实的评述、批评、指责，而你的任何言语都不会产生效果。与此同时，抱怨只会阻碍你去解决问题，因为你的精力都消耗在抱怨上了，不能全身心地去处理问题。当然，抱怨的情绪也会影响你解决问题的思路，这样在抱怨声中，不会使事情变得更好，有时还会闹出笑话。

在一个酷热的日子里，一个农夫驾着一只小船，给邻村的农民送产品，为了早些摆脱糟糕的天气，他匆忙地驾驶小船，渴望尽快完成任务。往往世事难料，就在农夫沿河而下的时候，迎面驶来一只小船，丝毫没有闪避的意思，农夫急得大喊：“让开，快点让开！你这个白痴！再不让开你就要撞上我了！”结果农夫的船被撞上，农夫生气地大骂，“你会不会驾船，这么宽的河面，你竟然撞到我的船上！”当农夫仔细观察那只船时，发现原来是一只空船。

抱怨只会使事情越变越坏。赠人玫瑰手留余香，那么经常抱怨留下的一定是抱怨的味道，抱怨时时缠绕身旁，事情还会好吗？自然是越变越糟。经常抱怨既无法改变事实，又徒添烦恼，还会影响你的个人形象，因为一个抱怨的人还会有什么大作为吗？在这种观念下，只会使你渐进悬崖，把事情搞得更糟。

驴子需要给农夫做大量的工作，但是农夫却给它很少的草料。于是它委屈地跑去请求宙斯，让它离开农夫，换到好一点的主人那里去。宙斯答应后，把它卖给一个陶工，而陶工让它搬运沉重的黏土和陶器，这样它比以前更劳累。驴子又一次请求宙斯给它换一个主人。宙斯很爽快地答应了，又把它卖给了一个皮匠。驴子一到皮匠那里就后悔不已，痛苦地说："我真不幸！留在以前的主人那里该多好啊！现在连我的皮都得交给这个主人了。"

抱怨无法消除。人活于世经常会遇见不开心的事，或者人生境遇时常受困，而总会有一些人，一些事进行得极其顺利，这时处于困境的人自然会牢骚满腹，极度希望走出困境，但是事实又总是不尽如人意，此时抱怨就成了受困人最好的武器，似乎抱怨可以解决一切问题，于是在重复抱怨中寻找出路。抱怨是人们最常用的武器，面对失败、挫折都会抱怨，适度的抱怨是可以的，但是不要总把抱怨作为你失败的借口，经常抱怨会使你成为不受欢迎的人，因为抱怨的过程就是心理暗示的过程，你抱怨得越多，就暗示自己越失败，久而久之，就会形成心理的恶性循环，削减你的处世能力，使你最初的渴望，变成阻止前进的障碍。因为你一直在抱怨，在暗示自己事情很难，自己很倒霉，自己渴望的事情永远都不会发生，在这种心态下，试问何人还会有勇气、有信心去做。所以，遇事不要马上抱怨，要周全地考虑事情的状态，分析自身的处境和处理此事的把握，同时考虑如果存在差距，这种差距有多大，自己应该怎样处理，如果处理过程中问题很难解决，此时你应该如何面对，是抱怨还是寻求处理的办法？当然了，如果不想让你的状况越来越糟，那么你就闭上嘴巴不要抱怨。

第四节 对抱怨“say no”

抱怨是一种不负责任的表现，是逃避责任的理由。

一个没有责任感的员工不会是一个好员工，不论你在企业中做什么工作，哪怕是最基层最普通的工作，只要你真正担负起责任，那你就是企业和老板最需要的员工。

那些没有怨言，默默奉献的人，往往具有强烈的责任感，他们这样做并不是为了给谁看，而是完全出于对工作的负责，而且会把这种负责贯穿于工作的始终。

有责任感的人不会用聪明或傻作为自己的标准，主动承担责任可以说是他们与生俱来的好品质，他们不会计较所谓的聪明或傻，即使暂时吃亏，只要有这样的品质，无论到哪儿都会受到欢迎和重用。

乔治刚踏入社会的时候，是在一家杂货批发店工作，一年只能赚200元。

有一天，一位顾客买了很多东西，装了满满一车，骡子拉起来显得很吃力，而且摇摇晃晃的，稍微颠一下，东西就可能掉下来。

送货本来不是乔治分内的事情，但乔治还是主动去帮助那位客人把货送回家。开始的时候还算顺利，但走到途中，车轮不小心陷进了泥潭里，乔治他们使尽全身力气都没有将车推动。这时，天又下起了小雨，如果不尽快把车推出来，车上的东西就要淋湿了。

乔治顾不得弄脏衣服，跑来跑去地抱石头垫车轮，并且还趴在地上使劲去掀轮子。最后，车总算是越过了泥潭，但乔治也变成了一个泥人。到了顾客家里后，乔治又细心地为顾客清点货物，还把每一件商品上的水擦干净。

那天很累，而且回到店里也没有人夸奖乔治，老板甚至理都没理他。但乔治还是感到很高兴，因为自己帮助了一位顾客。

第二天，有人跑到店里，说一位先生要见乔治，在街头的茶馆里等他。乔治向老板请了假，直奔茶馆。

要见乔治的先生正是头天那位顾客。他说他自己有一家较大的公司，想请乔治到他的公司工作，因为他发现乔治是一位工作十分努力、负责并且富有奉献精神的人。他给乔治的工资是每月100元！乔治当然没有理由拒绝这份工作。在新的公司，乔治担任部门经理，并且很快得到了进一步的提升。

只有那些勇于承担责任的人，才会被赋予更大的责任，也才能担当更高的职位和获得更多的回报。

一个人可以不伟大，也可以不富有，但绝不可以没有责任心。

在如今这个充满机遇和挑战的社会里，要想抓住机会脱颖而出，就必须比别人付出更多的勤奋和努力，更要比别人承担更多的责任，不管我们从事什么样的职业，都应该在岗位上尽心尽责、勤勤恳恳。

第五节　学会剔除心中的怨恨

让过去的事情过去吧，我们需要的是争取未来的幸福。

也许是在昨天，也许是在很早以前，某个人伤害了你的感情，而你又总是抱怨不停，始终很难以释怀。你不该得到这样的损伤，而它却深深地留在你的记忆中，在那里继续侵蚀你的心。

当我们恨我们的仇人时，就等于给了他们制胜的力量。那力量能够妨碍我们的睡眠、我们的胃口、我们的血压、我们的健康和我们的快乐。如果我们的仇人知道他们如何令我们担心、令我们苦恼、令我们心存报复的话，他们一定会高兴得跳起来。我们心中的恨意完全不能伤害到他们，却使我们的生活变得像地狱一般。

“如果自私的人想占你的便宜，就不要去理会他们。更不要想去报复。当你想跟他扯平的时候，你伤害自己的，比伤到敌人的更多……”这段话听起来好像是什么理想主义者所言。其实不然，这段话出现在一份由米尔瓦基警察局所发出的通告上。报复怎么会伤害你呢？伤害的地方可多了，根据《生活》杂志的报道，报复甚至会损害你的健康。“高血压患者最主要的特征就是容易愤慨”《生活》杂志说，“愤怒不止的话，长期性的高血压和心脏病就会随之而来。”

现在你该理解所谓“爱你的仇人”。不仅是一种道德上的教诲，而且是在宣扬一种20世纪的医学。当说到“要原谅70个7次”的时候，实际是在教我们如何避免高血压、心脏病、胃溃疡和许多其他的疾病。

当圣人说“爱你的仇人”的时候，他也是在告诉我们：怎么样改善我们的外表。我想你也和我一样，认识一些女人，她们的脸因为怨恨而有皱纹，因为悔恨而变了形，表情僵硬。无论怎样美容，对她们容貌的改善，也比不上让她内心充满宽容、温柔和爱所能改善的一半。

怨恨的心理，甚至会毁了我们对食物的享受。圣经上说：“怀着爱心吃蔬菜，也会比怀着怨恨吃牛肉好得多。”

要是我们的仇人知道我们对他的怨恨使我们筋疲力尽，使我们疲倦而焦虑不安，使我们的外表受到伤害，使我们得心脏病，甚至可能使我们短命的时候，他们不是会拍手称快吗？

即使我们不能爱我们的仇人。至少我们要爱我们自己。我们要使仇人不能控制我们的感情、我们的健康、我们的外表，还有我们的时间和我们的精力。

莎士比亚是一个善于宽以待人的人，他说：“不要因为你的敌人而燃起一把怒火，炽热得烧伤你自己，纵观古今中外，大凡胸怀大志，目光高远的仁人志士，无不以大度为怀，置区区小利于不顾，相反，小肚鸡肠，竞小争微，片言只语也耿耿于怀的人，没有一个成就了大事业，没有一个是有出息的人。”

在为人处世中，度量也直接影响到了人与人之间的关系是否和谐发展。人与人之间经常发生矛盾，有的是由于认识水平的不同，有的是由于一时的误解造成的。如果我们能够有宽容的度量，以谅解的态度去对待别人，这样就可以赢得时间，使矛盾得到缓和。反之，如果度量不大，那么即使为了芝麻粒儿大的小事，相互之间也会争吵不休，斤斤计较，结果伤害了感情，影响了友谊。

谁都并非踯躅单行。在这个世界里我们各自走着自己的生命之路，纷纷扰扰，难免有碰撞，所以即使心地最和善的人也难免要伤害别人的心。朋友的背叛，父母的责骂，或爱人的离开，都会使我们的心灵受到伤害。

哲学家汉纳克·阿里德指出，堵住痛苦回忆的激流的唯一办法就是宽恕。1983 年 12 月的一天，教皇保罗二世宽恕了刺杀他的凶手 M. A. 阿格卡。但对普通的人来说，宽恕别人则不是一件容易的事情。一般人看来，宽恕伤害者几乎不合自然法规。我们的是非观告诉我们，人们必须承担他所做的事情的后果。但是宽恕则能带来治疗内心创伤的奇迹，以致使朋友之间去掉旧隙，相互谅解。

当我们受到不公平的待遇和很深的心灵创伤之后，我们自然对伤害者产生了怨恨情绪，但我们必须学会化解这个怨恨。

一位妇女诅咒她的前夫和新妻的生活过得艰难，一位男子希望那位出卖了他的朋友被解雇。怨恨是一种被动的和侵袭性的东西，它像一个化了脓的不断长大的肿瘤，它使我们失去欢笑，损害健康。怨恨，更多地危害了怨恨者本人，而不是被仇恨的人。因此，为了我们自己的缘故，这个肿瘤必须切除。

然而怎样切除这个肿瘤呢？下面就是帮你实施宽恕的几点方法：

1．正视你的怨恨。没有人愿意承认自己恨别人，所以我们就把怨恨埋藏在心底。但怨恨却在平静的表面下奔流，损伤了我们的感情。承认怨恨，就等于强迫我们对灵魂施行手术以求早日痊愈，即作出宽恕的决定。我们必须承认所发生的一切事情，面对另外一个人直接地说："你伤害了我。"

2. 把错事与做错事的人区分开。即对错事本身感到气愤，而不是对做错事的人感到气愤。要做到这一点，首先应该重新估价这个人，他的优点、他的缺点以及他做错事所处的环境。

3. 让过去的事情随风而逝。我所熟悉的一位漂亮的女演员几年前在一次车祸中成了残疾。她的丈夫陪伴着她，直到她快康复。就在她万分庆幸之时，他却冷酷迅速地离她而去。

她只好沉湎在往日美好往事的回忆之中。对于未来，她只有愤恨，但最终她还是宽恕了他。她说，如果我只是终日地沉湎于旧日的情爱之中，整天只是怨恨他的冷酷，那么我只有终日流泪的份儿，对我的身体有害无益。让过去的事情就让它过去吧，我需要的是争取未来的幸福。

第六节　沉默远比抱怨更富建设性

抱怨一般不会产生积极的效果，只会激化矛盾，使问题变得更严重，事件发展得更为糟糕。相对于抱怨产生的效果而言，沉默就可以产生积极的效果，因为沉默的过程也是思索的过程，在思索的过程中，自然会产生解决问题的方法，这样沉默就比抱怨更能有效地解决问题。

蒙出说过："沉默较之言不由衷的话更有益于社交。"这就告诫人们在扩大关系网时，沉默比抱怨更有意义。经常抱怨的人给人的印象是光说话不干活，怨天尤人的形象，也就削减了你的人格魅力，使你的形象挂上无能的标签。这样一来，抱怨就不如沉默的效果好，因为沉默的人是善于思索的人，也是深沉的人，这种人给人的印象就是行动做事极其干练，是有能力的象征。因此，对于你的交往而言，无用的抱怨的话不如不说，沉默比抱怨更具有建设性，也更有利于你人脉的发展和你个人形象的树立。

奥格登说：“青年人的不能上进，最重要的原因是由于他们有多说话的习惯。一个不很开口的人，一个多思想少说话的人，以及比较深沉的人，往往能够成功，我总是怪我爱乘兴时多说话，沉默的素养太差劲，以致对我沉闷的努力颇生不良的影响……我非改这个爱说话的习惯不可!”人的进步中抱怨是绝对的大敌，因为你有限的时间都用来抱怨了，留给自己进步和成长的时间和精力还会有多少？所以，人们经常说，多做事少说话，只有你的行动带动你的言语，你才会有进步，有收获，不要使你抱怨的言语控制你的行动，如果是这样，你将一事无成。对于你，一个有志创造辉煌人生的人而言，一定要管好你的嘴巴，不要让你抱怨的嘴巴影响你具有创造性的行动。所以，你以沉默的方式、以沉默的行动成就你的梦想吧。

有人曾经说过：“有时候，你被人误解，你不想争辩，所以选择沉默。本来就不是所有的人都得了解你，因此，你认为不必对全世界喊话。”这就道出了沉默的真谛。有些时候你遇到的事情，或许真的很不公平，急需通过抱怨来解决、来争辩。但是抱怨之后事情就会变得很公平了吗？答案自然是否定的，所以，选择抱怨不如选择沉默，抱怨只是激化矛盾的一种方式，而沉默则是解决问题的一种方法。比较而言，沉默比抱怨更具有建设性，也更有利于事情的解决。

沉默比抱怨更有益于事件的发展。抱怨的过程有时就是激化矛盾的过程，抱怨得越严重，就会越迅速地激化矛盾，就像古语讲的：“祸从口出。”也就是说，无用的抱怨可能激化矛盾，不会解决问题反而会使问题越来越严重。所以，此时就不如保持沉默，在沉默中寻求发展，找出解决问题的方案，这样才是处理事件的最佳方案。

无独有偶，李敖也就沉默和抱怨发表过意见：

大体说来，沉默就是进步的表示。沉默的时候是我最进步的时候，我不太以为这样说是武断或矫枉过正的，因为沉默带给我缜密的思考，清醒的意识，安定的内心与沉重的情绪，多说可不必说的话只是证明我为人的没有定力。言辞没有分量，这些都是不成熟的表示，一个成熟的公式应该是爱因斯坦所说的 A（成功）=X（工作）+Y（游戏）+Z（少说话），因为目前还停留在浅薄与自救的阶段，对任何问题都还没有真知灼见，不妄言无当、大言不惭，对我这好说好道的人来说，应该是一种很重要的戒条。薛敬轩说："句句着实不落空，方是谨言，口乱谈者，无操存省察之功也。"在我忘记了沉默寡言的当儿，我该想想古人这几句老话，我相信他会使我变得深沉，老成而稳重。

所以，无论从哪方面来讲，抱怨都是人生发展的障碍，抱怨的过程既是浪费生命的过程，也是葬送虔诚的过程。而沉默则是助你成就人生的过程，因为就像李敖说的"沉默的时候就是我进步的时候"。沉默中有思索，沉默的过程就是理性思索的过程，也是人生进步的过程，所以，就利于人生发展而言，沉默比抱怨更具有建设性。

第七节　让思想转个身

我们绝大部分人都生活在平凡中，但在平凡中我们可以创造一个不平凡的自我，而不是一个只会暗自抱怨的人。要记住：山不过来，我就过去。和同事的交往也是如此。

魏书生先生说过一句话："我用公家的时间锻炼了自己的身体！"虽然他为教育事业作出了那么多贡献，牺牲了那么多的时间和精力，可是这样想来却是占了公家的便宜。这是智者智言，它告诉我们：换个角度看问题，你一定能有所收益。

事实上，在生活中，人们总会遇到有很多不尽如人意的事，觉得烦恼、苦闷。

我们也常常听到有人抱怨自己容貌不是很美，抱怨今天天气糟糕透了，抱怨自己总不能事事顺心。抱怨……整日怨天尤人、叹息声声，抱怨上苍的不公。殊不知，抱怨非但于事无补，还会影响你的人际交往，因为抱怨是一种消极情绪，它会传染，会让你周围的人深受其害，于是，他们会想方设法躲着你。既然抱怨并不能帮助你解决问题，反而会对你的人际关系产生危害，那么，为何不换个角度看问题，停止抱怨呢？容貌天生不能改变，但你可以展现笑容；天气不能改变，但你能改变心情；你不能样样顺利，但可以事事尽心。这样换个角度思考，往往能使我们走出“山重水复疑无路”的困惑，去领略“柳暗花明又一村”的意外惊喜。

《古兰经》上有一个经典的故事。

有一位大师几十年来练就一身“移山大法”。大家都很好奇，这位大师到底练成了怎样神奇的“移山大法”呢？然而故事的结局足可以让你我回味——世上本没有什么“移山之术”，唯一能移动山的方法就是：山不过来，我就过去。

这移山大法启示我们，如果事情无法改变，那么我们就换个角度改变自己。

美国罗斯福总统是一个善于找角度的能手，值得我们学习。一天，他的家里被盗，失去了很多东西。于是，不少朋友写信安慰他，而罗斯福则回答他们说：“我现在很平安，感谢上帝。因为，第一，贼偷去的是我的东西，而没有伤害我的生命；第二，贼只偷去我部分东西，而不是全部；第三，最值得庆幸的是，做贼的是他，而不是我。”

像罗斯福这样的智者，自然会有好的人缘，因为没有谁会不喜欢开朗、豁达的人。

是的，生活中的确需要一些开朗和豁达，要善于在不利之中找出对自己有利的一面。倘若斤斤计较、患得患失，总是在不利的圈子里打转转，那你就总是走不出黑暗，看不见光明，只会忧心忡忡。这样下去，既影响工作，又增加思想负担，更影响身心健康。

俄国著名作家契诃夫说得好："要是你的手指扎上一根刺，那你应当高兴——挺好，多亏这根刺没有扎在我的眼睛里！"如果我们也能这样看问题的话，当我们遇上麻烦时，就不至于愁肠百结了；当我们遇到挫折时，也就不至于心灰意冷了。

李梅两眼发呆，若有所思。同事关心地问道："在想什么呢?"李梅回答说："以前我骑自行车的时候，总是讨厌开小汽车的人跑到自行车道上来抢占我的道路。现在我开小汽车了，那些骑自行车的人又跑到机动车道上来，真害怕哪天不小心撞到他们，烦啊！"

同事笑了笑说："你就当现在跑到机动车道上的那些骑自行车的人就是当初的你，就不会烦恼了。你现在和以前都因为别人占了你的道路而烦恼，是因为你只站在自己的位置上考虑问题，不如你现在换个角度看问题，也许你就不再烦恼了。"

本位思考是人的本能，但我们很有必要从我们的本能中解脱出来。我们需要换位思考，需要站在对方的角度想问题，因为只有站在对方的角度想问题，才能真正打动对方。作为员工，如果能站在领导的角度想问题，或许你心中的怨愤就会消失殆尽，你会慢慢理解领导为什么会用那样的方式安排工作，以那样的方式对待你，你理解他了，他也就理解你了。

我们绝大部分人都生活在平凡中，但在平凡中我们可以创造一个不平凡的自我，而不是一个只会暗自抱怨的人。要记住：山不过来，我就过去。和同事的交往也是如此。这样，生活就一定会变得更加美满。

马上就要下班了，表格还没有调整过来，这让安华非常不安，因为小组组长正等着收她的表格呢！当小组组长了解到安华的情况时，并没有抱怨，也没有生气，而是耐心地等到安华调整完毕后，才和她一起离开办公室，当时下班已经一个半小时了。

后来，过了大约有半年，一次，小组组长突然腹泻，眼看新测试任务的表格还没整理好。她却一趟一趟地跑厕所，身体也很虚弱。所有人都下班走了，安华交表格的时候发现组长生病了，立刻放下包，帮助组长整理表格。在她的帮助下，组长完成了表格，并对安华的帮助表示非常感谢。

人与人之间，也像大自然间的任何事物一样需要平衡，人们也总是自觉不自觉地在维持着一种平衡的状态。因此，当你想在他人面前拥有自信、受到尊重的时候，你首先要让他人在你面前感觉自信，并且受到尊重。

第八节　不抱怨你的沟通才健康

抱怨有时在不经意间就会成为你交流的一种方式，但是就问题的解决来讲，这是一种最可怕、最无用的沟通方式。因为在无用的抱怨声中，你就有可能激化矛盾，使小事情恶化为大事情。因此，对于希望解决问题的你而言，不要试图通过怨言来解决问题，达到沟通的效果，抱怨只会成为沟通的障碍。只有你闭上抱怨的嘴巴，把事情心平气和地讲出来，或者与和你发生矛盾的人进行沟通，直接面对面地交流，才会达到沟通的效果。如男女间发生矛盾时，抱怨只会激化矛盾，不会成为解决问题的方法，抱怨也不会成为有效的沟通手段。

女人极其容易抱怨，无论大小事情，女人遇事就抱怨，这是男人对女人的一贯评价。事实证明：大多数女人的抱怨都没有技术含量。抱怨久了，男人就会只把这些当做耳边风，甚至使男人火冒三丈，大多结果都是两人由“文斗”转化为“武斗”，使两人之间的关系急剧恶化。抱怨的结果是问题没有解决，事态急转直下。如女人最常有的抱怨：“你心里根本没有我，你整天想的就只有工作，从来没有想过我”、“你总是记不住我的生日”、“难道你就一点陪我的时间都没有吗?”这样的抱怨实际带有指责的口吻，抱怨的过程实际就是指责的过程，这样就会使另外一方觉得你不可理喻，根本不愿意与你沟通，事情的结果就与你期许的背道而驰了，所以就不如改变一下方式，把抱怨的内容心平气和地讲出来，这样才是理想的沟通。还是上面讲的同一个问题，如果这样讲出来效果就大不一样。例如“我很希望能被你关心”、“我对你最近的表现很不满，包括哪些方面”其实只是换了一种口吻，就把抱怨和指责变成了一种沟通方式。

这样看来，沟通并不困难，只要你不以抱怨的方式来激化矛盾，而是采取积极主动的沟通方式，那么你得到的效果就会事半功倍。所以，想抱怨的时候，你就要理性地思索一下：我的目的是什么，我是继续使用抱怨这种方法激化矛盾，还是寻求办法改变这种状况？答案很明确，抱怨是因为对现在的状况不满，改变状况当然是迫在眉睫的事，很多人都明白这个道理，但是实践起来，多数人又会陷入抱怨的陷阱。

人们都有这样的经验，心里觉得委屈之后，就会自然地向第三者倾诉，在得到第三者的怜悯之后，心里似乎就轻松多了，好像事情也解决了，但是我们都清楚这只是暂时的止痛药，用不了多久你又会重新开始抱怨了，因为事情不可能在倾诉声中解决，倾诉的过程实质就是抱怨的过程。反之，如果你不抱怨，你的心理会产生压力，但是这种压力会催促你寻求解决的办法，进行积极的沟通。因为人一旦没有压力就会容易安于现状，所以抱怨不是有效地解决问题和沟通的办法，只有积极的沟通直面问题，这才是沟通的最有效方式。

抱怨成为一种习惯之后，就容易误导人，使人们把抱怨当做最好的交流方式和解决问题的方式，结果塑造的不是积极乐观的人生，而是消极抱怨的人生。在这种抱怨的人生里，抱怨起的永远是负面作用。所以，事实证明：不抱怨的人获得沟通效果更好。

第四章　停止抱怨，不消极处事

抱怨是导致你伸出艰难的罪魁祸首，经常抱怨的人会变得消极，不思进取。只有从思想的源头上认清问题的实质，才能改变你面临的困境，想要事情有起色，就要停下你的抱怨，不以消极的态度解决问题。

第一节　批评只会让事情变得更糟

没有人喜欢被批评，而且我们的批评往往只会扩大事端，而无法消除事端。人们对于欣赏的回应，要远比对批评的回应更为热烈。

批评是抱怨的孪生兄弟。批评通常是针对某人而发出，意图贬低此人的。有些人认为批评能有效地改变一个人的行为，事实却并非如此，批评极有可能造成相反的效果。

威尔的家在马路的弯道边。离速限从二十五英里变成五十五英里的交接处并不远，所以车子在经过他家门前时，通常情况下都是急驰而过。正因为经过的车车速过快，以至于威尔家的爱犬金吉尔在某一次玩耍时，命丧车轮底下。为此，威尔对路过的车从来都没有好脸色。

通常，车子从威尔家疾驶而过时，他都会对驾驶员大喊“开慢一点”，有时候则不只大喊，还会挥动手臂，想叫他们不要开快车。让威尔越来越恼火的是，他发现那些驾驶员几乎很少减速，非但如此，还对威尔的行为视而不见。其中尤以一辆黄色的跑车最可恶，无论威尔怎么高声尖叫、用力挥手，那个年轻的女司机依然在他家门前危险地飞速疾驶。

有一天，威尔在后院割草，他的妻子在前院种花。威尔注意到那辆黄色的跑车逐渐驶近，速度依旧快如闪电。威尔放弃了平日里的做法，什么也没做，因为他觉得不管用什么办法叫她减速，都是白费力气。然而，当车子经过威尔家门前时，他注意到刹车灯亮了一下，车速放慢到了安全程度。威尔很惊讶，因为这是他第一次看到这辆跑车不是以要命的速度呼啸而过。此外，威尔还注意到那个看来总是沉着脸的年轻女司机在微笑。在好奇心驱使下。威尔关掉除草机。走到前院问他的妻子，到底发生了什么事，而让那个女人减速。妻子头也不抬地说道：“很简单啊，我只是微笑，对她挥手。”“什么?”威尔很是怀疑。妻子说：“我对她微笑，把她当成老朋友一样对她挥手，她也对我微笑，车速就慢下来了。”

自此以后，威尔再也没有见过那辆黄色跑车从他家门前飞速驶过，反而每次总是减到安全速度，直到过了他们家附近才又加速。

连日来，威尔试图通过批评的方式让女司机改掉她的不良习惯，让她的车速慢下来。他想让她知道，这样开车是很危险的，是错误的。而相对于威尔来说，他的妻子却用了一种很温和的方式，善意地对待她，而女司机也回应以善意，最终成功地解决了问题。

是的，没有人喜欢被批评，而且我们的批评往往只会扩大事端，而无法消除事端。“批评”的意思，就是去找出某人或某事的缺点和毛病。当我们批评某人时，他们会觉得有必要为自己的行为辩解。当人们觉得遭受不公平的待遇，就会据理力争。对他们来说，批评是不公平的，所以就会竭尽所能地反击。

在上面这个例子里，当威尔对年轻女司机大吼大叫之时，女司机用加速来回应威尔，以此来表明她有加速的权利。但是，当威尔的妻子以温和的方式对待她时，她就以减速作出回应。

任何一个优秀的领导者都知道，人们对于欣赏的回应要远比对批评的回应更为热烈。欣赏能激励人们表现优越，以获得更多赏识，批评则使人耗损。当我们贬低别人时，其实也是在默许此人往后依然故我。例如，如果我们批评某人懒散，当他们和我们接触时，便会接受自己是懒散的事实，这等于给了他们懒散的权利，可以表现出与“懒散”这个标签相称的举动，懒散的行为便会反复出现。

我们每个人创造自己生活的力量都非常可观，远超过我们的想象。我们对他人的观感，决定了他们在我们面前会呈现出什么样貌，以及我们与他们之间的关系。我们的言语会让对方知道，我们对他和他的行为有着什么期望。如果言语中带有批评，他的行为就会如实地反映我们所批评的内容。

每个人都渴望获得他人的认可，受到他人的重视。即使我们天性内向，却还是渴望被他人注意。尤其是我们视之为重要的人。即便这种注意是负面的，像是批评，我们也会重复同样的行为，以获得自己心中渴求的注意。这种行为鲜是有意识地发生，而是在不假思索下完成的。我们都喜欢被注意，也会以各种方式获得注意。如果这种注意带有批评意味，我们则会向下修正，以达到批评者的负面期望。

因此，一定要牢记：批评无法解决问题，只会让事情变得更糟。应该在当下！

只要你有这样的信念，快乐就一定会源源不断地向你扑来。相反，你则有可能背着沉重的包袱度过一生。

第二节 不抱怨=积极思维+管住你的嘴

抱怨公司离住处很远，抱怨同事关系难处，抱怨自己身体不好还要上班，抱怨自己赚钱少，抱怨天地，抱怨社会，抱怨刮风，抱怨下雨，抱怨冷，抱怨热，抱怨……如果把我们一天到晚的抱怨整理出来的话，那恐怕要有一火车了。

很多人都似乎已经习惯抱怨一切。对很多事情都是不满意，好像整个世界都在跟自己作对，其实很多问题都在于自己对生活的态度。抱怨能有用吗？与其这样，还不如改变一下自己。

今天我就告诉你们一个公式：不抱怨=积极思维+管住你的嘴。

下面我们就换个角度来看看：

抱怨公司离家远，我们要积极地去看这个问题，公司和家离得较远，这是事实。但是不就是两个小时吗，在大城市上班的人很多，跟你一样的人不知会有多少，甚至比你上班更早，下班更晚。你想想还有好多人没有工作，你现在自己有工作就已经不错了。

抱怨同事关系难处，同事关系真的有那么难处吗？事实上，人与人之间是需要沟通的，只要你宽容些，我想同事关系也不是很难处的。

抱怨身体不好还要上班，是的，有时我们的身体的确不好，但是只要不是什么大问题，就不应该那么娇气。你想想，你总是因为一点不适，动不动就请假，那么有哪个单位愿意要你这样的啊？大家不是都在上班吗，每天都在为生活打拼。比起别人，我们应该知足了。

抱怨天气，抱怨刮风下雨，天气怎么样，这不是人所能控制的。你想想抱怨有用吗？能改变吗？无论是刮风下雨，我们都应该欣然接受，这是大自然的规律。

抱怨自己的工资低，其实这也是没有必要的。工资低不是你一个人的事情，现在整个世界的经济都不景气，公司去年的销售额下降了好多，现在自己有工作，就已经不错了。再说了，你想涨工资，那么你给公司创造更高的效益了吗？

抱怨公司的小头目们，是的，有时他们的确很苛刻，不理解自己，但是他们也是在工作啊。其实自己的说话方式可能不好，别总是挑人家的毛病。我们还应该感激他们把我们录取，给我们一份工作呢。毕竟现在失业的人很多，而我们有这么好的一份工作，已经是很幸福的事了。

抱怨堵车，是的，明明十几二十几分钟的路程，却要留出一到两个小时的时间来，可是大城市的交通状况就是这样啊！也不是一天两天了，再说了，也不是你一个人在堵，大家不都是这样吗。这总比走路或骑车要好一些吧！

其实，不抱怨，反过来想想，你会发现其实你所抱怨的事情是很微不足道的，都是值得我们珍惜和感激的。在抱怨的时候就记住这个公式吧：不抱怨＝积极思维＋管住你的嘴。

克服刚开始的不习惯。习惯具有无穷力量，它无时无刻不在影响着我们。可以说，几乎在每一天，我们所做的每一件事，都是出自习惯的支配。当然抱怨这个坏习惯也不例外，因此可能在刚开始去改变这一习惯时很不适应或者觉得很难受。但我们为追求一生的幸福与成功，暂时牺牲眼前的安适或近利，也是值得的。一定要相信你无怨的人生才是最快乐的。

被美国《时代》杂志誉为“人类潜能导师”的史蒂芬·柯维曾经这样定义习惯：“知识”、“技巧”与“欲望”三者的混合体。他指出，知识是理论性的观念，指点我们“做什么”及“为何做”，技巧是指“如何做”，欲望则是“想做”，表示我们有付诸行动的愿望。要培养一种习惯，这三项要素缺一不可。

对于本章讲的养成不抱怨的习惯，首先你一定要知道抱怨的危害性及无效性，即观念。其次是发自内心地想去停止，即欲望。最后是知道如何去改，即技巧。上面已经把抱怨的危害及怎样去克服的技巧告诉大家了，所以，我们一定要有信心去克服。

每当你因为抱怨而移动手环的时候，就要对自己说：“我要以一种新的、更好的方式开始，不抱怨。”然后一整天内都有意识地下这样的决心：

第一，我要从内心来接受这个不抱怨的监督，并且心情愉悦地去执行。

第二，一旦我说出了抱怨性的话语，那么我就要去移动自己的手环。

第三，我对别人及其错误、失败和过失要少苛求，多容忍。要从最好的角度来解释他们的行动。

第四，我要练习每天至少微笑三次。

第五，不论发生什么情况，我的反应要尽可能地冷静和有理智。

是不是很简单？上述行为、感觉和思维方式的任何一种都会对此产生有利的影响。坚持 21 天，“体验”这些步骤，看看自己的信心是否会增强。

改变一个习惯不会很快就实现，它必须是一个渐进的过程。因此我们别想在一夜之间就改掉它，慢慢来。

第三节　只演好自己的角色

人生好比一场戏，社会就是大舞台。既然无法超脱出社会，我们每个人就要在社会大舞台上扮演一个角色。虽然角色有好有坏，有主有次，甚至微不足道，乃至某些人还不得不从事幕后工作。但是在生活的总导演面前，抱怨也好，痛恨也罢，它丝毫都不会理睬。唯有扮演好自己的角色，他才会肯定你，让你把自己演绎得更加精彩。

角色是戏剧、电影、电视等艺术领域的专用术语，一场戏中通常有主要角色（主角）和次要角色（配角）两种，把它借用到社会学中，便有“社会角色”一说。有道是“舞台小社会，社会大舞台”，小到一个家庭，大到一个企业，直至整个社会，要想保持稳定和谐，都需要每一个参与者密切配合，也即要求每个人自觉地扮演好自己的角色，不论你的角色多么糟糕。

新学期开始后，县中学转来一位女孩儿。看她的衣着，就知道她是普通农民家的孩子。女孩有着农家孩子的朴实和勤奋，听课专心，发言踊跃，让班主任于老师非常欣慰。

可是好景不长，几天后，于老师注意到，女孩儿总是低着头走路，有时眼睛还红红的。有同学欺负她？还是想家了？带着疑问，于老师把女孩儿叫到了办公室。

经过一再追问，女孩儿说出了实情：这几天她发现自己无论是穿着还是学习都不如其他同学，总认为自己低人一等，觉得父母花这么多钱让她来县城读书，最终恐怕会让父母失望。

“是这样啊！那老师给你讲个故事。”说完，于老师给她讲起了前不久看过的一个小故事。

故事发生在英国一个小镇上。为了募捐，玛莎所在的学校准备排练一部叫《圣诞前夜》的话剧。得知消息后，玛莎第一个去报名要求当演员。她的目标是出演剧中的女儿。但是到定角色那天，玛莎却一脸冰霜地回到了家，因为她被告知，她的角色是一只狗！整个晚饭时间，玛莎不是抱怨牛排太咸，就是埋怨土豆太淡，搞得一家人都没了胃口。饭后，爸爸把玛莎叫到书房，两个人谈了很久。虽然他们拒绝透露谈话内容，但是第二天人们又看到了那个快乐的玛莎。她不仅没有拒绝演狗，还买来了护膝，以便更好地排练。

终于到了演出的那一天。从头至尾，玛莎穿着一套毛茸茸的道具，手脚并用地在台上爬来爬去，还不时伸个懒腰，晃晃脑袋，动作惟妙惟肖，精湛的表演吸引了所有观众的眼球，虽然她从头至尾没有说过一句台词。

后来，玛莎向人们透露了她和爸爸那天晚上的谈话。爸爸说：“如果你用演主角的态度去演一只狗，狗也会成为主角。”说到这里，于老师加重语气说：“命运赐予我们不同的角色，与其怨天尤人，自暴自弃，不如全力以赴，演好自己的角色。因为再小的角色也有可能变成主角，哪怕你连一句台词也没有。”

西方人说：“人类一思考，上帝就发笑。”在生活的舞台上，诚然只有极个别能够预知未来的好导演，大多数人都无法将自己平凡的生活演绎得更加精彩。但是如果我们有了把狗当成主角演的态度，那么即使是最本色的演出，又有谁能说我们不成功、不幸福呢？更何况，王侯将相尚且不是天生的，主角也不是注定由某一人来垄断的。

德怀特·戴维·艾森豪威尔是美军历史上唯一当上总统的五星上将。在美军历史上，他晋升速度“第一快”；在历届总统中，他出身“第一穷”。从一个平民之子到举世瞩目的美国总统，艾森豪威尔凭的是什么？用他自己的话说，这一切源于年轻时的一件小事：

有一次晚饭后，艾森豪威尔和家人一起玩纸牌游戏。他的手气很糟糕，一连几把牌都很烂。当他再次抓到一把烂牌时，他变得很不高兴，开始抱怨上帝。这时他的母亲停了下来，正色对他说道：“如果你想玩，就必须用你手中的牌玩下去，不管那些牌是好是坏！”

艾森豪威尔一愣，母亲又说：“人生也是如此，发牌的是上帝，不管牌怎样你都必须拿着。你能做的就是尽全力打好手里的牌，求得最好的结果！”

很多年过去了，艾森豪威尔却一直牢记母亲的话。对生活，他从未存有任何抱怨，因为他总是能以积极乐观的态度去迎接命运的挑战，尽力做好每一件事，最终成了美国总统。

无论是演戏，还是打牌，既然选择权不在我们手里，那么永远不要抱怨它们不够好，因为怨天尤人只会让你徒增烦恼，不解决任何实质问题。我们能够做的、应该做的，是学会适应并改变它。只要不抱怨，任何角色都可以让你更精彩；只要肯努力，再烂的牌也有可能会赢！

第四节 根治抱怨的良药是感恩

永远怀着感恩的心是一种人生态度，它是根治抱怨和牢骚满腹的良药，也是决定你能否成功的关键。

在我们的周围，随处都可见到“牢骚族”或“抱怨族”。他们每天轮流把“枪口”指向除自己之外的所有人，他们抱怨这个，批评那个，而且，从上到下，从里到外，很少有人能幸免。他们的眼中看到的处处是毛病，因而时时都能看到或听到他们的批评和怒气。

在公司，你总能听到，或者自己也这样说：

“我到公司这么多年了，按理说，没有功劳也有苦劳，为什么一直升不上去？一定是领导看我不顺眼！”

“你别看某某外表老实，其实也不是什么好东西，最喜欢在别人背后放黑枪，专打小报告，却偏得上司的喜欢。”

当抱怨成为你的一种习惯时，这种恶习的力量足以摧毁你的前程。

1972 年，新加坡旅游局给当时的总理李光耀打了一份报告，大意是说：我们新加坡不像埃及有金字塔，不像中国有长城，不像日本有富士山，不像夏威夷有十几米高的海浪，我们除了一年四季直射的阳光。什么名胜古迹都没有，要发展旅游事业，实在是巧妇难为无米之炊。

李光耀看过报告，非常气愤。据说，他在报告上批了这么一行字：你想让上帝给我们多少东西？阳光，有阳光就够了！

后来，新加坡利用那一年四季直射的阳先，种花植草，在很短的时间里发展成为世界上著名的“花园城市”，旅游收入连续多年列亚洲第三位。

相比于旅游局员工只知道抱怨的心态，总理李光耀更懂得感恩，因为懂得感恩。才能利用上天赐予的条件为新加坡迎来“花园城市”的美誉。

试想，旅游局相关领导的仕途之路恐怕只会越走越窄，因为没有哪位领导人会对只知道一味抱怨的人产生什么好感。一个不懂得感恩的人，又怎么可能办好事情呢？唯有懂得感恩，才可能替自己开拓宽广的人生。

有位普通职员李杰在谈到她被破例派往国外公司考察时说：

“我和另一个同事虽然同样都是研究生毕业，但我们的待遇并不相同，他职高一级，薪金高出很多。庆幸的是，我没有因为待遇不如人就心生不满，而是认真做事。

“当许多人抱着多做多错、少做少错、不做不错的心态时。我尽心尽力做好每一项工作。我甚至会积极主动地找事做，了解主管有什么需要协助的地方，事先帮主管做好准备。因为在我上班报到的前夕，父亲告诫我三句话：“遇到一位好领导，要忠心为他工作。假设第一份工作就有很好的薪水，那你的运气很好，要感恩惜福；万一薪水不理想，就要懂得跟在领导的身边学功夫。”

“我将这三句话牢牢地记在心里。自己始终坚持这个做事原则。即使起初位居他人之下。我也没有计较。但一个人的努力，别人是会看在眼里、记在心上的。在后来挑选出国考察学习人员时，我是唯一一个资历浅、级别低的办事员。这在公司里是极为罕见的现象。”

是的，与其抱怨，不如怀着一颗感恩的心去实干。如果你能每天怀抱着一颗感恩的心去工作，在工作中始终牢记“拥有一份工作，就要懂得感恩”的道理，你一定会成为出类拔萃的员工。

永远怀着感恩的心是一种人生态度，它是根治抱怨和牢骚满腹的良药，也是决定你能否成功的关键。要当乞丐。”阿进一家非常贫穷，为了摆脱当乞丐，父亲就送他去读书，上学第一天，老师看他脏得不成样，给他洗了澡。这是他生命中第一次洗澡，感动得他泪流满面。

为了供他读书，12 岁的姐姐被迫到青楼去卖身。照顾失明的父母和弟、妹的重担落到了他小小的肩上，他从不缺一天课，每天一放学就去讨饭，讨饭回来就跪着喂父母。后来，他上了一年中专学校，竟然获得了一个女同学的爱情，但未来的丈母娘说：“天底下找不出他家那样的一窝穷人。”她把女儿锁在了家里，用扁担把阿进打出了门……

讲到这里，他提高了声音：“但是，我对生活充满了感恩。我感谢我的父母，他们虽然双目失明，但他们给了我生命，至今我都是跪着给他们喂饭；我还感谢苦难的命运，是苦难给了我磨炼，给了我这样一份与众不同的人生；我感谢社会，在我成长的过程中，社会各行各业的劳动者给了我衣、食、住、行及教育；我也感谢我的丈母娘，是她用扁担打我，让我知道要想得到爱情。就必须奋斗，就必须有出息……”

可见，感恩是一切生命美好的基础。感恩是生活中的大智慧，能使我们感受到生活的美好，能保持我们的积极、健康、阳光的良好心态。怀有感恩之情，对别人、对环境就会少一份抱怨和挑剔，多一份欣赏和感激。

感恩，是一种美好的情感，是事业上的原动力和内驱力，是人的高贵之所在。感恩将使你的心和你所企盼的事物联系得更紧，感恩将使你对生活、对一切美好事物持有坚定的信念，从而一生被美好的事物包围。常怀感恩之心，我们便能够生活在一个感恩的世界，这个世界一定是非常美好的，我们的人生也会变得更加美好，就如故事中的阿进一样。

从一个人成长的角度来看，心理学家普遍认同这样一个规律：心改变了，态度就跟着改变；态度改变了，习惯就跟着改变；习惯改变了，性格就跟着改变；性格改变了，人生就跟着改变。愿感恩的心改变我们的态度，愿诚恳的态度带动我们的习惯，愿良好的习惯升华我们的性格，愿健康的性格收获我们美丽的人生。

第五节　为生命叫好，为小事感恩

感恩无小事，为小事感恩。别人对我们的帮助，我们一定要谨记在心，懂得感激。因为别人的帮助不是“理所当然”的，世界上没有谁对你的帮助是理所当然的。这点点滴滴的都是人情，不但要心存感激，还要用同样的爱心去关怀别人。

我们每个人都应该明白，生命的整体是相互依存的，每一样东西都依赖于其他的东西。父母的养育、师长的教诲、伴侣的关爱、朋友的帮助、大自然的慷慨赐予……人自从出生起，便沉浸在恩惠的海洋里。一个人真正明白了这个道理，就会懂得感恩，就会觉得自己能活在这个世界上是多么的美好与幸福。

俗话说：“滴水之恩，当涌泉相报。”感恩无小事，为小事感恩。别人对我们的帮助，我们一定要谨记在心，懂得感激。因为别人的帮助不是“理所当然”的，世界上没有谁对你的帮助是理所当然的。这点点滴滴的都是人情，不但要心存感激，还要用同样的爱心去关怀别人。

对于我们的敌人，我们也要不忘感恩。因为真正促进我们成功与进步，使我们变得机智勇敢、豁达大度的，不是优越和顺境，而是那些常常可以置我们于死地的打击和挫折。

挪威著名的剧作家易卜生就把自己的敌人、瑞典剧作家斯特林堡的画像放在桌子上，一边写作，一边看着画像，从而激励自己。易卜生说：“他是我的死对头，但我不去伤害他，把他放在桌子上让他看着我写作。”据说，易卜生在“死对头”目光的注视下，完成了《培尔金特》、《社会支柱》、《玩偶之家》等世界戏剧文化中的经典之作。而我们普通人总是抱怨，抱怨生活中的一切，抱怨不公平的待遇、不如意的爱情。其实，学会用感恩的心看待周围的一切，你就会有另外一种心情，就如同易卜生一样。

你要知道，抱怨与感恩是背道而驰的，抱怨与敬业也常常水火不容。当你抱怨你的妻子把饭煮糊了，便表示你没有以爱去接受你妻子的过失；当你抱怨工作太多太累的时候，便表示你没有对公司给你提供的机会和薪水感恩。

看看我们周围那些“今天工作不努力，明天努力找工作”，只知抱怨而不努力工作的人吧，他们从不懂得珍惜自己的工作机会，更没有对他们的工作心存感恩。他们不懂得，丰厚的物质报酬是建立在认真工作的基础上的；他们更不懂得，即使薪水微薄，也可以充分利用工作的机会提高自己的技能。他们在日复一日的抱怨中蹉跎岁月，而技能却没有丝毫长进。最可悲的是，抱怨者始终没有认识到这样一个残酷的事实：在竞争日趋激烈的今天，工作机会来之不易。

不懂得感恩、不珍惜工作机会、不努力工作而只知抱怨的人，不管他们学历有多高，也总是会排在被解雇者名单的最前面。唯有懂得为小事感恩，为生命喝彩的人，才可能收获幸福人生。

第六节　别人的错误也要善待

抱怨他人是在出现问题之后最不明智的一种选择。

人人都会犯错，但没有什么人比那些不能容忍别人错误的人更经常犯错误。不幸的是，总有人习惯严于律“人”，一遇到什么不容易的事，就会把责任推到别人身上，抱怨个不停。于是，别人就成了这些人心中的“地狱”，是一切不幸的罪魁祸首。当抱怨别人成了一个人生活中的必修课时，他的生活就会在这种抱怨中腐败变质，自己成了“抱怨”的牺牲品。

有些人却能做到永远不抱怨别人，永远不批评别人。

美国南北战争期间，林肯曾经更换了好几次将军——马克克兰、波普、伯恩赛德、胡克，还有米地。但这些将军接二连三的失败，几乎使林肯陷入绝境。所有的人都指责林肯用人不当，但林肯“毫不怨天尤人，宽容地保持缄默”。林肯最喜欢说的话就是：“你不论断他人，他人就不会论断你。”

当时，林肯夫人极力谴责那些“该死的南方人”。林肯却回答道：“不用责怪他们，同样的情况若是换上我们，大概也会这样做的。”

1863 年 7 月 1 日，盖茨堡战役开始了，到了 4 日晚上，南军抵挡不住了。李将军带着败兵，冒着倾盆而下的暴雨，逃到了波多马克河边，河在面前咆哮，北军在后面追击，南军已经陷入了绝境之中。林肯知道这是取得胜利的天赐良机，只要把李将军打败，战争很快就可以结束了。于是，他立即给米地将军下了一道命令，要他立刻发动攻击。

可米地将军却犹豫了。他违背林肯的命令，先行召开紧急军事会议，故意拖延时间，用各种借口拒绝发动攻击。最后的结果是雨停了，风退了，李将军和南军也渡过波多马克河逃跑了！

你可以想象一下林肯愤怒的心情！他对着办公室空空的墙壁大声咆哮，发泄着心中的愤怒：“我的上帝呀，他们就在伸手就可以摸到的地方，在这种情况下，随便什么人都可以打败李将军。可为什么就让他跑掉了呢？难道我的命令就不能让军队向前迈动半步吗？”

极端恼怒的林肯，决定写一封信给米地将军：

亲爱的将军：

我不相信你对李将军逃走一事会深感痛心。他就在我们伸手可及之处，而且，只要他一就擒，加上我们最近获得的胜利，战争即可结束。现在，战争势必延续下去。如果上星期一你能顺利擒得李将军……企盼你会成功的想法是不明智的，而我也不再企盼你现在会做得更好。良机一去不复返，我实在深感遗憾……

这封已经表达了林肯愤怒的信，言论措辞还是这么自制。想一想米地将军读到这封信的表现吧！

让所有人都感到意外的是，米地将军从来没见过这封信，这是后人在政府的文件堆中偶然发现的。

“我的猜测是……这仅是我的猜测……”林肯在写完这封信之后，望着窗外，心里想：“慢着，也许我不该这么性急。坐在安静的白宫里发号施令很容易，如果我身在盖茨堡，像米地一样每天看见许多人流血，听许多伤兵哀号，也许就不会急着要攻打敌人了，如果我个性像米地一样，大概也会做同样的决定吧！无论如何，现在木已成舟，把这封信寄出，除了让我一时觉得痛快以外，没有别的用处。米地会为自己辩论，会反过来攻击我对他的抱怨，这只会使大家都不痛快，甚至损及他的前途。”

林肯把信扔到了一边，他没有发出这封信。

永远不批评、责怪或抱怨他人，使林肯赢得了“最完美的统治者”的美誉。以至后来的西奥多·罗斯福总统也深受其影响。他说，在他当总统时，凡是遇到难解的问题，总会望着挂在墙上的林肯像自问：“如果林肯先生能活到今天，会如何解决这个问题呢？他也会把矛头指向别人吗？”

抱怨他人是在出现问题之后最不明智的一种选择，有些人似乎养成了这种恶习，他们动辄就批评、指责他人，有些人更以此为快。一旦出现了问题，他们首先想到的就是射出抱怨之箭，中伤他人。其结果要么伤害他人，要么被人挡回，弄得自己反遭伤害。不抱怨他人，既是一种宽容，也是一种理解，是一个人走向成熟的门槛。

第七节　勇于承担责任零借口

人们必须停止把问题归咎于他人和自己周围的环境，应当勇于承担自己的责任。一旦自己作出选择，就必须尽最大的努力把事情做好。一切后果由自己承担，绝不找借口，不推卸责任。

我们经常会听到有人在问："这是谁的错？"即便这种话不是每天都能听到，你也会看到许多人在抵赖狡辩，或者为了推卸责任而指责别人。为了免受谴责，多数人都会选择欺骗手段，尤其是当他们明知故犯的时候。当你明知故犯地犯了一个错误时。除了编造一个敷衍他人的借口之外，有时也会给自己找出另外一个理由。所有这一切都是因为这些人连基本的责任意识都没有。

避免或逃脱责罚是人类的一种强烈本能，多数人在"有利"与"不利"两种形势的抉择中都会选择趋吉避凶。通过各种"免罪"行为，人们可以暂时逃脱责罚，保持良好的自身形象。但如果你只愿意接受表扬而不愿意承担责任，那么你永远也别指望改正错误的东西。

人生最大的智慧在于理智地寻找合适的生活方式。很多人整天不把精力用于把工作做得更好上，而是把大部分时间用在抱怨公司的机制和领导的能力。可以说，不满和抱怨是最流行的一种情绪，也是给自己的平庸找借口的机会。

其实，一个人没有进步和没有突破的原因不在于别人，也不在于领导，而是你自己能否有创造性地安排自己的生活方式。是自己的思想决定自己的进取心。你若不想做，就总会找到一个借口；你若想做，就会找到方法。

对于那些一天到晚总想着如何欺瞒他人的人来说，如果他们肯将一半的精力和创意用到正途上，那么，他们一定可以取得卓越的成就。如果你善于寻找借口，那么就试着将找借口的创造力用于寻找解决问题的方法，情形也许会大为不同。

所有寻找借口的人，根本的问题就是他们缺乏责任意识：他们不知道自己应该负什么样的责任或者认为找一个借口就可以与责任逃脱干系。这样的想法既危险又可笑，就像一个罪犯，他不断地逃，当有一天他无处可逃的时候，等待他的就是法律的审判。所以，当我们不断地找借口推卸责任的时候，我们有没有想过，当我们想推卸都无法推卸的时候，我们怎么办？

因此，在任何时候，我们都必须强化自己的责任意识，绝对不能找借口，借此推卸自己的责任。因为，这才是对自己真正负责任，也是对他人负责任。

那些实现自己的目标、取得成功的人，并非有超凡的能力，而是有超凡的心态，他们时刻都有一种责任意识。他们遇到问题总是积极寻找解决的方法，而不是一遭遇困境就退避三舍、寻找借口。

人们必须停止把问题归咎于他人和自己周围的环境，应当勇于承担自己的责任。一旦自己作出选择，就必须尽最大的努力把事情做好，一切后果由自己承担，绝不找借口，不推卸责任，以积极的心态去努力进取。因为如果抱怨成了习惯，就像搬起石头砸自己的脚，于人无益，于己不利，生活就成了牢笼一般，处处不顺，处处不满；反之则会明白，生活的本身就是最大的幸福，哪会有那么多的抱怨呢？

对于处在不如意环境中的人，与其抱怨自己的处境，不如好好地分析一下原因，正确地面对现实，把握自己，充实自己。做到这一步，就是你成功的开始，抱怨只是无谓地浪费光阴，这本身就是一种耻辱，生活也不会因为你的抱怨而垂青于你。

所以，不要对自己目前的逆境存有抱怨，不如放平心态，接受目前的一切，从中去发现解决问题的方法，然后付诸行动。这样，才有可能改变我们的境遇。

第八节　感谢折磨你的人

只有当你懂得抱怨不如感谢，与其抱怨折磨你的人，不如感谢折磨你的人时，你才有可能品尝到成功的喜悦。

法国文豪罗曼·罗兰说："从远处看，人生的不幸、折磨还是很有诗意的！一个人最怕庸庸碌碌地度过一生。"

在我年少懵懂的日子里，我曾经一度肤浅地认为：没有人愿意经历磨炼、遭受折磨，更别说遭受他人的存心折磨。我以为，平平淡淡、无风无浪的人生才是我们每个人所追求、所期盼的。直到而立之年，我读闲书时，从书上读到一个故事，才让我恍然大悟：人生需要经历折磨，就如草木需要经历风雨一样。抱怨不如感谢，能感谢折磨你的人，才能收获成功。

在很久以前，某个地方建了一座规模宏大的寺庙。竣工之后，缺了一尊佛像，于是如来佛就派了一个擅长雕刻的罗汉幻化成雕刻师来到人间。

雕刻师在两块已经备好的石料中选了一块质地上乘的石头，开始工作。可是，没想到他刚拿起凿子凿了几下，这块石头就大叫："别折磨我了，我痛！"

罗汉就劝它说："不经过细钿的雕琢，你将永远都是一块不起眼的石头，还是忍一忍吧。"

他边说边继续工作。可是，他每凿一下，那块石头就会哀号一声："痛死我了，痛死我了。求求你。饶了我吧！"罗汉实在忍受不了这块石头的叫嚷，只好停止了工作。

为了尊重这块石头的意见，罗汉只好选了另一块质地远不如它的粗糙的石头雕琢。虽然这块石头的质地较差，但它因为自己能被罗汉选中而从内心感激不已，同时也对自己将被雕成一尊精美的雕像深信不疑。所以，任凭雕刻师刀琢斧敲，它都以坚忍的毅力默默承受下来。

罗汉则因为知道这块石头的质地差一些。为了展示自己的艺术，工作得更加卖力，雕琢得更加精细。

不久，一尊肃穆庄严、气魄宏大的佛像赫然立在人们的面前，大家惊叹之余，就把它安放到了神坛上。

这座庙宇的香火非常旺盛，日夜香烟缭绕，天天人流不息。为了方便日益增加的香客行走，那块怕痛的石头被人们弄去填坑筑路了。由于当初承受不了雕琢之苦，现在它只得忍受人来车往、车碾脚踩的痛苦。看到那尊雕刻好的佛像安享人们的顶礼膜拜，它内心里总觉得不是滋味。

有一次，它愤愤不平地对正路过此处的佛祖说："佛祖啊，这太不公平了！您看那块石头的资质比我差得多，如今却享受着人间的礼赞尊崇，而我却每天遭受凌辱践踏、日晒雨淋，您为什么要这样偏心啊？"

佛祖微微一笑说："它的资质也许并不如你，但是那块石头的荣耀却是来自一刀一锉的雕琢之痛啊！你既然受不了雕琢之苦，只能最后得到这样的命运啊！"

其实，我们每个人都像一块块资质不同的石料，最终决定你能否大放异彩的，在于你是否有承受他人折磨的毅力、气度，在于你是否有将抱怨化为感谢的胸襟。只有当你懂得抱怨不如感谢，与其抱怨折磨你的人，不如感谢折磨你的人时，你才可能品尝到成功的喜悦。

第五章　把抱怨变为积极行动

端正自己的态度，尊重需要你处理的每一件事，增加自己的使命感，你得自己为自己去争取你想要的“结果”，积极地行动才能提升你的价值，通过不断地学习和努力，成为一颗闪光的“明珠”，那么以后的事情就会容易得多。

第一节　抱怨是最无用的语言

每次张婷到食堂吃饭，同事都会装作没看见。原因就在她那张总是不停抱怨的嘴上。看，她今天又逮着一个同事，刚在人家身边坐下，话匣子就打开了：

“像我们在办公室里，挣的钱太少了！我有一个做业务的同学，签一笔单子提成就够咱们干一年了。”

张婷是特别喜欢和人比较的人。不管是以前的同学，还是现在的同事，常常被他拉到心里的“天平”上过一过。要是知道谁的待遇比她好，她就会絮絮叨叨抱怨好几天。

同事为了让她宽心，故意说：“嗨，大家都差不多，我们要是完成不了任务，保底工资比你们还少上一大截呢!”

谁知道这句话还是捅了马蜂窝，张婷马上又开始抱怨道：“我能跟你比吗？你男朋友自己开公司，你什么时候想辞职，回家就当老板娘。唉，不像我那位，打工仔一个。”

其实，一份工作的待遇好不好，评价标准有很多。单拿薪水来说，有的公司起点高，增长幅度小，有的则相反，还有的提供不定期的奖金与红利。另外，每一个具体的工作中，环境、压力、培训机会、晋升制度等都各不相同。如果单拿别人工作的某一方面和自己比较，实在没什么参考价值。

张婷发泄一下自己的羡慕情绪，未尝不可。有时适当的抱怨可以舒缓一下情绪，但要看对象，不能看见什么人都一通抱怨。张婷不断地向同事抱怨，其实是被抱怨操控了的一种表现，因为她已经养成了逢事抱怨的习惯。这样的抱怨没有任何影响力，甚至是招人反感的。

回想一下，我们在满腹牢骚时，能得到什么呢？对上司满腹牢骚时，上司会觉得你这样的员工很难缠，公司的规定也自有他的道理，奖金的分配也自有他的安排，你这样满腹牢骚，是对谁不满意呢？从此以后，一个不好的印象就留在上司那里，这对你有什么好处呢？答案是一点也没有，非但没有，还有可能因为你的一两句抱怨，在以后的工作中，失去更多升职和加薪的机会。那么对于同事也是如此，你满腹牢骚，只能让他们认为你这个人一点都不沉稳，稍微有一点不顺，就会心怀不满。一个人想方设法地想让别人觉得自己有修养都来不及，为什么要用一两句没用的牢骚来毁掉自己好不容易建立起来的良好形象呢？

没有人喜欢牢骚满腹的人，相比于没有信心的人来说，很多人喜欢那种充满信心，遇到困难也毫不气馁，更不会怨天尤人的人。

别让抱怨操控你，抱怨是最没影响力的语言，遇到困难、心情不好的时候，不妨看淡一点，静静地思考以下面临困境的原因在哪里，用什么方法可以解决。不但自己不牢骚，还要去安慰那些和你一样遭遇困境的人。

第二节 不往坏处想，事情才会向好的方向发展

生活不可能是一帆风顺的，所以，人们的抱怨在所难免，但是对待生活的态度可以有所不同，你可以乐观积极地赞美生活，也可以悲观消极地抱怨生活，态度不同，人生的幸福感和生活质量自然就不同。不同的人生是由不同的人生态度造成的。怎样的态度就会造就怎样的人生，所以，如果你希望自己的人生是快乐和有成就的一生，那么从你的意识深处就要明确这个目标和人生状态，并且积极地肯定，不能携带着美好的事情，想着事情会向坏处发展，那样事情不会有好的发展结果。也就是说，如果你想事情往好的方向发展，就别往坏处想。

《秘密》一书中就提出了“吸引力法则”，也就是说，人就像一块大磁铁，既可以吸收好因素，也可以吸收坏的因素。此时就要看你的选择了，如果你希望自己是快乐的，那么你就要想让事情向好的方向发展，既而你就会遇见快乐的事，你也就会处于快乐的状态中；相反，如果你抱怨一件事，你想到的就只会是这件事的缺点或者是坏处，那么即使你遇见了好的事情，坏的印象已经遮住了你的心智和双眼，因此，你看见的也只是坏的方面，事情也会向坏的方向发展，因为你的眼里心里，都是关于事情的坏印象。所以，对于乐观开朗的人而言，遇见的都是好事情，因为他们的心始终是朝着光明的，他们想的水远是心情会朝着好的方向发展；而抱怨悲观的人，遇见的永远是坏事情，因为在他们的心里事情永远是向着坏的方向发展，所以，他们永远也不会遇见好的事情。

有一个关于蛇的古老传说。提到蛇，大多数人都会心惊胆战，没有人希望在野外遇见蛇。当然除了捕蛇的人。人们上山务农或者采摘果实，经常会遇见毒蛇，对于普通人而言，这是极其可怕的事情。怎样才能避免遇

见蛇，于是古人说了：如果你不想在野外遇见蛇，那么就闭上你的嘴，不要提蛇，更不要想，或者提自己会遇见蛇，如果提及害怕遇见蛇，或者在上山之前提到蛇，那么你就一定会遇见蛇。

这个古老的传说告诉我们，如果你想让事情往好的方向发展，那么你就不要往坏处想。心理学中所讲的心理暗示作用就是如此，积极的心理产生积极的效果，而消极抱怨的心理必然产生消极的效果，因为你的心理支配你的行动，而行动决定你遇事的性质。人生在世不如意之事很多。但是快乐幸福的事情依旧很多，正是酸甜苦辣咸百味人生，这就是生活的本真状态。面对这种情况，不同的人生态度，就会决定了后来的人生境况。所以，世上之人遇快乐与痛苦之事差之毫厘，但是人生的结果却是谬以千里。差别就在于人遇事的态度上，是否向好的方向想。当然，没有人希望自己遇见的是坏事情，都渴望自己是被幸运女神连续选中的人，但是幸运女神惠顾的永远是把事情往好处想的人，对于那些想让事情向的好处发展，但是还把事情向坏处想的人是不予理睬的。就像威尔·鲍温说的："每个人无时无刻都在创造自己的人生，重点是真正拿起缰绳，引导马匹到我们想要去的地方，而不是到我们不要去的地方。"也就是说，想要好事情接连发生，就要引导我们的心往好处想，而不是相反的方向。

第三节　另辟蹊径，打开局面

在生活中遭遇难题时，不要消极等待，更不要抱怨。要知道，只有积极寻找生命中的转机，你才有可能把握住命运，从困境中解脱出来。

生命中的贵人不会一直牵着你往前行，不过，他们却愿意默默地站在你身后，让你在努力前进时有一个最好的倚靠。

不景气不能成为自己失败或失业的借口，因为即使经济大环境再怎么差，还是有人能在相同的失业情况与困境中，靠自己的脑力和劳力成功迈出步伐，创业致富！

在生活中遭遇难题时，不要消极等待，更不要抱怨。要知道，只有积极寻找生命中的转机，你才有可能把握住命运，从困境中解脱出来。

有位马车夫赶着装满货物的马车，在泥泞的路上艰难地前进。马车突然陷在泥地中，无法动弹。车夫呆呆地站着，无助地看着四周，心想：真希望有个人来帮忙。

想着想着，车夫突然想起了神话传说中的大力士阿喀琉斯的名字，于是他大喊："阿喀琉斯，求求你，来帮帮我吧！"

这个车夫就这么呆坐在地上，什么事也不做，只是不断地对天空大声喊着大力士的名字。

过了很久，突然，一阵狂风吹来，阿喀琉斯居然真的出现了。

但是，他却对车夫说："站起来，你这个懒惰的家伙！你自己把车轮顶到肩膀上吧！然后，你再努力往前走，那么，我阿喀琉斯才愿意帮助你。如果你连一根手指头都不肯动一动，只会坐在地上乱叫，就别奢望我会再出现，给你任何帮助。"

把阿喀琉斯的话审视一遍，他不就是告诉我们"自助者天助"吗？

人生的转机无处不在，只是大多数人陷入困境时只会呼天抢地，不愿试着靠自己的努力走过眼前这片泥沼。

若是连自己都不愿主动积极地勇敢面对，就算有人愿意伸出援手，你也脱离不了困顿的日子。

《圣经》中有这样一句话："当一扇门为你关闭时，别伤心，因为上帝同时还会为你打开一扇幸运之窗。"当然，至于你是否能找到上帝为你打开的这扇窗，取决于你是否有一个良好的心态。

有两位住在乡下的陶瓷艺人，听说城里人喜欢用陶罐，于是便决定将自己烧制得最好的陶罐卖到城里。他们幻想着城里人马上就能用上他们的陶罐，而他们也能因此过上富裕的生活，为此他们兴奋不已。他们雇了一艘轮船，准备将所有的陶罐都运到城里去。没想到，轮船中途遇到了强烈风暴。等风暴过后，轮船靠岸，陶罐全部成了碎片，他们的富翁梦也随着陶罐一起破碎了。

这两个陶瓷艺人在捶胸顿足之后，心想：失去了那些陶罐本来就够不幸的了。如果还因此而不快乐，岂不是更加不幸？于是，他们振作起来，趁机去城里好好地玩了几天。在玩的时候，他们意外地发现，城里人用来装饰墙面的东西很像他们烧制陶罐的材料。于是，他们索性将那些陶罐的碎片全部砸碎，做成“马赛克”出售给城里的建筑工地。结果，他们不但没有因为陶罐的破碎而亏本，反而因为出售“马赛克”而大赚了一笔。

由此可见，只要你拥有良好的心态，不为遭遇厄运而抱怨，积极寻找生命中的转机，那么，你总能从不幸中找到幸福的契机。

老子曾有言曰：“祸兮福所倚。”在强者和智者眼中，不幸其实没有那么可怕。巴尔扎克也曾说过：“世界上的事情永远不是绝对的，结果完全因人而异。不幸对于强者是块垫脚石，对于弱者则是一个万丈深渊。”

“莫道浮云终蔽日，严冬过尽绽春蕾。”待不幸的阴霾云开雾散之后，这个世界自然是“日出千秀，无处不春光”。只要你保持积极平和的心态，世间任何事情都无法让你心生抱怨。

第四节　用积极的心态打败抱怨

记住这句励志警句：如果一个人是对的，他的世界也是对的。

抱怨就像一种慢性腐蚀剂，不断地腐蚀你的心灵，打击你的自信。心理学研究表明，许多人之所以无法取得成功，其中一个很重要的原因就是情绪沮丧、低落、忧郁。

如果把抱怨变成善意的沟通，如果把抱怨变成积极的建议，如果把抱怨变成正面的行动，你就会发现，成功其实离你很近！

积极的心态是正确的心态。正确的心态总是具有“正性”的特点，例如：忠诚、仁爱、正直、希望、乐观、勇敢、创造、慷慨、容忍、机智、亲切和通情达理。具有积极心态的人，总是怀着较高的目标，并不断为之奋斗。

消极的心态则具有与积极的心态相反的特点。如果说积极是人类最大的法宝，消极就是人类致命的弱点。如果不能克服这一致命的弱点，你将失去希望之所在，不能抵御悲伤、寂寞、烦躁、颓废、痛苦，你的世界将因此毁灭。

人虽有很多弱点，但不是弱者。积极心态的树立，将使人们很快摆脱消极心理的阴影，而成为一个快乐的强者！

变成世界上最重要的人，那个人就是“你”。你将如何去运用你的成功、健康、幸福与财富。这由你自己选择。

你的心理就是你的不可见的恒定的法宝。它的一面装饰着“积极的心态”五个字，另一面装饰着“消极的心态”五个字。积极的心态具有吸引真善美的力量，而消极的心态则完全排斥它们。正是消极的心态剥夺了你生活中有价值的东西。

不要由于没有成功，就责备这个世界不够完美，这是可笑的。你要像所有成功者那样，去构建自己火热的谋求成功的愿望。把你的心放在你所想要的东西上，使你的心远离你所不想要的东西。

不要拒绝励志书籍和他人的帮助和指引，更不要拒绝自己内心的冲动。

对于那些有积极心态的人来说，每一种逆境都含有等量或更大利益的种子。有时，那些所谓的“逆境”，其实是上升的好机会。

继续工作！重新端正自己对生活、工作与学习的态度，并且把今天的挫折转化为明天成功的动力。每当这时，积极的心态可以拯救你的困惑或苦难，并把那些好像不可能的事转化为现实。你要对自己热情、快乐而肯定地说："我没有失败，让我继续工作！"只有勇敢者才可能是强者。

不要让自己老是觉得委屈。成功是由那些有积极心态的人所取得的，并由那些以积极的心态努力不懈的人所保持。

所有的故事都可以证明以上所说的道理：积极向上的心态是成功者最基本的要素，这是无条件的。

福勒是美国路易斯安那州一个佃农家庭的黑人孩子。他们一家苦极了，福勒 5 岁时就开始干活，9 岁就靠赶骡子挣钱了。这并不是什么特殊的事，农民或穷人的家庭都这样。这些家庭认为，他们的贫困是命运安排的，所以并不要求改善生活，但小福勒的母亲并不这样认为。于是，她说："嗨，福勒，我们不该贫穷。我不愿意听到你们说：这是上帝的旨意。不，《圣经》里的每一个字都想让我们富起来。你为什么不去做一个出人头地的人呢?"这段话在福勒的心灵中刻下深深的烙印，以致改变了他的一生。

"我要致富，我要出人头地！"他的心在呐喊。他决定把经商作为生财的一条捷径，最后选择了经营肥皂。于是，他就作为流动销售员，叫卖肥皂达 15 年之久。后来，他获悉供应他肥皂的那家公司将被拍卖，售价是 15 万美元。他已存有 2. 5 万美元。双方达成了协议：他先交 2. 5 万美元的保证金然后在 10 天之内付清剩下的 12. 5 万美元。如果 10 天后付不出，他将丧失那笔作为自己全部储蓄的保证金。机会来了，但风险极大，然而福勒很积极地去做这件事并成功了。后来他是这样告诉别人的：

"我心中有数，知道当时的情况太冒险。我从客户、朋友、信贷公司和投资集团那里获得了援助。在第 10 天的前夜，我已筹集了 11. 5 万美元，但还差 1 万美元。我怎么也没有办法了，真要命！那时已是深夜了，我在幽暗的房间里一遍又一遍地做祷告，渴盼奇迹出现。可是我知道奇迹之说是骗人的，于是毅然走出房门，我要再找找，仔细地搜寻。夜已深了，我沿芝加哥 61 号大街走去。走过几条街后，我看见一所承包商事务所亮着灯光。我激动地走了进去。在那里，写字台旁坐着一个看起来因为经常熬夜工作而疲乏不堪的人。我一下子放松了许多。我好像有点认识他，我意识到自己必须勇敢些，再勇敢些。”

“‘先生，您想赚一千美元吗?’我直截了当地进入话题。”

“这话使得这位承包商吓得向后仰去。‘是，亲爱的。’他答道。”

“我一听见‘亲爱的’这个词，立刻就愉快了起来。‘那么，亲爱的，请给我开一张1万美元的支票；当我奉还这笔借款时，我将另付1000美元给你。’我对他诚恳地说。接着，我就把其他的借款单给这位亲爱的承包商先生看，并详细地解释了我这次商业冒险的具体情况。有了这家公司，以后的一切自然都顺利了。”

福勒先生最后向人们强调的正是：一定要树立积极的心态。

卡耐基有句名言：心态决定行为，行为决定习惯，习惯决定未来。一个人有什么样的心态，就会表现出什么样的行为。积极的人像太阳，每天都充满热情和活力；消极的人像月亮，时好时坏，时阴时晴，而消极的情绪往往会传染给其他人，破坏整个团队和企业。

一个好员工必备的素质，除了技术要过硬，学习能力和工作能力强等以外，更重要的还要有一个良好的心态。保持一个良好的心态，是我们在职业生涯中取得成功、持续成功的关键。心态将直接影响我们的斗志和对工作投入的程度。

第五节　让“要我做”变为“我要做”

永远不要把“要我做”当做工作的前提。高绩效最喜爱“我要做”的那类人，并乐意为其效劳。

什么是自动自发？自动自发就是不用别人告诉你，你都可以出色地完成工作。这就是优秀员工之所以优秀、绩效之所以高的最根本原因。

成功是一种努力的积累，那些一夜成名的人，其实在获得成功之前，已经默默地奋斗了很长时间。任何人，要想获取成功都要经过长时间的努力和奋斗。要想获得最大的成功，你必须永远保持自动自发的精神，哪怕你面对的是多么令人感到无趣的工作，这么做才能让你获取最高的成就。

消极被动的员工，总是把工作当成“要我做”的事情，而自动自发的员工则会把工作当成“我要做”的事情。所以，永远不要把“要我做”当做工作的前提。高绩效最喜爱“我要做”的那类人，并乐意为其效劳。鉴于此，你必须像优秀员工那样，变“要我做”为“我要做”。无论面对的工作多么枯燥乏味，“我要做”的主动精神都会让你取得非凡的业绩。

但“自动自发”不是某些人所理解的强出头、富于侵略性或无视他人的反应。自动自发的人反应更敏锐、更理智，更能切合实际并掌握问题的症结所在。因为只有抓住了问题的症结所在，并积极主动地解决，才能取得好的业绩。

自动自发型员工的“积极主动”，往往灌注于工作的点滴之中。也正因为如此，他们的工作能力才日益增强，工作业绩才得以不断提高。总的来说，自动自发型员工的积极主动性主要体现在以下几个方面：

1. 认真全面地了解公司

认真全面地了解公司是做好工作的基础。它主要包括公司的目标、使命、组织结构、销售方式、经营方针、工作作风等。主动使自己像老板一样了解所在的公司，可让你在今后的工作过程中采取的行动更准确、效果更佳。

2. 不要等待上司下命令

如果你习惯于“等待命令”，那么你首先就会从思想上缺乏工作积极性而降低工作效率；其次，你还会养成“有所为，有所不为”的工作态度，或者只做你喜欢的工作。一个人一旦被这些消极思想左右，任何时候，他都很难要求自己主动去做事。即使是完成一项上级一再交代的工作，他也会想方设法去拖延、敷衍。事实表明，“等待命令”是对自己潜能的“禁锢”，从一开始就注定了自己平庸的结局。

3. 主动找事情做

工作中不让自己闲下来，主动找点事做，你就能更加完善自己，从而在工作中提高自己的工作能力。优秀的员工每当完成一项工作时，总去翻工作日记，问自己是否所有的目标都已达到，有什么项目需要加上去，还需要向别人学习什么，以使自己的工作能力得到提高。总之，中人在闲暇的时候主动出击，你就能争取到更多的机会，不断提高自己的经验和能力。

4. 承担自己工作以外的责任

许多著名的公司管理者认为，一个优秀的员工所表现出来的主动性，不仅仅是能坚持自己的想法，并主动完成它，还应该主动承担自己工作以外的责任。

小王在一家商店工作时，一直自我感觉良好。因为他总能很快做完老板布置的任务。一天，老板让小王把顾客的购物款记录下来，小王很快就做完了，然后便与别的同事闲聊。这时老板走了过来，扫视了一下周围，然后看了一眼小王。接下来老板一言不发地开始整理那批已经被顾客预订的货物，然后又把柜台和购物车清理干净。

这件事深深震动了小王，他瞬间发现自己一直以来是多么愚蠢，他明白了一个人不仅要做好本职工作，还应该主动地再多做一些，哪怕老板没要求你这么做。小王观念的改变使他更加努力地工作，他由此学到了更多的东西，工作能力突飞猛进，最终当上了公司的副总。

5. 主动提建议

也许你的老板或同事处理事务的方式效率不高，而他本人并未察觉或不知如何改进，这时，如果你有好的主意，就应该主动地提出来。主动提出合理化的建议，不但可以为你赢得好人缘，更有利于你与同事的合作，提高工作效率，进而推动整个组织绩效的提高。要做到这一点，你必须主动了解和学习公司业务运作的经济原理，多问自己为什么公司业务会这样运作，公司的业务模式是什么，如何才能赢利……主动关注整个市场动态，分析竞争对手的错误症结，可以避免思维的定式，从而提高你的工作能力。

第六节 把握当下，快速行动

“人世难逢开口笑。不如意事常八九。”忧愁烦恼，作为自然的心理反应，在所难免，但切不可沉溺其中。人需要尽快调整心态和情绪，采取积极的行动来改变已遭破坏的生活。当你从困境中走出来，再回头看时，会发现当初似乎要压垮你的困难，不过是一片乌云而已。

有一句话说得好：“人生得意须尽欢，莫使金樽空对月。”当你快乐时，不妨尽情地享受快乐，珍惜你所拥有的一切。而当生活的痛苦和不幸降临到你身上时，你也不要怨叹、悲泣。

有人只要身处逆境就会一味地抱怨，长期沉溺其中不能自拔，终日被泪水和无奈的情绪包围。其实，仔细想来，抱怨、折磨自己又有何用？只能徒增自己的痛苦，让自己坠落得更深、更惨罢了！遇到困难，与其痛苦地哀叹，不如放松心情，想办法解决问题。

一个人倘若总是处在痛苦、压抑、烦躁的心态之中，那么，即使不得癌症，也会疾病缠身；然而，如果一个人以积极的心态去对待疾病。哪怕是绝症，心灵的无穷潜力也会被激发出来，从而坦然接受现实，并努力地改变它，奇迹可能就会由此发生。

某肿瘤医院近来接连死了两个癌症患者。这使医院的气氛显得压抑而沉重。许多住院病人情绪低落，有的茶饭不思，有的不肯打针吃药。负责这些病人的主治医生很着急，连忙向心理医生求助。

心理医生作了细致深入的调查，他发现很多病人都认为癌症是绝症，无药可治，故此伤心失望。于是，他针对病人们消极的心理编了一套“不必伤心”的劝说词：“癌症并非不治之症。患了癌症有两种可能：一种是早期患者，一种是晚期患者。早期患者可以根治，你不必伤心。晚期患者也有两种可能：一种是经过治疗可以治愈，一种是一时未能治愈但还能活上几年。可以治愈的当然不必伤心。能够再活几年的也有两种可能：一种是今后随着医学技术的发展可使症状缓解，存活期延长；一种是到时确实医治无效而死。存活期延长的不必伤心，医治无效嘛……不必伤心，因为你已经死了，还有什么可伤心的呢?”

听到这里，病人们“扑哧”一声笑了起来。于是，笼罩在病房里的阴霾就这样被驱散了。

很多时候，我们就是因为爱钻牛角尖，把问题想得太悲观而看不到其积极的一面，从而增加了不少烦恼。与其痛苦地哀叹，不如放松心情，想办法解决问题。

曾经有这样一个故事：战争中，敌机把家园炸成了废墟，许多人在那里痛哭流涕，悲痛欲绝。而唯有一个男子，默默地从废墟中捡出一块砖又一块砖，放到一边——这是重建家园所需要的。他的行动影响了众人，大家不再哭泣，也默默地捡起来。

不错，生活中我们会遇到许多次低潮，忧愁会成为生命中一时难以承受之重。要祛除这沉重，达观安然的哲学态度是一剂良方；另一剂良方就是行动，行动可以有效地转移你的注意力。用行动去积极地改变你的现状，行动会使你找回自信和力量，行动也会直接产生实际成果，从而更加鼓舞你。

总之，在挫折面前你应有的态度是：驱散忧愁的乌云，坦然地应对生活中的一切变故。

当我们的生命滑向低谷时，让我们庆幸吧，庆幸自己终于有时间思考了，终于有时间好好审视自己走过的路了。仔细想想，自己的生命之路哪一步走歪了，哪一步走慢了，哪一步一落千丈走得不稳了。然后，积蓄你的力量，伺机待发，生命的下一个辉煌定会属于你！

第七节 不要固守自己的界限

一个人追求的高度决定了他人生的高度，如果他为自己固定了界限，那么他将永远无法超越这个高度。

余秋雨先生曾说："人生的追求，情感的冲撞，进取的热情，可以隐匿，却不可以贫乏，可以浑然却不可以清淡。"人的追求在哪儿，他的人生也就在哪儿，一旦在心里为自己预设一个有限的高度，你的人生就只会在一个小圈子里打转。

一位科学家曾经做过这样一个实验：他往一个玻璃杯里放进一只跳蚤，发现跳蚤立即轻易地跳了出来。再重复几遍，结果还是一样。跳蚤的弹跳力是惊人的，跳的高度一般可达它身体的400倍左右。

接下来科学家再次把这只跳蚤放进杯子里，不过这次立即在杯上加一个玻璃盖，"嘣"的一声，跳蚤重重地撞在玻璃盖上。跳蚤十分困惑，但是它不会停下来，因为跳蚤的生活方式就是"跳"。一次次被撞，跳蚤吸取了"教训"，它开始根据盖子的高度来调整自己跳的高度，再一阵子以后呢，发现这只跳蚤再也没有撞击到这个盖子，而是在盖子下面自由地跳动。

后来，科学家把这个盖子轻轻拿掉了，它还是在原来的这个高度继续跳。三天以后，他发现这只跳蚤还在那里跳。

一周以后发现，这只可怜的跳蚤还在这个玻璃杯里不停地跳着，但是它已经无法跳出这个玻璃杯了。

生活中，有许多人也在过着这样的"跳蚤人生"，年轻时意气风发，屡屡去尝试成功，但往往事与愿违，屡屡失败。几次失败以后，他们不是抱怨这个世界的不公平，就是怀疑自己的能力，不再敢跳上新的高度了，结果错过了最大的成功。

感到精力充沛，长久保持年轻；偷懒时，会感到畏难苟安、毫无生气，如同行将就木的老人一样。人若到了忙得不可开交时，就觉得生命充实、有意义。当忙碌的一天结束时，他心中就有今天工作得很不错的一种满足感和成就感。

积极进取的年轻人常说:“如果我用尽心力忙了一天，到了下班后，依然还觉得兴奋，连一杯苦涩的咖啡，我也会高高兴兴地喝。”

工作忙得不可开交，就是让自己有干劲、有活力、充满自信的最好方法。

第八节　抱怨走开，成功就会属于你

我们无论处在多么艰难的境地，都不要失去信仰，不要怨声载道，而应在苦难中打磨我们的意志和毅力。只有这样，成功才会属于你。

有人说，苦难是一笔财富。对于在苦难面前一筹莫展、只会叹息的人来说，苦难是无边无际的海；而对于那些勇敢地战胜苦难的人来说，它则能成为财富。

他从 4 岁开始便与苦难为伍，直到死依然没有摆脱苦难的纠缠。可他在苦难中没有失去人生的信仰，最终使自己在苦难中脱颖而出。

他长期把自己关禁起来，疯狂地练琴，每天要练 10 至 12 小时。忘记了饥饿与死亡。

他 13 岁时，开始周游各地，过着流浪的生活。除了小提琴，他一无所有。

他还在指挥艺术上苦下工夫，并创作出《随想曲》、《无穷动》、《女妖舞》和 6 部小提琴协奏曲及许多吉他演奏曲。

15 岁时，他举办了首次音乐会，一举成功，轰动了整个音乐界。他的声名传遍法、奥、德、英、捷等很多国家。

帕尔马首席提琴家罗拉听到他的演奏惊异得从病床上跳下来，木然而正。

维也纳一位盲人听到他的琴声，以为是乐队在演奏。当得知台上只有一个人时，大叫“他是个魔鬼”，匆匆逃走。

卢卡共和国宣布他为首席小提琴家。他就是世界著名超级小提琴家——帕格尼尼。

由于他从来不抱怨命运对他的折磨，因而苦难最终也没能打倒他。相反，他在苦难中成长为音乐界巨人。

帕格尼尼的故事告诉我们：世间没有永远荒芜的土地，没有永远干涸的河流，没有永远灰暗的天空，没有永远沉寂的山峦。只要你不怨声载道，不愤世嫉俗，土地再荒芜，也不会拒绝一锄一镐的耕耘；河流再干涸，也不会藐视涓涓细流的会聚；天空再阴霾，也不会永远遮挡住阳光的挥洒；山峦再沉寂，也不会阻挡莽莽绿色的蔓延。

索伦说：“你想逃避你的不幸，但你若知道别人承受的苦难，就不会再抱怨了。”当你了解了帕格尼尼所遭遇的不幸和经历的苦难后，你还会因为失掉一份本该属于你的工作而惋惜、哀叹吗？你还为你一时的失误被别人诈取了钱财、欺骗了感情而痛苦难耐吗？你还为因别人略施手脚而被排挤出局而怨声不迭吗？相比之下，这些只不过是人生必须经历的波折而已，我们无须为此而牢骚满腹。

第三篇

CHUSHISANBU

BUSHENGQI

BUBAOYUAN

BUZHETENG

不折腾

第一章　“不折腾”中的非凡智慧

“不折腾”并不意味着减少自己成功的次数，或者是减慢走向成功的步伐，恰恰相反，“不折腾”可以帮助人们从烦琐无绪的小事中挣脱出来，少绕弯子以最快的步伐和最近的路途大步迈向成功。

第一节　不折腾是一种智慧

不折腾者懒得接听电话，懒得参加让人犯困的会议，懒得写又长又晦涩的报告，更懒得做琐碎的事务工作，却有着斐然的工作业绩，他的这种特殊才能让所有人羡慕。但是有些不折腾者仍然不得不上班（如果可以不上班的话他会非常高兴），至少每周必须有几十个小时在办公室度过。在这些时间里，不折腾者都在做什么？

亨利·福特曾经聘请一个效率专家来检测福特汽车公司的业绩表现。这位专家的报告中洋溢着赞美之词，只是对其中一个员工存在很大的疑惑。他告诉亨利·福特：“那间办公室里的那个不折腾者白拿钱不干事。

每次我经过那间办公室时，总看见他把脚搁在办公桌上悠闲地晃荡。”

亨利·福特回答道：“那个人曾经想出了一个让我们节省数百万美元的好主意。每当他正在想一些好主意的时候，他的脚就会那样放着。他不是个勤奋的人，但却是我最好的员工。”

在办公室里，很难见到不折腾者忙碌的身影，但不折腾者的智慧不可小觑，懒惰是一种特殊的才能。当不折腾者悠闲地边喝茶边看报纸时，他的目光不放过任何一条能够带来商机的消息；当不折腾者“漫无目的”地在办公区徘徊时，眼角的余光迅速地扫描所有人员的工作状态；当不折腾者懒洋洋地在键盘上敲打报告的时候，他高速旋转的大脑能够在最短的时间内总结出极有针对性的观点和意见，让领导称赞，同事羡慕。

聪明的不折腾者并不是智商最高的，但他却能充分地调动自己的智力资源，帮助自己高效地解决工作中遇到的难题。

一百多年前，一位工厂主命令一位名叫汉佛莱的少年看守一台让人讨厌的蒸汽发动机。他的工作简单、重复而且极其枯燥——当操纵杆落下的时候把蒸汽机内的废气放出来。年少的汉佛莱希望把更多的时间用来玩耍，于是他想办法在机器上加了几条铁丝和螺栓，使阀门可以靠这种连杆自动开关。

这样一来，他不但可以大胆地去玩，而且将发动机的效率提高了一倍。因为想要偷懒，使他成功地发明了往复式活塞发动机。

事实上，人类的许多发明创造正是源自这种“不折腾者”想法。所以才有了“不折腾者推动了历史的发展”的说法。拥有特殊的才能，使得聪明的不折腾者最适合当领导，因为领导的本质是做正确的事，而不是做更多的事。

聪明的懒惰更是一种境界，要想每个人都能“懒”得恰到好处并不容易。在我们身边，具备这种特殊才能的人，平时看起来非常悠闲，每周用在工作上的时间似乎也非常短，但老板却愿意支付给他们很高的薪水，并且对他们赞赏有加。这些员工的特殊才能就是：擅长学习充电，用智慧去观察、分析、寻找市场中新的发展机会；善于发现企业中存在的问题，找出企业管理的弊端，提出建设性意见，遵守规则并坚持原则；立足部门所辖业务，努力钻研业务，通过对各种新知识、新理念、新观念的学习，保持思路开阔，思想常新。而那些“旋转的陀螺”却沉溺在永远也干不完的工作中，神情麻木、目光呆滞。如果你不想继续这种乏味的、毫无乐趣的、劳累的生活的话，学习这种特殊的才能其实比想象的容易。

如果你能用同样的时间完成别人无法做到的事情，用一个绝妙的主意为老板分忧，你一定会得到老板的重视和奖赏。因为每一个老板都珍惜员工那种为企业解决更多问题或创造更多价值的特殊才能。所以，既然你已经知道了聪明的不折腾者的成功秘籍，就赶快行动起来，投身“不折腾者一族”吧！

第二节　解读不折腾的人

聪明的不折腾者，并非传统观念中的好吃懒做之徒，他们凭借着敏锐的触觉和特殊的才能，在时代的发展中把握住适合自己的机会，用一种更轻松、更快捷的方式来取得成功。做聪明的不折腾者：顺应时代的发展

在通往事业成功的道路上，有很多机会会主动敲响你的门。那些职场中的“蚂蚁”，总是忙碌着做各种工作，等待机会自己推门而入，殊不知机会是需要敞开大门来迎接的——因为门闩在你这一面。勤劳的“蚂蚁”们，请放下手边的工作，花几分钟安静地读一读下面的寓言故事，或许会带给你一种崭新的观念。

灶王爷腊月二十三回到仙界，他向玉帝汇报人间的情况之后，意味深长地说：“不知财神赵公明兄忙些什么，连人间疾苦都不关心，那些辛勤工作的人忙碌终年却无财运，以致抱怨终生，长此以往，不利于天庭安

定啊！”

玉帝听闻此事关乎民间的稳定团结，便下旨召财神赵公明上殿觐见，灶王爷在一旁垂手侍立。赵公明来到殿外，向守卫士兵询问了被宣召的原因，不慌不忙地上殿参拜玉帝去了。

玉帝一见财神，含笑问道：“爱卿近来闲云野鹤一般游历人间，可有什么新鲜的见闻？”

赵公明一笑，躬身道：“臣发现如今的凡人虽勤谨劳作，却天生命中无财。”

“我看财神是在用封建宿命论混淆玉帝的视听吧。”灶王爷冷笑着说，“我就不信你把宝摆在勤劳的人面前，他还能视而不见。”

玉帝眼见两位臣子要起争执，遂安抚道：“不如财神当面演示一下以为证实？”财神和灶王听玉帝传了口谕，亦不好再争。

玉帝与财神、灶王来到能显现凡间生活的巨大岩石边，施展法力，光滑的岩石面上立时显出一间办公室，办公室里的中年男子正忙得焦头烂额，一会儿接电话，一会儿写报告，一会儿又和同事商量方案，下班之后还不能回家，在办公电脑前统计着数据，真可以称得上是办公室里最勤劳的人。

灶王爷补充说：“这位老张是公司的老员工，工作踏实勤恳，但是事业上始终没有飞跃。”

“那好，我现在就送他一锭金子，以示补偿。”财神眯起眼睛，大笔一挥，在他办公室的资料柜里出现了一块体积不大却闪闪发亮的金子，只待他打开柜子就能囊入怀中。然而老张始终埋头于办公桌上的资料，无暇顾及其他。灶王爷和玉帝正着急呢，只见老张终于抬起头休息一会儿。可没一会儿，他又拿起手机大声讲起话来：“老王啊，我是老张，最近新产品的销量并不太好，你说怎么办啊？销售情况统计出来，让我头疼啊，真不知道是技术部的问题还是销售环节的问题……”说着说着，他匆匆走出了办公室，去查看新员工的培训情况。

“老张确实全心工作，放在眼前的金子也看不见。不过，勤奋归勤奋，我看他在工作上未必得法，缺乏解决问题的能力。”财神笑吟吟地望着灶王，灶王也无话可说。

他们话音未落，办公室又走进来一位年轻男员工，他迈着轻快的步子走到资料柜前，边打开柜子边嘀咕：“老张说的历史销售记录和售后回馈资料都在这里，我建议他分析一下，可能会找到解决最近业绩不佳的办法，他还不相信，看我的。”

“这怎么有一块金子？”年轻人正好看到资料柜里的金子，喜得笑逐颜开，“看来我的想法是没有错的，连老天都给予奖励。不过，还是先问问这金子是不是老张的摆设吧。”说着，把金子揣进兜里，找到需要的资料后离开了办公室。

“这，这……这个年轻人在办公室只知道上网和打电话，从来不加班，有时甚至不来上班，怎么能把金子给这样的不折腾者？”灶王气得两眼圆睁，望着财神和玉帝。

“嘿嘿，灶王爷虽然深知民间生活情况，但是在事业上却不够与时俱进。时下流行做‘聪明的不折腾者’，你别看那年轻人整天懒洋洋的好像不工作，其实他上网的时候是在搜集和分析产品销售情况以及竞争对手的资料；打电话是和技术部门、售后服务部门进行沟通，现在他已经拿出一份非常可行的产品修改报告和新的销售方案，又从历史的数据中寻找到更有利的支持，实施起来对销售的业绩提升大有帮助啊。老张工作勤劳值得肯定，却缺乏思考，多年以来业绩平平，更难机智地应对危机，如何谈到事业的飞跃呢。”财神捻着胡须，不紧不慢地说。

玉帝点头表示同意，灶王也无话可说，只是回到凡间，私下里开始了针对“聪明的不折腾者”这一群体的调查。

寓言中的老张固然勤劳，却错失了更多思考问题的时间、忽略了更关键的问题，这些是不是勤劳的你此时正在犯的错误呢？

与“勤”相反，“懒”这个字的应用大多含有贬义：“不勤快”谓之

"懒惰"，"无精打采"谓之"懒散"，"不爱劳动和工作的人"谓之"懒汉"……多少年来，为了不被冠以"懒惰"的"恶名"，我们一直兢兢业业地学习和工作，而且从来不会把成功与"不折腾者"联系在一起。在公司里，上司欣赏、赞扬的也是那些勤奋劳作、经常加班、埋头苦干的"工作狂"，如果有人说你是一个"不折腾者"，那就等于谴责你人格有缺陷。

时下，社会的发展使人们越来越关注效率和成果，于是，"新不折腾者主义"悄然兴起。20 世纪 90 年代以后的美国，许多员工开始以不同的眼光看待工作。在美国，第一次有人说他们生活中重要的事情是休闲而不是工作。1985 年，选择工作的人是 46%，而选择休闲的人是 33%。1990 年，在洛佩尔媒介调查公司（Roper Organization）所做的民意调查中，41% 的人选择休闲作为生活中最重要的因素，而只有 36% 的人选择工作，这一数据很有意义。研究表明，要求过宁静、悠闲生活的人的数量正在增长。为了从压力和疲惫中解脱出来，人们正在成批地离开企业。20 世纪 90 年代那 10 年是雇员们试着从拼命工作中解脱出来的 10 年。他们或者是完全放弃了工作，或者是接受了比较具有选择性的工作，使自己能在工作和休闲之间进行平衡。好几份报纸已经报道，沉迷于工作是过时的，休闲才是时髦的，自由时间是 20 世纪 90 年代一个主要的社会特征。

优秀而专注的"不折腾者"用高效的业绩为自己恢复名誉——做得好远胜于做得多。所谓"聪明的不折腾者"并不是指那种不爱动脑的、能凑合的、没有效率的不折腾者。恰恰相反，我们并非真的懒惰，我们也有我们的热爱，我们无比投入的样子，也是那样迷人。只要你耐心地审视一下著名的企业领导者、发明家，会发现其中的"不折腾者"为数不少。"新不折腾者主义"信奉的是以具有效率的懒惰为工作增添价值。事实上，选择成为一个聪明的不折腾者，你就能成为一个顶尖人物而不需要牺牲大量的休闲时间。许多著名作家长时间伏案写作，不但辛苦，作品也并非本本如意。而大作家毛姆每天只工作不到四小时——他在早上 9：30 开始写作，下午 1：00 结束工作。午餐前享用一杯马提尼酒；午餐后，他就完全不做任何与工作相关的事情，但这并不妨碍他的书登上畅销榜首。同样，虽然咨询顾问、律师、工程师、医生都以长时间辛苦工作著称，但这些职业中并不是每个人都遵循这个定律的，有一小部分人每个星期只工作 30 ~35 个小时，也有着相当体面的收入，他们依靠的不是辛苦工作，而是靠开办自己的事务所，并有效地管理。

同样，余世维《成功经理人讲座》中谈到了一个非常有趣的现象，说东芝工厂有位高级主管，每天上班就是爬楼梯、喝咖啡、看报纸，然后下班，如此日复一日，年复一年。而这个人也是很认真、辛苦地干过来的，但是一旦干到主管，就轻松了，因为做主管要时刻保持自己的头脑处于清醒状态，绝对不能每天忙得晕晕的做一些琐碎的事情，而是要保证整个部门的大方向的发展和宏观的调控。

从勤劳到懒惰的转变，显示着这位主管的工作已经上升到高级领导者的高度。许多人也承认聪明的不折腾者适合成为公司的领导。某日，一位老板与朋友聊天，说一个公司大概分以下几种人：聪明的不折腾者、聪明的勤快人、笨的不折腾者、笨的勤快人。他说："聪明的不折腾者适合当老板，负责决策，他能找到最有效最直接最省力气的发展方向；聪明的勤快人做管理者，负责执行决策；大多数的员工都是笨的不折腾者，必须加以督促和指引，才能够顺利地完成工作，其中有些人可以培养成聪明的勤快人，成长为管理者；最怕笨的勤快人，添乱。"简短的话语，概括了一个人在职业生涯里的几个阶段。所谓事业有成，无非是将自己变成一个聪明的不折腾者。

时代变革，工作对人们的意义已经发生了重大的变化，随之变化的是人们对待工作的态度。每个人的生命只有一次，而工作是永远做不完的，偷懒一下又何妨？人应当聪明地工作而不是努力地工作，那些"懒惰的成功者"才是真正会工作、会生活的人，也才是真正意义上的成功者。

你看，因为懒得走路，人们创造了汽车；因为懒得去拜访别人，人们发明了电话；因为懒得起身按键更换频道，人们制造了遥控器……每项发明似乎都成就了人类的“懒”，现代文明是聪明的不折腾者创造的，未来更是新不折腾者主义时代。聪明的你，还不停下匆忙前行的脚步，用自己的智慧创造一个又一个“懒思妙想”。

第三节　不折腾名人

“新不折腾者主义”的兴起并非源于一句空喊的口号。认真地阅读诸多成功者的履历，你会发现其中很多人用实际行动颠覆了勤奋工作的概念——他们用智慧创造出捷径，以帮助全世界的人以“偷懒”为手段获取巨大财富和声望，他们是所有聪明不折腾者的楷模。

1．比尔·盖茨

在个人电脑广泛普及的今天，必须提到一个响亮的名字——比尔·盖茨。比尔·盖茨的成功极富美式英雄主义色彩，他不仅是商业达尔文主义和全球资本主义联姻下的奇迹，更是自由竞争和市场强权双重杠杆游戏下的神话。他的不折腾者计算机操作系统 Windows 把人们从复杂的电脑操作中解放出来，也让他几乎在一夜之间登上了电脑帝国的王者之位。

1973 年，年轻的盖茨还是赫赫有名的哈佛大学法律专业的高才生，他学习并不勤奋刻苦，更谈不上成为老师眼中的好学生，甚至懒到连书都不读。一直以来，他都把自己的精力放在计算机上。作为同学眼中的“怪人”，他常常“犯懒”，上课睡觉是常事，有时几天几夜不合眼，回到寝室随便裹着电热毯睡一下，这种习惯一直保持到今天。

1974 年，第一台个人电脑诞生。在此之前，电脑在普通人心目中是高不可攀的，只有那些掌握着科技知识的工程师和科学家才能自如地操作。不过，这条消息给平时学习疏懒的盖茨极大的震动。当时正是严冬时节，天气寒冷，他的心中却酝酿着一次巨大的风暴，他知道，自己的机会来了。在顺利地完成 Basic 编码程序的工作之后，他终于和同伴成立了自己的公司。

拥有自己公司后的盖茨今非昔比，首先他们拥有了自己的技术——Basic，其次拥有了实力和经验。盖茨将公司命名为微软，即微型计算机和软件公司的缩写。其后不久，著名的通用电气公司也决定使用 Basic，微软从此声名大噪。

计算机是为不折腾者准备的工具，但其操作不便阻碍着普通人的使用。机敏的盖茨看到这一契机，于 1990 年 5 月将微软公司卧薪尝胆研制七年之久并经过多次改进的 Windows 3.0 电脑操作系统隆重推出。这个成熟的窗口软件获得了空前的成功，它的问世，标志着个人电脑领域新一轮革命已经开始，具有划时代的意义。在 Windows 3.0 的发布会上，比尔·盖茨懒得大吹大擂，他只是平静地介绍了 Windows 3.0 版的目标：为用户提供图形化的、易于使用的界面。但是，这已经足够了，Windows 3.0 版恰恰是由于其“图形化”和“易于使用”的特点，受到千百万“不折腾者”用户无比热烈的欢迎。可以说，是 Windows 3.0 的问世，把比尔·盖茨和微软公司推向了成功的巅峰——盖茨成为了全球闻名的“软件大王”。

如今微软已成为了工商业内的帝国，除了 PC 操作系统和办公软件外，还涉足个人财务软件、教育软件及游戏软件、网络操作系统、商用电子邮件、数据库及内部网服务器软件、手持设备软件、网络浏览器、网络电视、上网服务以及几十万个不同的万维网站。比尔·盖茨用自己聪明的头脑轻而易举地同化了全世界相当一部分计算机用户的操作系统——成千上万的电脑上闪烁着“小窗口”的光芒，懒得输入命令，那就用鼠标点击；懒得把电脑搬去请人维修，那就使用远程维护。Windows 为成千上万的不折腾者提供了便利。

无论是对我们每个人还是对世界，比尔·盖茨都绝对是一个不折腾者的奇迹。他在短短二十多年的时间里创造的财富比传统的汽车大王、石油大王、钢铁大王和金融巨头在两百年时间里创造和积累的家族财富还多。

尽管人们对他褒贬不一，尽管他官司缠身，但历史已经给他留下了重要的位置，尤其是在计算机的发展史上。他的财富、他的奇特的创业道路、他创造的“微软”帝国，都是人们津津乐道的话题。现在的时代已经是一个“电脑”化的时代，从某种程度上来说，比尔·盖茨用他“懒惰”的计算机软件统治着整个世界。

2. 托马斯·阿尔瓦·爱迪生

华灯初上，你结束了一天的工作回到家中。走进家门，你摸索到墙上的开关按下，头顶处柔和的灯光倾泻而下，让你的心头一亮。在温和灯光的抚慰下，你换上宽松居家服装，放一盘古典音乐光盘，让一天的疲惫随着舒缓的音乐渐渐流淌消散。休息之后，你拿起沙发旁的电话，给远在家乡的父母报个平安，父母关怀的声音从遥远的另一端传来，真切地在你的耳边回响。此时，你有没有想到，我们应该感谢一位伟大的发明家，是他天才的头脑让我们能够如此慵懒地享受音乐的放松以及通信的便利。他就是爱迪生。

托马斯·阿尔瓦·爱迪生（Thomas Alva Edison）是举世闻名的电学家和发明家，他一生共有约两千项创造发明，为人类的文明和进步做出了巨大的贡献，特别是在留声机、电灯、电话、电报、电影等方面的发明更将人类带入了崭新的生活空间。

当有人称爱迪生是个“天才”时，他却解释说：天才就是99%的汗水加上1%的灵感。殊不知这一句话却欺骗了一代又一代人——爱迪生其实是个不折不扣的不折腾者。有一次，研究工作需要计算灯泡的体积，便交给助手阿普顿完成。阿普顿毕业于普林斯顿大学数学系，他常讥笑爱迪生是个只会瞎摆弄的“莽汉”。助手接到这项工作后，表现出高度的勤恳。他拿着灯泡看了看，觉得灯泡应该是梨形的，心想，虽然计算起来不容易，但难不住我！于是阿普顿拿出尺子上下仔细地量了量灯泡，并按灯泡画了张草图，然后列出一大堆密密麻麻的算式。他算得非常认真，脸上都渗出了汗珠。几个小时过去了，桌上堆满了算过的稿纸。又一个小时过去了，爱迪生来看他算好了没有，阿普顿边擦汗边说："快了，算了一半多了。"爱迪生提示他说："还是换个更简单的办法试试吧！"阿普顿头也不抬："我这个办法是最简单、最精确的，你还是等着看结果吧。"

看到助手忙碌的身影，爱迪生拿过灯泡，放进洗脸池中，让灯泡灌满了水，然后把灯泡里的水倒入量筒。助手这才恍然大悟，爱迪生的办法才是简捷而精确的！将水灌入灯泡，灯里水的体积和灯泡的体积是一样的，再将水倒入量筒，也就量出了灯泡的体积。

简单精确的偷懒方法，在爱迪生的工作过程中常常出现。这位世界上最伟大的"聪明的不折腾者"用自己极富创造性的头脑思考出电话、电报，把人类从极为耗费人力和时间的通信方式中解放了出来。

爱迪生的成就除了归功于他的创造性才能，更重要的是他善于运用集体的力量，而并非一味埋头苦干。在他的"发明工厂"里，不同专业的科学家、工程师、技术人员、工人共一百多人，爱迪生的许多重大发明就是靠这个集体的力量才获得成功的，而那位勤劳的助手，却只能被湮没在岁月之中。

3. 肯德基创始人山得士上校 VS 麦当劳兄弟

即使我们崇尚"新不折腾者主义"，也不意味着不折腾者不食人间烟火。俗话说，民以食为天，再懒也不能饿着肚子。让不折腾者下厨房煎炒烹炸，除非他今天心情大好。那就去饭馆解决吧！什么？吃一顿饭也要花上个把小时，我们的不折腾者不乐意了。这时，电视中一阵欢快的乐曲响起："更多选择更多欢笑就在麦当劳。"不折腾者一见，顿时眼冒金光。

洋快餐这几年在中国的发展势头迅猛强劲，锐不可当地冲击着我国传统餐饮行业。一家家店铺势如破竹，开在大中小城市的繁华住宅、商业街、校园附近、写字楼之间，其密度可以用随处可见来形容。洋快餐为什么这么火？关键在于：方便快捷。走进餐厅，排队、点餐、付钱、取食品，整个过程通常不超过 10 分钟（在一些特别火暴的店铺偶尔延长）。如果您不想在这消磨时光，一份套餐最多 20 分钟就可吃完；如果不折腾者懒得等候座位，还可以把食物打包带回家享用。

再看看麦当劳、肯德基的经典食物——汉堡，不外乎两片面包夹一块或炸或烤或板烧的肉饼，添上些生菜青椒沙拉酱便大功告成，比起中国传统烹饪工艺中的煎炒烹炸炖煮焯的烦琐实在是简单得不能再简单了。然而正因为烹调的简单，免去了吃中餐那份漫长的等待。快餐的“快”超乎寻常的大得人心，无论是上班族、学生族还是家庭聚会，它都成了不折腾者的最佳选择。

洋快餐的发明者，当之无愧为“聪明的不折腾者”，他们紧紧抓住了人们追求快捷和新鲜口味的饮食动向，用最普通的材料、最简单的工艺为自己赚得钵满盆溢。

1890 年出生的肯德基创始人山得士上校年轻时做过各行各业的工作，包括铁路消防员、养路工、保险商、轮胎销售及加油站主等，一直勤勤恳恳却毫无建树，最后终于在餐饮业的“偷工减料”上找到了事业的归宿。当他在肯德基州经营加油站时，为了增加收入，自己制作各种小吃提供给过路游客，生意由此缓慢而稳步地发展。等待加油的人一般比较匆忙，没有太多的时间用餐，他的快餐正好迎合了消费者的需求；他烹饪美餐的名声也吸引了过往的游客，故肯德基州长于 1935 年封他为肯德基上校，以表彰他对肯德基州餐饮业的贡献。上校最著名的拿手好菜就是他精心研制出的炸鸡——经历了十年的调配，才得到了令人吮指回味的口感。当上校 66 岁之际，他开着自己 1946 年的福特老车，载着十一种独特的配料和得力助手——压力锅，开始了新的征程。他到印第安州、俄亥俄州及肯德基州各地的餐厅，将炸鸡的配方及烹饪方法卖给有兴趣的餐厅。令人惊讶的是，短短五年内，上校在美国及加拿大已有 400 家连锁店。

麦当劳的创始人同样经历了神奇的创业过程。1937 年麦当劳兄弟［理查·麦当劳（Richard McDonald）、莫里森·麦当劳（Maurice McDonald）］在洛杉矶东部的巴沙地那开始经营当时美国极其流行的汽车餐厅时，还是一个规模简陋的小餐厅，两兄弟自己煎热狗、调奶昔，准备十几把有伞的椅子，并且自行带位，雇用了3名汽车服务员负责招待停车场内车中的客人。后来，竞争压力迫使麦当劳兄弟做出了一系列“懒惰化”改革，例如：缩短服务速度以增加产量，将原来的服务员点餐模式改为顾客直接到厨房窗口自助点餐的形式；缩减菜单，将原来菜单上的25项食品减到9项；用一次性的餐具替代原有餐具，一切向着满足“不折腾者”追求简单的愿望靠拢；生产线般的食品生产及服务方式，并且严格修改了工作程序等。这些懒惰化的变革使麦当劳更受欢迎：1951年，这家小小的餐厅销售额高达27.7万美元，较变革前增长了40%；而到了20世纪50年代中期，麦当劳的收益高达每年35万美元。1952年7月《美国餐厅杂志》以封面故事介绍了麦当劳的全新的“不折腾者”经营模式，使得全美许多人都想加盟麦当劳，做麦当劳的连锁经营店。这时，麦当劳兄弟开始寻找连锁店代理人。雷·克罗克走入了这个舞台。

1955年3月2日作为麦当劳连锁店的代理人在芝加哥创立了麦当劳系统公司（McDonald's System. Inc.）后，雷·克罗克以麦当劳兄弟原先制定的麦当劳营运方式为基础，又在增进效率和系统一致的营运工作中做出了一系列变革，制订出了麦当劳连锁店连锁运营方案及机制，将麦当劳推向连锁的辉煌。

或许我们很难将一个小小的汉堡与世界闻名的商业巨子联系起来，然而事实已经真实地呈现在眼前，那就是——聪明的犯懒、机智的“投机取巧”，能帮助你轻松地在不经意间获得事业的巨大成功。

4. 毕昇

介绍了几位出色的外国不折腾者，现在请中国的不折腾者大师隆重登场。这位不折腾者依靠智慧带给中国乃至全世界一场空前的印刷变革。他就是活字印刷术的发明人——毕昇。

毕昇生于北宋年间，淮南路蕲州蕲水县直河乡，即今湖北省英山县草盘地镇五桂墩村人。起初，他只是一名印刷工人，专门从事手工印刷。在印刷实践中，他深知雕版印刷的艰难，于是他认真总结前人的经验，发明出印刷的偷懒绝招——活字印刷术。

在此之前，只有摹印、拓印和雕版印刷，既笨重费力又耗料耗时，不仅存放不便，出现错字也很难更正。而毕昇发明的活字印刷方法既简单灵活，又方便轻巧——先用胶泥做成一个个规格统一的单字，用火烧硬，使其成为胶泥活字，然后把它们分类放在木格里，一般常用字备用几个至几十个，以备排版之需。排版时，用一块带框的铁板做底托，上面敷一层用松脂、蜡和纸灰混合制成的药剂，然后把需要的胶泥活字一个个从备用的木格里拣出来，排进框内，排满即为一版，上火烤。等药剂稍熔化，用一块平板把字面压平，待药剂冷却凝固后，就成为版型。印刷时，只要在版型上刷上墨，敷上纸，加上一定压力，就行了。印完后，再用火把药剂烤化，轻轻一抖，胶泥活字便从铁板上脱落下来，还可以循环使用。

毕昇创造发明的胶泥活字，极大地提高了印刷效率。活字印刷术的发明，是印刷史上的一次伟大革命，它为我国文化经济的发展开辟了广阔的道路，为推动世界文明的发展做出了重大贡献。毕昇的胶泥活字首先传到朝鲜，称为“陶活字”。后来又由朝鲜传到日本、越南、菲律宾。15世纪，活字板传到欧洲。公元1456年，德国的戈登堡用活字印《戈登堡圣经》，这是欧洲第一部活字印刷品，比中国的活字印刷史晚四百年。从13~19世纪，毕昇发明的活字印刷术传遍了全世界。全世界人民称毕昇是印刷史上的伟大革命家。他的一时之懒将无数从事印刷工作的劳动人民从重体力劳动中解放出来，实在是中华民族不折腾者之典范。

第四节　不折腾就是破解努力工作的咒语

看完上面一节，你是否开始产生某些怀疑？没错，勤能补拙——这句神话般的励志名言从小回响在耳边。父母和老师一次次语重心长地教导我们，只要加倍地勤奋，你就不会比别人差。直到我们走入社会，想要独立地开创一番自己的事业的时候，这种信念仍然成为我们生活和工作的一个座右铭，鞭策自己非要成为一只不停旋转的陀螺才能有成就。然而事实真的是这样吗？在上文的事例中，那些著名的作家、发明家、企业家并没有陷在工作堆中，反而因为减少自己和别人的工作量获得巨大的利润，甚至名垂青史。

一位成功的企业家曾经说，企业家不是因为他们比平常人更加勤奋才拥有今天的成就，尽管勤奋也曾经是他们努力的一部分，但并不是他们能够成功的根本原因。一个人即使再勤奋，他能够完成的工作也是有限的。如果企业的领导者过于勤奋，一种情况是他们的事业才刚刚开始，另一种情况恐怕就是他们正在走下坡路。企业家不需要自己多做工作为企业赚钱，但他必须有能力让下属努力地为公司利益最大化而工作。因此，真正的成功者的时间应该放在如何最充分地利用手头资源，而不是对自己最充分地加以利用。这是成功者与普通劳动者的根本区别所在。

著名的希尔顿酒店曾经请全体员工自发评选出最勤劳的10名员工和最懒惰的10名员工。评选结果出来之后，经理将这10位“懒”员工请到了他的办公室。在经理开口之前，这10名服务员心里忐忑不安，认为经理肯定会开除自己。但是他们看到的却是经理真诚的笑脸：“恭喜你们当选本季度最佳员工！”员工们面面相觑，不知道经理葫芦里卖的什么药。

经理笑着向他们解释：“其实评选结果早已出来，我却经过了一段时间的观察才公布。在这段时间，我发现你们的‘懒惰’表现在总是一次就把餐具送到餐桌；一次就把咖啡、牛奶、方糖和勺拿给客人，甚至在客人埋单之前就准备好了账单和找零；一次就把客房打扫干净，将毛巾、拖鞋等用品准备齐全。在别人眼里你们没有整天忙忙碌碌，在我眼里却是避免了许多多余的动作，为客人和自己节省了大量的时间，这样的员工当然是最佳员工!”

这种一次性递送餐具、菜品，提前准备好找零的“懒惰”式服务在餐饮酒店业已经屡见不鲜，并且大受客人的好评，可见聪明地犯懒会给工作带来意想不到的收获。而那些被资料和文件压得抬不起头的员工，他们忙碌辛苦了一辈子只能达到温饱水平，何谈成功?

我们该换一下思维方式，打破努力工作的神话。现实早已经证明了这个真理，我们并不比自己的祖先勤劳很多，甚至更加懒惰，但现在的生活水平却是他们远远不能相比的。这要归功于什么呢?显然，勤劳并不是唯一的原因，智慧才是根本。人类智慧的进步，让我们有可能既过得舒适，又能够享受富足的生活并且摆脱沉重的劳动强度。这一切要归功于建立在这种智慧基础上的技术和效率。

打破努力工作的神话，在工作中学会适时“偷懒”，非但不会让你因此而少赚钱，相反，它会使你的生活有更多的快乐。只有善于动脑的不折腾者，才会有更多的时间去思考如何获得成功。

第五节 “不折腾”，需要眼低手高

人之所以爱“折腾”，大都由于有一个被称为“梦想”的声音在鼓动自己，大多时候，奋斗之所以变成“折腾”，在于梦想没有照进现实，而梦想之所以是一个梦，在于眼高手低。“小事不愿干，大事干不了”，是眼高手低者最容易犯的毛病。正因为只梦想做大事而又总做不成，所以才会今天做东明天做西，以至于一直在“折腾”。

所以，请停止谈论“次贷危机对中国有多大影响”，开始思考“我如何能开拓更多新业务”；请停止寻找遥不可及的那个传说中的“百万级大客户”，请开始服务好手头上几十个万元小客户；请停止批评同事的工作如何效率低下，请开始让自己所做的一切事半功倍；请停止说我想我要做什么，请开始我如何去做什么。

一个国家也好，一个企业也好，一个人也好，成功的经验有千条万条，但都离不开这一点：大处着眼，小处做起。唯有如此，才能具备成功者的基本素质，才可以征服各种各样的困难。所以无论做人、做事，都要大处着眼，小处做起。

日本狮王牙刷公司的员工加藤信三就是一个活生生的例子。有一次，加藤为了赶去上班，刷牙时太过匆忙导致牙龈出血。他为此大为恼火，上班的路上仍非常气愤。

到了公司，加藤为了把心思集中到工作上，还是硬把心头的怒气给平息了下去。他和几个要好的伙伴提及此事，并相约一同设法解决刷牙容易伤及牙龈的问题。

他们想了不少解决刷牙造成牙龈出血的办法，如把牙刷毛改为柔软的狸毛；刷牙前先用热水把牙刷泡软；多用些牙膏；放慢刷牙速度等。但效果都不太理想，后来他们进一步仔细检查牙刷毛，在放大镜底下，发现刷毛顶端并不是尖的，而是四方形的。加藤想：“把它改成圆形的不就行了！”于是他和同事们着手改进牙刷。

经过实验取得成效后，加藤正式向公司提出了改变牙刷毛形状的建议，公司领导看后，也觉得这是一个特别好的建议，决定把全部牙刷毛的顶端改成圆形。改进后的狮王牌牙刷在广告媒介的助推下，销路极好，销量直线上升，最后占到了日本同类产品的40%左右，加藤也因此由普通职员晋升为科长，十几年后成为公司的董事长。

牙刷不好用，在我们看来都是司空见惯的小事，所以很少有人想办法去解决这个问题，机遇也就从身边溜走了。加藤不仅发现了这个小问题，而且对小问题进行了细致的分析，从而使自己和所在的企业都取得了发展。

工作中无小事。任何惊天动地的大事，都是由一件件小事组成的。每个人都将自己的工作做到最好，这样才能完成高质量的工作，为顾客提供优质化服务。正如惠普的创始人戴维·帕卡德所说："小事成就大事，细节成就完美。"在工作中，没有任何一件事情，小到可以被抛弃；没有任何一个细节，细到应该被忽略。同样是从事一个平凡的职位，不同的人会有不同的体会和成就。不屑于做小事的人做起事来十分消极，他们只会糊弄工作，在无谓的"折腾"中浪费时间。

俗语说得好："罗马不是一天建成的。"既然一天建不成辉煌的罗马，那我们就应当专注于建造罗马的每一天。我们也是一样，要实现卓越的人生，就要注重工作中平凡的积累。

已经去世的网坛名将亚瑟·艾虎很多人都不陌生。在他生命的后期，他全力与艾滋病抗争，呼唤人们对这个"人类杀手"的重视。

但艾虎的伟大之处并不仅限于此。在他之前，网球界一直是白人的天下，艾虎是打破网球界人种限制的第一人。

艾虎的成功是一个不断积累的过程。他说："我早期的教练常定下清楚明确的目标，正是我愿意遵循的。这些目标不见得一定要像赢得巡回赛的事情这么重大，而是将一些有待克服的困难、需要努力与做计划的事定为目标。如果能达到这个目标，一定会有某种收获的。当然，不是只有赢得巡回赛才可以作为目标的。往往一些小目标一个个地达成后，我自己都会意外地发现，嘿！大奖离我越来越接近了！"

艾虎一直以这种方式参加高难度的比赛。他说："参加巡回赛，你总想能进入复赛。比赛时，你总希望漏接的反手球不超过某个数字。或者是你必须锻炼体力到一定的程度，气候太热时，你才不至于很快就感到疲倦。这一类的小目标，可以帮助你将注意力由成为世界第一或赢得巡回赛这类的远大目标上，分解为几个较易达成的小目标。”

艾虎一生都以这种方式过日子。他先订立一个具体的目标，实现之后，就再订立一个新的目标。他说：“每次你订立一个目标，然后完成那个目标，其实就是一个不断增强自信的过程。”

艾虎能成为杰出的网坛名将，和他的“眼低手高”有很大关系。卡耐基认为，成功人士和平庸之辈的差别，就在于前者注重积累，注意利用身边的每一件点滴小事锻炼自己。将生活中一个个平凡的目标当成自己实现卓越的阶梯，而平庸之辈只会好高骛远，轻率冒进，或者因为目标过于困难而放弃了奋争的勇气。

我们身边想做大事的人太多，而愿意把小事做好的人太少。人们都想做大事，而不愿意或者不屑于做小事，最终只能是“空折腾”。把目标与日常的工作结合起来，这样才能使自己的人生价值得以实现。多数人所做的工作还只是一些具体的事、单调的事，它们也许过于平淡，也许鸡毛蒜皮，但这就是工作，这就是生活，“不折腾”必须先从这些小事做起。

第六节　成功但绝不筋疲力尽

几年前，一档谈话类节目《实话实说》获得了大众的喜爱与好评，主持人崔永元更一跃而成为中央电视台的金牌主持人。喜欢崔永元的观众热情地称呼他“小崔”。然而，后来却接连爆出《实话实说》收视率下降，小崔不能按自己的心意做节目的消息；后来又听说小崔因工作压力过大，导致长期失眠；再后来知道他得了抑郁症。

许多成功人士在事业向顶峰靠近的时候，患上一种“精英症”：由于压力大、工作勤奋，身体总处于一种应激状态，由此导致各种身心疾病，如抑郁、焦虑、高血压、心脏病，还有头痛、腰痛、关节炎、哮喘、支气管炎、癌症等。

工作勤劳的人活得都很累。很多人看到人家有车有房，如果自己没有或者房子不够大，就认为自己无能，于是，他们拼命工作，积累财富。持续玩儿命工作的状态，使体力严重透支，而这些人又对工作压力超过体能极限的危机浑然不觉。精英的责任感成为勤劳员工的一种内驱力。不肯放弃、不肯降低标准，最后的结果是导致自己体质渐衰。

中科院研究员博导胡教授38岁、浙江大学某教授博导36岁先后英年早逝，在一片叹惋中曾引起知识分子过劳死的话题。一大批这样累死在工作岗位的人，他们是“只会工作，不会休息”的勤快人。然而，看着社会上还有更多的人忙得心力交瘁，聪明的不折腾者不禁要问：他们都不会休息吗？

睡觉、旅游、足底按摩、网球、锻炼，谁不会？但是对勤快人来说，如果有人劝他们休息，他们往往一句话就回了：没时间。

其实，他们不是“不会休息”，是不愿意。他们被工作缠住了。

由此，聪明的不折腾者别开生面地提出，要善于全面减压，事半功倍地工作。

我们能感觉到，当新的节约资源的产品或服务问世后，人们就会频繁地使用它，从而更加导致了工作量的增加。起初，诸如语音信箱、传真机、移动电话和电子信箱之类的新型产品及服务，的确让人们的视野为之一亮，为未来拥有方便快捷的工作条件欣喜不已。与此同时，它的负面效应也给人们带来了不少麻烦——无论我们走到哪里，都已经无法摆脱工作。

聪明的不折腾者总有一些为自己摆脱巨大压力的技巧。虽然这些技巧并不一定能保证提高生活质量，但确实可以减轻工作压力，提高工作管理质量和趣味性。

1. 先处理最棘手的工作

大多数人都喜欢先将简单的任务完成，这样可以有一种成就感。可事实上，把时间先用在简单工作上，会带来更多的压力，因为真正重要的工作被推后了。

2. 做好工作日志

每当你准备执行一个新的项目时，将开始及结束时间分别记录下来。很快，你就会发现有哪些工作并不需要多长时间，哪些又是很费时间的，这样可以让你更加合理地利用时间，按期甚至提前完成任务。

3. 制订每日计划

当你在制订每日工作计划时，或许会有些意想不到的事情发生，这就要求你给自己安排出一个弹性时间来处理它们。

4. 避免立“军令状”

如果你被迫在一定期限内完成工作，也不要给自己太大的压力，给自己安排稍微充裕一点的“心理时间”。否则，你经常性的不守信用或是不能按期完工，会有损声誉从而降低你的价值。同时，你也应当时刻保持完成甚至超额完成预期目标的心态，但不可太过注重完美。

5. 减少干扰

聪明的不折腾者会单独准备出一定的时间，专门回复电话和电子邮件。不然，也可以用语音信箱来记录信息。你还可以为自己的邮箱设置一个自动回复，让你的客户或朋友知道你已经收到了他们的信息，并且会在24小时之内回复，以避免他们不断地试图与你联系上。

6. 向上司诉苦

大部分老板们还是希望知道他们的员工有哪些困难的，不过，你也不要期望过高，期望你的老板会因此而给你什么解决方案，这一般不太现实，但要让他们知道你已经很努力了。

总之，我们要以自己的方式去适应社会，用某一种方式去面对压力。你可以先分析消极的思维，采取相应措施，积极调整心态，推迟执行原定计划；你可以改变一下生活节奏，重新组织安排生活，甚至可以改变环境，重新布置自己的房间；你还可以尽情地唱歌、跳舞、看碟片，培养自己的兴趣爱好，尽量使自己高兴一点，思想上开放一些，把最难过的时光熬过去，使过去的经历变成一种宝贵的精神财富。你不要太专注于小事，无端地为自己平添过多的烦恼。你还可以深深地吸一口气，大声对自己说："算了吧，没什么大不了的。"这样压力即可缓解。

我们每个人都会有自己的烦恼。无论工作也好，生活也好，只要把眼光放远一些，以开阔的胸怀去面对多彩的世界，我们的生活就会充满阳光。让我们以积极乐观、豁达开朗的心态去面对周围的人和事吧！相信明天会更好！

第七节　一次做好一件事

日常生活中，很多人都有能够做到却又不屑于做的工作，甚至在你完成了这样的工作之后，自己都不记得。当全世界都在谈论"变化"、"创新"等时髦概念的时候，大家通常只看到"变"，忽视了"不变"；在求新求变的同时忘记了成就事业更重要的品质：踏实。

让我们一起做一个游戏：设想你有一张足够大的纸，你要做的只是重复这样的动作——对折，不停地对折。当你把这张纸对折51次后，厚度是多少？

请不要急着给出答案，更不要随便折几下后凭借想象告诉我们或许是一个冰箱或者两层楼那么厚。真实的答案是：这个厚度接近于地球到太阳之间的距离。

没错，就是这样一个简单的动作，就是这样一张简单的纸，结合起来达到的高度是否让你感觉像一个奇迹？为什么看似毫无意义的重复会有如此惊人的结果？这种貌似"突然"的成功根基何在？答案同样是：踏实。

从某种意义上说，踏实是不折腾者与生俱来的品质。我们懒得频繁地更换工作，懒得三心二用，更懒得急功近利。我们会专注于做好现有的工作，稳妥地进步，每天踏实工作一点点，进步一点点，什么成功对我们来说都是可以实现的。

什么是踏实？每天按时上下班，加班加点就是踏实，不闹事、不违纪、把自己埋在工作中的“老黄牛”就是踏实，做好领导交办的事情，没有主见、没有创造力就是踏实吗？对聪明的不折腾者来说，花费50%的时间，尽到1.50%的责任；热爱自己的工作，投入全部的热情，专心地做好一件事，就是踏实工作的表现。

销售经理彼得忙碌了一个上午，他决定下午三点之前把前一季度销量分析报告交给总监。他打开电脑，把思路调整到工作状态，电话却不合时宜地响起，人力资源部通知他下周对所有业务员进行业绩考核，并请他准备好相关的材料。放下电话，他好不容易才从文件堆积的办公桌上找出上周准备好的考核材料，仔细地补充修改一番送到培训部。这项工作花费了他整整一个小时的时间。

刚坐稳。技术部经理又来到办公室和他谈起下季度的产品销售方案，言谈之中颇为不满，彼得费了好大的劲才说服他在下周的例会上再谈这个问题。当技术部经理离开之后，已经是三点半了。彼得沮丧地靠在椅子上，为自己的劳碌无成果而感到无奈。

在工作中，勤劳的你是否经常遇到这样的情况：一件工作还没有做完，另外的工作接踵而至，到头来一件都没有做好；或者你列出长长的工作计划，结果只完成了不到一半。

聪明的不折腾者很少犯这种错误，他们不会在认真完成好一件工作之前给自己增添额外的心理负担。他们将分清这些工作的轻重缓急，选择最重要的而并非最紧急的事情来处理。他们信奉一条最简单的理念——一次只做一件事，并且出色地完成。

能够沉得住气写好一部书的作家才能拿出惊世之作。一次，一位女作家被邀请参加笔会，坐在她身边的是一位匈牙利年轻的男作家。她衣着简朴，沉默寡言，态度谦虚。男作家从未见过她，认为她只不过是一个不入流的作家而已。于是，他产生了一种居高临下的心态。“请问，小姐是专业作家吗?”“是的，先生。”“那么，你有什么大作发表吗？能否让我拜读一二。”“我只是写写小说而已，谈不上什么大作。”女作家谦逊地说。

男作家更加证明自己的判断了。他说：“你也是写小说的？那我们算是同行了，我已经出版了339部小说，请问你出版了几部?”“我只写了一部。”男作家有些鄙夷地问：“噢，你只写了一部小说。那能否告诉我这本小说叫什么名字?”

“《飘》。”女作家平静地说。狂妄的男作家顿时目瞪口呆。女作家的名字叫玛格丽特·米切尔，她的一生只写了一部小说。现在，我们都知道她的名字，但那位自称出版过339部小说的作家的名字，已经无从考察。

相比现在几年一部作品甚至一年几部作品的“高产”作家，米切尔实在是有点懒惰。然而，这部呕心沥血写成的作品，在1936年问世后一直风行，销售1000万册以上，被翻译成40多种文字在世界各地出版，是美国作家的小说中最畅销的一部。米切尔和她的《飘》让我们明白，厚积薄发的成功才能经受住时间的沉淀和岁月的洗礼，成为文学作品的经典。

同理，想要有效地提高工作效率，专注地完成一件工作才是最佳途径。曾经，一位钢铁公司的老板尝试了很多办法依然无法让自己最迅速地处理所有问题，于是他找到了管理学家艾比·李。李为他做了如下建议：“把明天的工作计划事项按照顺序编号。第二天，从第一号工作做起，然后依次完成第二、三、四号工作，直到下班。这期间，不要计较每件事是否完美，但要把它做完。记住，你手头的工作就是最重要的，在结束它之前，先不要想任何其他的事情。”后来，他的这个“一次只做一件事情”的建议成为家喻户晓的管理学原理。

一个人要想做好一件事情，需要凝聚心神、心无旁骛，这样才可能最大限度地发挥潜能，最快最好地完成任务。如果频繁地从一项工作转换到另一项工作则是浪费时间和精力的做法，这是聪明的不折腾者最无法容忍的。

聪明的不折腾者建议人们在工作日中尽量避免不必要的工作转换，进一步说，就是尽可能把一件事情做好、做透、做到位，然后再考虑下一件事。而且从心理上说，当一个人完成了一件事情时，往往会有一种解脱感和满足感，甚至会有一种成就感，这是一种很好的心理状态，也是保证另一件事做好的必要前提。

为了做好重要的事情，还要注意不被无关紧要的事情所干扰，不要横生枝节。这就好比你去上网，本来是要找一个重要资料的，可一上网就被花花绿绿的网上世界吸引了，一会儿打开邮箱，回回信，一会儿下载点歌曲、Flash，一会儿看看新闻：从国内到国外、从体育到娱乐，不亦乐乎，一会儿再聊聊天，天南海北，一会儿再贴几个帖子，发发牢骚……不知不觉，几个小时过去了，正事却被扔在脑后。相信许多人都有过类似的经历吧。

有时候，我们离成功仅仅一步之遥，但如果善始不善终，就很可能使那小小的一步成为无法逾越的距离。一次只做一件事，投入你的全部精力把它做好，优美地画上句号。试试看一次只做一件事，善始善终，你会发现其实自己完全没必要像一只无头的苍蝇一样四处忙碌，就能出色地完成工作。

第八节　一次完成：不折腾的同义词是高效

人类动机研究者弗兰克·B. 吉尔布莱思花费多年时间，把各个行业优秀工人的劳动动作拍摄成影片，观察他们完成一种工作的动作。从影片中分析得知：最优秀的工人全是“聪明的不折腾者”——懒得做任何一个多余的动作。他们力求一次完成，尽量减少工作环节，争取更多的时间放松和娱乐——这也正是天才与庸才的最大区别。

创造商业奇迹的戴尔公司以高效著称。戴尔产品的库存时间只有4天；90%的零部件通过网络采购；戴尔下属的工厂每隔两小时就接收到新的零部件；零部件的库存时间是以小时而不是以天计算；近几年，生产流程中的工艺步骤已经减少了一半。

戴尔的一个工厂中，技术人员研究出一种全新的组装笔记本电脑的方法，使组装时间减少为原来的1/3。这些“偷懒”的员工，为戴尔的成功建立了不可磨灭的功勋——高效率的最大优势是成本的削减，而低成本在低迷的PC机市场无疑是制胜的关键。2001年年初，PC工业遭受到有史以来最严重的市场萎缩。在群雄束手的时候，戴尔却充分利用了效率带来的成本优势，削减商品价格吸引客户，逐步扩大了PC机市场份额，最终坐上了头把交椅。

戴尔直销模式同样体现了高效铸就成功。在经济低迷的环境下，通过从供货商那里得到更低价位的零部件和实现零存货这两个措施，使得戴尔在PC机市场节节胜利，迫使其最大的竞争对手康柏、惠普和Gateway公司不得不开始转向高利润的服务经营领域。

创造效率奇迹的员工总是看起来很悠闲，殊不知他们早就把漂亮的工作成果摆在眼前。聪明的不折腾者不加班、不瞎忙，懂得以最简单的方式、利用最有效的工具造就最大的成果。

成立于2001年的机器人设计公司——日本ZMP在公司创业之初就全力投入人形机器人的设计工作，它的第一代人形机器人PINO ver. 2刚刚推出，立刻在研究机构和工程大学间引起轰动。接着，ZMP为了创造出世界上第一个消费者有能力负担的人形机器人，设计团队开始思量如何减少首款机器人的体积、重量、复杂性、材料数量和整体的成本花费。但同时也面临一个考验，因为跟在ZMP后头的竞争者可是大有人在，如果他们的设计流程不够快，就会被竞争者击败。

最后，ZMP果然在短短两个月内完成了机械设计，速度不但遥遥领先其他机器人设计公司，也超越了ZMP过去相同制程所花费的时间，且设计成果丝毫不马虎——ZMP推出的nuvo人形机器人，高度仅15英寸（39厘米），它可以靠着自己的两条腿前进和后退，跌倒时自己站起来，同时会听令“停止”或“继续”等语音命令，做出响应，它甚至能利用头部的相机拍照，远距传送给它的主人。

仅仅两个月的研发时间，难道是ZMP的工程设计师拼命加班的成果吗？这一点我们不得而知。但ZMP的工程师承认，他们在着手研发前，先选择使用了最便捷的设计软件，也就是PTC参数科技最新推出的3D设计软件彻底加速设计流程，也让工程师们快速且经济地完成下一代PINO机器人的设计工作。

未来市场的竞争态势，抢先完成一个成功的产品，并顺利问世，往往会造就一个成功的企业。反之，若在产品制程中有所延宕，错失进入市场的良好时机，则一切都为时已晚。分秒必争的社会里，聪明的不折腾者靠好点子来缩短工作流程，不仅是替自己节省时间与精力，同时也为企业争取到成功的契机。

如今，多数外资企业对员工优秀与否的评断标准里，大多认为能早下班的员工才是能者，每天拖拖拉拉加班做事的，反而证明他的无能。

“加班”曾经是日本惯有的职场文化，如果有人想要准时下班，不但会被视为是违反日本人“和”的境界，还会被老板、主管质疑不够勤勉、认真。是个不可信赖的人。随着时代的改变，日本人逐渐了解到，加班除了是公司给的工作量过大，也可能是员工工作效率不彰或是工作失误造成的。而先对其他同事喊“我先下班了”的员工非但不是坏员工，且更该为自己时间管理得宜的能力感到骄傲。现在高效率、不加班的“新时代不折腾者”俨然是日本职场的大红人。

在同样爱加班的中国台湾企业，公司也开始鼓励员工有效运用时间，许多新兴的网络、科技或广告公司，都认为员工只要效率良好、工作成效佳，不用干满固定工时的8小时也无妨。像以创造员工高满意度为努力宗旨的安捷伦科技公司，董事长申义龙就提出员工弹性工作的规定，包括弹性上下班、咖啡时间、部分工时、分享工时、驻家上班等，同人可依自己状况及工作性质与主管讨论后，决定最适合的上班形态。

究竟如何高效地工作，英特尔（Intel）公司做了最佳的示范。每个人都很清楚，会议效率不佳，往往会延缓工作进度。但开不完的会议仍是每个公司免不了的工作内容之一，也一直是所有工作者心中的痛。横跨不同时区的英特尔各国分公司，不可能时常有面对面的沟通机会，常常必须通过电话开会，又得在有限时间内得到结论。这种状况让英特尔的员工都练就了一身效率开会的基本功。

每位进入英特尔的员工，在新员工培训时都会上一堂“效率开会”（Effective Meeting）的课，并且不停地被灌输公司重视开会效率的企业文化。所以不管大小会议，参加的英特尔同人都会事先收到会议流程，清楚了解欲讨论的事项，准备充分后才开会。

大型会议开始之前，不分职位高低，每位与会者都会分配不同的会议角色，包括会议主席（Facilitator）、会议记录人、计时人（Time Keeper）等。会议主席负责协调会议顺畅进行，当成员只是抒发想法，而不就议程讨论时，由主席扮演守门员的任务，提醒成员：“请不要跑题！”而计时人则可说是会议里最有权力的人，负责提醒大家依照时程进行会议，也严格控管每个人发言的时间，当他说：“时间到！”连老板都得闭嘴。

会前充分准备，会中人人不分资深还是资浅都得遵守纪律，让英特尔总能确保在最短的时间内完成预定事项。

企业的成功离不开高效的制度、高效的员工。想成为成功的不折腾者，“懒惰”的“背面”一定是高效——有专业和效率的支持，即使骨子里是懒虫，也能懒得理直气壮，因为我们节约了企业的时间成本，从而产生了一连串的效益。

第二章 放慢你的脚步，工作不“瞎折腾”

“不折腾”在事业上有清楚的意识，对自己的事业了如指掌，明白自己在公司所处的位置，一个人在工作上花多少时间并不是最重要的，重要的是最后的成绩。而机械地忙碌并不能必然带来成功。

第一节 钻石就在你家后院

从前，有一位居住在印度河附近的波斯商人，名叫阿里。他的家园沿河而建，拥有大片的花园、稻谷良田和繁盛的园林，富商常常以自己美丽的花园为骄傲。

一天，一位老年僧侣来到他的庄园，和他谈起了美丽而珍贵的钻石。僧人用沉缓的语调说：“富有的农夫啊，当闪耀着璀璨光芒的钻石铺满你的手掌时，你可以买下这个国家这么大的土地；如果你能拥有一座钻石矿，就可以凭借这笔财富登上帝王的宝座。”

僧人走后，他的话却长久地回响在阿里的耳边，使他的内心变得极不平静，曾经的富足生活因为缺少钻石的光芒变得不值一提。于是第二天他到处寻找那位僧人，询问在哪里才能找到钻石。

“它们就躺在高山之间的河流中，而这条河流流淌于白沙之上。如果你想找到钻石，就先找到这样一条河流吧。”僧侣说。

阿里回到家，马上变卖农场，收回账目，把家园交给自己的邻居照管，自己则急忙起身去寻找钻石。在勤奋的人看来，他寻找钻石的方向是非常正确的——不辞辛苦地翻山越岭。他先是前往月亮山区寻找，然后又辗转到巴勒斯坦地区，接着马不停蹄地流浪到欧洲。长年的流浪花光了他的钱，直到沦落为衣不蔽体的乞丐。在旅途的最后一站，这位历经沧桑的人悲哀地结束了自己劳碌的一生——他在巴塞罗那海湾的岸边，怀揣着对巨大财富的渴望和失望，悲壮地投身到迎面而来的巨浪中。

时光流逝。几十年后的一天，居住在阿里庄园的继承人牵着骆驼到花园里去饮水，突然发现了那清浅的溪底白沙中闪烁着一道夺目的光彩。他从水中摸起一块黑色石头，只见石头上有一点闪亮的地方，发出彩虹一样绚丽的色彩。他把这块美丽的石头当成一件饰品放在壁炉架子上，然后就把这件事抛于脑后。

几天后，僧人前来拜访这位继承人，当他看到那块石头发出的光芒时，激动不已地叫道：“这就是阿里梦寐以求的钻石！这是钻石！阿里回来了吗?”

“没有，他还没有回来，那块石头只是我在后花园发现的。不值钱的。”

“不，不，年轻人你错了，我只要看一眼，就知道它是真正的钻石!”僧侣激动地说。

然后，他们一起向花园奔去，用手捧起河底细腻的白沙，发现了许多比第一颗更漂亮更有价值的钻石。

这就是人类历史上最大的钻石矿——印度戈尔康达钻石矿被发现的经过。英国国王皇冠上的库伊努尔大钻石（Kohinoor，106 克拉）、镶在俄国国王王冠上的那颗世界上最大的钻石都取自那座钻石矿。百年后的今天，当我们抛弃其传奇色彩之后，仍然能够从戈尔康达钻石矿的发现经过中寻找到深刻的寓意。

勤奋却一无所成的人常常忙着做各种不重要的事情，忽略了最关键的问题。聪明的不折腾者却把时间放在仔细地查看工作计划和注意自己手头的工作上：他们认真分析手头的工作可能给自己带来的巨大财富和机遇，或者发现其中的关系，从而找到最佳的办公顺序，避免重复劳动。

聪明的不折腾者清楚地意识到，平凡工作就是一座丰富的钻石矿，即使在平凡的职业中、低微的位置上，聪明的不折腾者也能够发现其中的巨大机会。只要我们聪明地、安心地挖掘就能找到自己的钻石——包括职位的上升和财富的增加。我们做得比那些勤劳的人更专著、更迅速、更正确、更完美；我们调动自己全部的智慧，从旧事中找出新方法，引起别人的注意。从而使自己有发挥本领的机会。

一个人花费多少时间在工作上并不重要，重要的是要看到成绩。相反，许多勤奋工作的人心态浮躁，他们相信世界上有很多挣钱或者成功的机会，于是他们机械地忙碌着，很少能够从这些平凡的琐事中迸发出灵感的火花，于是他们逐渐远离了本应该属于自己的宝藏，甚至在堆积成山的工作中心灰意冷。

约翰找到一份五金店的工作，周薪只有 5 美元。他进店时，老板严肃地告诉他："你必须对所有细节都非常清楚，这样你才能长久地从事这份工作。"

一周 5 美元的工作还值得去做？约翰的朋友劝他不要浪费时间，然而约翰已经懒得继续找工作，他决定接受这份简单得不能再简单的工作。

约翰并不勤劳——或者说刚刚达到合格。除了认真细致地完成本职工作外，他把大量的时间花费在学习法语和德语上。一天，老板在检查账单时突然觉得特别劳累，于是约翰主动要求帮老板检查账单——账单全是法文和德文。由于他干得非常出色，检查账单的工作就由约翰接管了。

两个月之后，老板宣布一个重要的职位——外贸主管由约翰担任。“这是一个相当重要的职位。目前公司有几十名与你年龄相仿的年轻人，但只有你看到并把握住了机会——虽然你并非最勤劳的员工。我在这一行已经干了40年，你是我见过的三位能在烦琐工作中看到机会并抓住它的人之一。其他两人如今已经事业有成。”老板对约翰说。

约翰的薪水很快就涨到每周20美元，尽管他依然不勤劳。一年后，他的周薪达到了180美元并经常被派驻法国、德国。他的老板评价他时说：“约翰很有可能在30岁之前成为我们公司的股东。他已经从平凡的外贸主管的工作中看到了这个机遇，并尽量使自已有能力抓住这个机遇，虽然做出了一些牺牲，但这是值得的。”

人们往往对离自己最近的地方熟视无睹，也往往看不出日复一日的工作中有什么值得挖掘的机会。忙着工作的人，先停一停，给自己一点时间，安静地坐下来思考自己的忙碌是否忽略了许多闪闪发光的钻石。

第二节　两点之间的直线最短

奥斯卡最佳影片、著名励志电影《阿甘正传》的男主人公阿甘是一个弱智、头脑简单、目标单一、行动始终如一的傻瓜，结果他却得到了常人难以企及的成功！为什么一个智商低下的人也能取得成功？因为虽然阿甘的智商低于正常人，但他天性单纯，而单纯的人往往更容易成功。

老子说：“少则得，多则惑。”三心二意的人思想过于复杂，反而错过了很多机会，浪费了许多精力。反观阿甘，当一群孩子要欺负少年阿甘时，他的女伴告诉他快跑，脚跛的他单纯地听从了，没命地跑，速度超过了正常的男孩；球场上，教练告诉他：“什么都别想，抢着球就跑！他又单纯地听从了，结果球队赢得了冠军，他既得到了大学证书’又成了“球星”；在越南战场上，阿甘的上级告诉这位脑子不灵光的小伙子：“遇见危险就跑！”他再次单纯地听从了，结果他不但平安归来，还成了“战斗英雄”，连总统都亲自接见他。

阿甘善于把所有的问题都简单化，简单单纯到了只剩下直奔成功，其实很多时候，成功就这么简单。

著名电脑品牌戴尔的创建者戴尔还只是一名小学生时，无意中从报纸上看到一则广告：“您只需通过本考试中心的一个测试，就能直接获得高中毕业证书。”小戴尔欣喜若狂，心想这真是个偷懒的好法子，这样自己就可以不去面对那些烦人的课程和无休止的考试，而直接获得高中学历，真是大快人心！想到这，戴尔几乎笑得合不拢嘴，马上兴奋地给考试中心打了电话。

不一会儿，考试中心的人果然服务上门，当工作人员看到“客户”竟然是个小学生时，简直哭笑不得。

然而，一个大胆的设想却在戴尔的心中萌生：“我们应该尽可能省掉那些让人厌烦的中间环节，直接一步到位。”这并非痴人说梦，凭借这个念头，戴尔 18 岁就创建了神话般的直销奇迹，创立了一个划时代的经营模式。

将经营直接化，省去经销商的环节，不仅可以使生产厂家获得更多的利润，顾客得到更多实惠，而且带给双方极大的便利，深受顾客的喜爱。这正是戴尔品牌成功的关键。

当很多人习惯了固有的思考模式，对身边很多事情越来越习以为常时，洞察商机的敏锐力也会渐渐迟钝。聪明的不折腾者最擅长打破烦琐的途径，建立最简单的模式。

一家著名的美国公司新盖了一栋高耸入云的总部办公大楼。各部门迁入后不久，员工开始抱怨电梯太少，速度太慢。这些抱怨很快传到公司后勤管理部门，负责人找来设计师，询问如何解决。设计师给出方案，但要用两个月的时间对电梯通道进行拆除、扩容和重建，可是这样会导致全体员工的工作陷入混乱。

负责人询问是否有更简单的方法或者捷径，设计师回答没有。

结果，经过管理顾问一番建议之后，管理决策层开始思考许多以前没有想过的问题，也看到了高层管理人员在处理这个问题时的僵化思维。

后来，公司的解决方法让人拍案叫绝——在每一层电梯口旁边安放一面大镜子、一部液晶电视。此后，员工们在等电梯时要么花时间照镜子，要么关注电视节目，便不觉得等待时间长了。不久，抱怨声也消失了。

聪明的不折腾者在面对复杂的问题时可以找出最得体、最完美的解决方法。其实事情本身非常简单，与其纠结问题的细微枝节，不如找到最实际的根源所在然后釜底抽薪。这也许看起来生硬，却是最有效的方法。

如今社会的竞争也是一种思维方式的竞争，因为一种好的思维方式可以带领我们打开一片新的领域，找到更好的解决问题的方法，使我们多一种观察事物的角度。一个追求简单的思维方式，不但令我们的工作变得简单有序，还会令我们的生活愈发精彩。

IBM 为什么成功？是因为微型计算机让工作变得简单了；微软为什么成功？因为 Windows 让电脑的使用变得简单了；互联网为什么成功？因为让世界的联系简单了；雅虎为什么成功？因为让人们浏览互联网变得简单了；hao123 为什么成功？因为 hao123 让中国新网民上网冲浪变得简单了；Google 为什么成功？因为 Google 让人们在网上搜索资料变得简单了；3721 为什么成功？因为 3721 让不会输入网址的中国人上网变得简单了；阿里巴巴为什么成功？因为它让商人在网上开展贸易变得简单了；QQ 为什么成功？因为 QQ 让人们在网上的通信变得简单了，在全球企业中，麦当劳可能是最懂得“简单就是力量”的了。而麦当劳的经营理念正是“3S 主义”，其中简单化（Simplification）就是首要原因。向这些成功者学习，聪明地变懒，智慧地简化。我们看到的成功的两端直线最短。

第三节 只要够得到的苹果

目标，是所有成功的出发点，更是不折腾者成功的关键。很多人从来没有设定明确的目标，甚至从来不敢尝试着踏出第一步。在这样一个竞争激烈的社会，没有目标的人就如同风中飘荡的书页，随时可能面临被淘汰的命运。每个人踏上通往成功的道路之前，应该先问自己一个问题：我的目标是什么？

一群老鼠吃尽了猫的苦头，它们召开全体大会，商量对付猫的万全之策。最后，一只老奸巨猾的老鼠出的主意是：给猫的脖子上挂上个铃铛，只要猫一动，就会有响声，大家就可因事先得到警报而躲起来。

方案得到了一致赞同，但在执行的时候却出现了问题——没有任何一只老鼠愿意去做这件事。至今，老鼠们还在争辩不休，不相信这样的好主意不能执行下去……

给猫系上铃铛，是老鼠们要达到的目标，也许是解决问题最好的方法，但它超出了任何一只老鼠的能力，无法执行和实现。再好的目标，如果无法执行、无法实现，就不具有有效性。这个故事告诉我们，一个有效的目标，既要有挑战性，又要有操作性。没有操作性的目标就像是海市蜃楼，远景美好，但你永远也无法到达。

成功人士，无论是商人、学者，每个人都有明确的目标，并且花费心思去实现。被誉为“钢铁大王”的卡内基就是这样一个成功人物。卡内基原本是一家钢铁厂的工人，但他以制造及销售比其他同行更高品质的产品为目标，而成为全国最富有的人之一，并且有能力在全美国小城镇中捐盖图书馆。他的明确目标已不只是一个愿望，它已形成了一股强大的动力。

对聪明的不折腾者来说，太高的目标只会让自己筋疲力尽，而且还未必能够达到。正如一根皮筋能够被拉长到自身长度的 3 倍，再拉长皮筋就会崩断一样。

日本一位著名的企业家曾说过，给下属80%的工作，他的能力只会倒退；如果交给下属全部的工作，他的能力虽然不会退步，但很难有所提高；如果把120%的工作交给下属，他的能力将会有突破性的进展。也就是说，不管是给自己还是员工，最完美的目标是“跳起来够得着”。

跳起来够得着的目标，意味着这个目标首先必须是够得着的、可操作的。如果跳起来还是够不着，这个目标暂时就不需要考虑。而且，即使是对不折腾者，这个目标也必须是要跳起来才能完成的，躺着不行，坐着不行，站着也不行。没有挑战性的目标，聪明的不折腾者会感觉到乏味，缺乏斗志。那些需要积蓄力量、奋力一跃才能实现的目标才会极大地激发不折腾者的兴趣。

管理学中有一个“不值得定律”为此提供了有力的证明。“不值得定律”的核心内容是不值得做的事情就不值得做好。这个定律反映出人们的普遍心理：一个人如果从事自己看不起的工作，往往会持敷衍了事的态度，不仅成功率小，即使成功，也无法获得满足感和成就感。因此，目标是要有一定难度的。

爱立信是主营通信设备的著名跨国公司，它的员工每年会为自己设定几个不同级别的季度目标，其中最高的目标就是要“跳起来才能够得着”。这个目标不太容易实现，但具有实现的可能性，在激发员工潜力的同时，又不会导致过于忙碌和压力过大，因此值得想要成为不折腾者的朋友借鉴。正如爱立信中国研发总院人力资源部总监所说：“我们要主动给自己制定一个高目标，如果我们只是站在那里，是无法够到它的，只有不断地跳起，才能触碰到它。”

爱默生曾经说：“单单一个目标所产生的力量，就可能超过一个世纪以来所有人和动物引擎所产生的力量。”不知道自己要什么的人，是永远不可能成功的，跳起来够得着——就是你能完成的目标标准。

别忘记，我们是聪明的不折腾者，我们的头脑里智慧无限，它会指引我们走向成功的终点站。

第四节　握住大方向

“两点之间，线段距离最短”，这是每个人都懂得的道理。试想，从起点开始出发，不停地变换最终目的地，当我们最后到达终点时，我们走了多少弯路？如果从起点出发，直接朝着终点进发，我们就不用多走弯路了！因此，从这个简单的道理中我们应该得到启示：“不折腾”的前提是方向正确。做一件事情，如果方向不明确，目标模糊，势必四处出击，想“不折腾”也难。

对于国家而言，错误的思潮、错误的主张干扰国家的正确决策、正确路线，这必然妨碍我们健康的前进步伐，必然引起“折腾”。人们最担心的就是忽左忽右、变来换去，而稳步前进、又好又快地发展，是潮流所向、人心所求。我们的既定目标必须始终如一，只有如此，我们才能在前进的道路上避免“折腾”。

马克思说过，目标始终如一是他的性格特征。这种性格特征决定了他坚定的政治信念，顽强的执著追求，不动摇、不气馁、不妥协，为全人类留下了宝贵的精神财富。

目标始终如一，也应该成为所有人的坚毅性格。

随着《哈利·波特》的风靡全球，它的作者罗琳成了英国最富有的女作家，她所拥有的财富甚至比英国女王还要多。但是人们可能并不知晓在她风光之前的岁月里那曾经的窘迫。

罗琳从小就热爱文学，热爱写作和讲故事，写一部科幻类著作一直是她的奋斗目标。大学毕业后，她只身前往葡萄牙发展，随即和当地的一位记者坠入情网并结婚。无奈的是，这段婚姻来得快去得也快。婚后不久，罗琳便带着 3 个月大的女儿杰西卡回到了英国，栖身于爱丁堡一间没有暖气的小公寓里。

丈夫离她而去，工作没有了，居无定所，身无分文，再加上嗷嗷待哺的女儿，罗琳一下子变得穷困潦倒，她不得不靠救济金生活，经常是女儿吃饱了，她还饿着肚子。家庭和事业的失败，并没有打消罗琳写作的积极性，她坚持写作。有时为了省钱省电，她甚至待在咖啡馆里写上一天。

就是在这样艰苦的环境中，罗琳没有放弃，仍然以积极的心态去写作。就这样，在女儿的哭叫声中，她的第一本《哈利·波特》诞生了，并创造了出版界的奇迹，她的作品被翻译成35种语言在115个国家和地区发行，引起了全世界的轰动。

罗琳从来没有远离过自己努力的方向，即使她的生活艰难，她也坚信有一天她必定会实现自己的目标。罗琳的成功告诉我们，只有时刻牢记自己的奋斗方向，不在盲目中“瞎折腾”，我们才能更容易走向成功。

事实上，若希望自己在行进中“不折腾”，首先必须绘制自己的蓝图。生活没有方向是很多人容易犯的毛病。经常有人说：“我的问题就在于没有前进方向。”当有努力方向在激励着你的时候，你的心灵会超越平常的界限，各种潜力和才能都会开始复苏，你会发现自己置身于一个奇妙的世界中。

当然，为自己设定的目标方向，必须立足于现实。如果沿着偏离现实的目标前进，除了会“折腾”你的时间，加大你受挫折的风险以外，没有任何意义。

巨人大厦是史玉柱有生以来最为重大的投资失误，盲目进军房地产业本来就是错误的，而片面追求“全国最高”的名号更加大了经营风险。更令人瞠目结舌的是，这么大的工程从1994年2月动工到1996年7月，史玉柱竟未申请过一分钱的贷款，全凭巨人集团的自有资金和卖楼花的钱支撑。巨人大厦不但抽干了巨人产业的血，史玉柱还把本来应该用于巨人生产运营的资金全部投入到大厦上，结果使给企业带来大部分利润的生物工程一度停产，资金补给线中断。

迅速萎缩的巨人产业迫使史玉柱作出抉择：是继续加高巨人大厦，还是挽救巨人产业？从1996年11月份开始，史玉柱不得不控制巨人产业的资金流，不再给巨人大厦输血，将巨人大厦与巨人产业一刀切断，以此来挽救奄奄一息的巨人产业。但一切都为时已晚，在民众的讨债声中，“巨人”轰然倒塌。

巨人大厦是中国现代商业发展史上，是因制定目标过高不符合实际而导致失败的一个极为典型的例子。事实表明，如果方向偏离了你的能力范围，与现实脱节，你的所有努力终将化为乌有。不立足于现实基础上的努力目标，注定一切行动都是“瞎折腾”。

为自己确定好正确的前进方向，必须建立在现实可行的基础之上，因为制定目标不切实际而造成瞎折腾的事例不胜枚举。

第二次世界大战后的英国，食用油严重匮乏，因此，英国人就很难吃上油煎鱼和炸土豆。那时，有一位政府官员坐飞机视察了当时英国的非洲殖民地坦噶尼喀，认为那是种花生最理想的地方。政府听到他的建议，便兴冲冲地投资6000万美元，要在那片非洲的灌木丛中开垦出1300万公顷的土地种花生。

可是当地的灌木坚硬无比，开荒设备花了很大工夫才开垦出了原计划1/10的土地。在开荒的过程中，英国人除掉了一种野草，后来才知道它是能保持土壤养分的，失掉它就破坏了生态平衡。

原计划在这片新开垦的地上一年要生产60万吨花生，可是到头来总共只收了9000吨。人们见大事不妙，又改种大豆、烟叶、棉花、向日葵等。可是在那已“驯化”的非洲土地上，这些作物竟无一扎得下根。英国政府于1964年终止了此项计划，损失了8000多万美元，核算之后每粒花生米的成本高达1美元。

不惜一切代价只为了一个不可能实现的目标，最终只能使自己的努力陷入“空折腾”状态。可见，在忙着向自己的努力方向前进时，必须以现实为基础，目标是不可以凭理想和主观愿望去制定的。任何过高、过急和不切实际的目标，都会导致最终目标的失败，最终只能被证明是一场“折腾”闹剧而已。

做到“不折腾”，就是在现实可行的基础上为自己设定前进的方向，跨过起跑线，以饱满的热情投入到具体的工作进程中，始终如一地朝着预定目标奋勇前行。

第五节　有时间概念，浪费时间就是“折腾”生命

我们可以发现，凡是在事业上有所成就的人，都十分注重时间的价值。他们大多惜时如金，不会将大量的时间花费在没有价值的事情上去“穷折腾”。

“你珍惜生命吗？那么就请珍惜时间吧，因为生命是由时间累积起来的。

别忘了，时间就是金钱。假设一个人一天的工资是10个先令，可是他玩了半天或躺在床上睡了半天觉，他自己觉得他在床上只花36个便士而已。错误！他已经失去了他本应该得到的5个先令……千万别忘了，就金钱的本质来说，一定是可以增值的。钱能变更多的钱，并且它的下一代也会有很多的‘子孙’。

假如一个人杀死一头能下仔的母猪，也就是毁灭了它所有的后代，甚至它的子子孙孙。假如谁消灭了5个先令的金钱，那样就等于消灭了它所有能产生的价值。换句话说，可能毁掉了一座金山。”

上面这段话是美国著名的思想家本杰明·富兰克林的一段经典名言，它简单明了地告诉了人们这样一个道理：假如你想成功，就必须认识到时间的价值。

一天的时间对于每个人来说，都是平等的，在同等的时间面前，我们

究竟有没有将时间花在没有价值的事情上？例如，接待客户是很多人经常要做的工作，同时也是一件十分消耗时间的事情，一个善于利用时间的人总是能判断自己面对的顾客在生意上的价值，如果对方有很多不必要的废话，他们都会想出一个收场的办法。

一位企业领导享有待客谦恭有礼的美名，他每次与来客把事情谈妥后都会很有礼貌地站起来，与他的客人握手道歉，遗憾地说自己不能有更多的时间再多谈一会儿。那些客人都很理解他，对他的诚恳态度也都非常满意，所以，也不会挑理他竟然连多谈一会儿都不肯赏脸。

细心观察不难发现，很多成功者都有一个共同的特点，他们说出来的话句句都很准确、到位，都有一定的目的，他们从来不愿意浪费自己的宝贵资本——时间。

商人最可贵的本领之一就是与任何人交往都能简捷迅速。这是一般成功者都具有的通行证。在美国企业界里，与人接洽生意能以最少时间产生最大效率的人，非金融大王摩根莫属。为了珍惜时间，他招致了许多怨恨，但其实人人都应该把摩根作为这一方面的典范，因为人人都应具有这种珍惜时间的意识。

摩根每天上午 9：30 准时进入办公室，下午 5：00 回家。有人对摩根的资本进行了计算后说，他每分钟的收入是 20 美元。除了与生意上有特别关系的人商谈外，摩根与人谈话绝不超过 5 分钟。

通常，摩根总是在一间很大的办公室里，与许多员工一起工作。摩根会随时指挥他手下的员工，按照他的计划去行事。如果你走进他那间大办公室，是很容易见到他的，但如果你没有重要的事情，他是绝对不会欢迎你的。

摩根能够准确地判断出一个人来接洽的到底是什么事。当你对他说话时，一切转弯抹角的方法都会失去效力，他能够立刻判断出你的真实意图。这种卓越的判断力使摩根节省了许多宝贵的时间。有些人本来就没有什么重要事情需要接洽，只是想找个人来聊天，而耗费了工作繁忙的人许多重要的时间。摩根对这种人简直是恨之入骨。

摩根憎恨浪费时间的行为说明他是一个懂得时间价值的人，正是这种重视时间价值的习惯造就了摩根金融大王的地位。

处在知识日新月异的信息时代，人们常因繁重的工作而紧张忙碌。如果想提高自己的工作效率，让自己忙出效率和业绩来，我们就要向摩根学习，培养自己重视时间价值的习惯。

一个高效利用时间的人善于将零碎的时间有机地运用起来，从而最大限度地提高工作效率。充分利用零碎时间，短期内也许没有什么明显的感觉，但经年累月，将会有惊人的成效。

美国近代诗人、小说家、钢琴家艾里斯顿善于利用零散时间的方法和体会值得借鉴。他曾写道：

当时我大约只有 14 岁，年幼疏忽，对于爱德华先生那天告诉我的一个真理未加注意，但后来回想起来真是至理名言，从那以后，我就从中得到了不可限量的益处。

爱德华是我的钢琴教师。有一天，他给我教课的时候，忽然问我：每天要练习多少时间钢琴？我说大约每天三四小时。

“你每次练习，时间都很长吗？是不是有个把钟头的时间？”

“我想这样才好。”

“不，不要这样！”他说，“你将来长大以后，每天是不会有长时间的空闲的。你可以养成习惯，一有空闲就几分钟几分钟地练习。比如在你上学以前，或在午饭以后，或在工作的休息余闲，5 分钟、5 分钟地去练习。把小的练习时间分散在一天里面，这样弹钢琴就成了你日常生活中的一部分了。”

当我在哥伦比亚大学教书的时候，我想兼职从事创作。可是上课、看卷子、开会等事情把我白天、晚上的时间完全占满了。差不多有两个年头我一直不曾动笔，我的借口是没有时间。后来想起了爱德华先生告诉我的话。到了下一个星期，我就把他的话实践起来。只要有 5 分钟左右的空闲时间我就坐下来写一百字或短短的几行。

出人意料，在那个星期的终了，我竟积有相当的稿子准备修改。

后来我同样用积少成多的方法创作长篇小说。我的教学工作虽一天比一天繁重，但是每天仍有许多可以利用的余闲。我同时还练习钢琴，发现每天小小的间歇时间，足够我从事创作与弹琴两项工作。

艾里斯顿的经历告诉我们，生活中有很多零散的时间是大可利用的，如果你能化零为整，那你的工作和生活将会更加轻松。

善于利用时间要比善于利用财富更重要，这恐怕是一个不用多加说明的常识。所以，时间管理学对于每个人来说都是具有实用价值的。管理好自己的时间节奏，可以让我们更好地掌握自己的工作和身体，在工作和生活中“不折腾”，享受更轻松、更简单的生活。

第六节　运筹帷幄，把握时机

机会，对于每一个渴求成功的人来说都有着巨大的吸引力，它的巨大魔力能让一个举步维艰的创业者摇身变为成功的商业典范。但是，当机会降临在眼前的时候，又有多少人能够慧眼识金，敏捷地抓住机会而改变命运呢？

从本质上讲，聪明的不折腾者之所以能够获得事业上的成功，是因为他们能够识别机会。机会识别一半是艺术，一半是科学。聪明的不折腾者依靠直觉，使之成为一门艺术；依靠有目的的行动和分析技能，使之成为一门科学。就好比在互联网兴起之初，许多聪明的不折腾者抓住了这一契机，完成了原始的资本积累，为今日的成功奠定了雄厚的基础。而那些无法抓住机会的人，只能眼看着自己的梦想在网络经济的泡沫之中浮沉破灭。

互联网的兴起令所有不折腾者拍手称快。网络最直接的好处就是当我们需要查找资料或者新闻的时候，不必跑到图书馆资料室的资料堆中耗费时间，只需要在搜索引擎上输入关键字，敲击回车键，成千上万条资料就会在极短的时间按顺序呈现在屏幕之上。让我们对开创搜索引擎的聪明的不折腾者表示由衷的感谢与钦佩。自从1995年第一个搜索引擎雅虎进入市场，充分把握了难得的机遇，随后雷克斯网站（Lycos）、Excite、奥塔维（Altavista）及其他搜索引擎加入进来；而Google在1998年利用公平的高级搜索技术进入这个市场。这些企业的背后都有着一位能够洞悉市场发展走向的领导者，他们如草原上的雄狮一般，懒洋洋地侧卧着保存实力，机敏地嗅出猎物的气味，并瞄准目标以迅雷不及掩耳的速度出招抢占先机。如今，这块“蛋糕”已经几乎被完全瓜分，后来者只能在网络中寻找其他的机会。

聪明的不折腾者在养精蓄锐的时候，观察大到社会小到公司某个部门的发展趋势，并研究出最佳的出击时间。对那些有准备头脑的人来说，偶然发现就可能是机会。

Newgistics公司是偶然性涉及新企业创建的好例子，该公司专门帮助消费者退还他们通过网络或邮寄目录订购的货物。公司的创建源自一对夫妻的奇妙想法。创始人菲尔·西格尔的妻子劳伦是一位迷恋网上购物的热心购物者。某天，她从一个知名网络零售商处订购了一件女式上衣，但衣服不合身需要退换；然而，在得到同意订另一件衣服之前，她必须给网站发电子邮件，包装好并运回这件上衣，直到商家收到退货。劳伦埋怨说，退回或调换这些商品为什么如此不便呢？如果可以更简便一些该多好！于是菲尔决定创建一家企业来解决这个问题，以使复杂的产品退还过程变得顺畅——不仅为最终消费者，也为网上和目录零售商服务。他有一种预感，千百万的网上和目录购物者会赞同这种关切服务。Newgistics公司提供退回服务“Return Valet”，向目录和网上购物者提供实际地点交接他们的退货，并使消费者能立刻获得所购货物的信用。

对那些热衷网上购物却又因为担心售后服务问题的不折腾者来说，退换中介公司的成立无异于锦上添花，消除了他们的后顾之忧。在越来越多的电子商务网站兴起之时，另辟蹊径地创办这样一家网络公司，或许会从竞争激烈的电子商务市场中分得一定的利润。

当勤劳的人还在埋头工作的时候，聪明的不折腾者已经通过各种便捷的渠道深入市场进行调研了。他们明白，只有了解市场供求状况、变化的趋势、顾客需求是否得到了满足、竞争对手的长处与不足后，才能成功地抓住机会。聪明的不折腾者多看、多听、多想。广泛获取信息。及时从他人的知识、经验、想法中汲取有益的东西，从而增强发现机会的可能性和概率。

第七节　适当授权，合理分配工作

聪明的不折腾者善于运用一切合理资源为自己减轻工作负担。有的人工作十分繁忙，可以说“两眼一睁，忙到熄灯”，这种靠时间和力气解决问题的思路太落伍了。聪明的不折腾者就会采取应变分身术：管好该管的事，放下不该自己管的事。

分身术，严格地讲就是工作授权。今天，面对着经济、科技和社会协调发展的复杂管理，即使是超群的领导者，也不能独揽一切。领导者尤其是高层领导者，其职能已不再是做事，而在于谋事。

比尔·盖茨不仅是一位“懒惰”的高科技缔造者，更是明智的管理者。在微软建立之后，担当 CEO 的盖茨已经很少有时间从事他最擅长的技术开发工作。几年前，他第一次意识到自己的专长在于敏锐得几乎离奇的预见力时，便将 CEO 职位及公司所有员工都交给了鲍尔默。

善用授权意味着更多的拥有——担任微软首席设计师的盖茨可以将工作时间用于自己挚爱的事业。他的亲友、同事甚至自己都认为这是以聪明著称的比尔·盖茨最明智的举动，足以让所有竞争对手肃然起敬。

鲍尔默更是不负众望。他在担任CEO之前像个果断的经理，凡事喜欢亲力亲为，总站在最前线鼓舞士气。担任CEO之后，他放权给公司七大部门负责人，不再做每件大事的决策人，而是支持部门负责人的成长。他从一个最有煽动力的拉拉队员转变成幕后教练，把自己对竞争对手的研究转变为对人才的研究。

同样是高级人才，中国的诸葛亮却远不如比尔·盖茨、鲍尔默明智。诸葛亮官至蜀汉丞相，上知天文下通地理，工作勤勤恳恳，每日早起晚睡，各种事务都要亲自处理，亲自过问，“自校簿书”，“罚二十以上亲览”以致积劳成疾，过早离开人世。现代社会，职场工作千头万绪，极为繁杂，如果事无巨细地一把抓，即使有三头六臂，也会应接不暇，结果难免事与愿违。

聪明的不折腾者逐渐成长为领导者之后，安排工作事务时会先考虑哪些事情可“借力”——委派下属去做，自己并不动手，或者花时间在一些更有价值的事情上。透过有效的放权和“工作外派”，不但可以活用别人的才干，让他们有机会大展所长，更可从高回报、高价值的工作中获益匪浅。而且，如果过分专注于自己小小的领域，就不会了解其他领域对你目前从事的事业有多大的影响。

表面上，授权使我们失去了一些权利，但实际上不折腾者能够从中获得更大的权利。上面这些好处提示我们：你可以集中精力去承担更重要的工作，有更多的时间把握机会；授权还可以成为你向员工转达压力的一个途径；你的下属得到了成长，团队能力得到了提高。如此良性循环，才能使你的事业做大做强。

然而，授权也是一项艺术，需要掌握几个原则。

授权之前，先分析工作的可授权性。低风险的常规而琐碎的工作一定要授权；高风险的常规工作以及低风险的非常规工作可以选择能力较强、可靠性高的员工进行授权；而高风险的非常规工作则不能授权。

“视能授权”是必要的。在授权之前，对被授权者进行严密的考察，以被

授权者的才能和水平高低为依据，力求将责任和权利授权给最合适的人。

在授权之前，向被授权者明确所授事项的任务、目标和权责范围。所委托的工作最好是被授权者感兴趣、乐于完成的工作。工作量以不宜超过被授权者的能力和体力所能承受的负荷为限度，适当留有余地。

一般情况下，越级授权是被禁止的，否则会增加管理层和部门之间的矛盾；更不能将不属于被授权者权利范围内的事授权，否则会出现机构混乱，争权夺利的严重后果。

理想的被授权者能够胜任这项工作。对于经验丰富的员工，完全可以充分放权，尽量不去干涉他们的工作细节；对于具备一定经验的员工，除了不时给予一些支持外，注意按时监管；如果员工缺乏经验但具备潜力，从发展的眼光看，可以通过授权来培养，需要给予足够的支持和指导。

在开创成功的道路上，善用的不折腾者可能胜过老谋深算的集权主义者。假如你过于忙碌地工作而没有闲暇时间去思考你做的事，你将无法达到事业的高峰。善用而非滥用资源的人，才有空做广泛而非狭隘的研究。

还在等什么？赶紧列出你的工作清单，把那些可以逃避的工作交给下属，为自己争取更多的时间思考或者休息吧！

第八节　寻找工作和生活之间的平衡点

最近，“平衡”成为时尚人士关注的焦点。成功的事业是否等值于你付出的时间和精力？究竟是飞速发展的事业还是平稳上升的和谐生活更值得羡慕？不同的人选择不同的答案，聪明的不折腾者自然会选择后者，把更多的时间用在寻找工作与生活的平衡、家庭和事业的平衡、外界和自我的平衡上。懂得把握平衡的人即使工作繁忙，也知道如何“忙里偷闲”地调节自己生活的节奏，如何体味生活中的情调和趣味，保持从容的心态和风度。对聪明的不折腾者来说，失去平衡的生活就像漂亮的塑料盆景，无论外表多么鲜亮美丽，也掩盖不了它已经失去生命的这个事实。

2006 年，年仅 24 岁的泳坛名将索普宣布退役。到底是什么原因让他在事业的高峰期选择急流勇退？用索普自己的话讲："我必须在生活和工作方面找到平衡，所以我意识到，我必须做出一些改变，把游泳放到一个更次要的位置上面。我对未来作了一番设想，我要重新规划一下什么对我来说才是最重要的，游泳将不会再占有原来那么重要的位置。"

索普在奥运会上曾经夺得 5 枚金牌，他已经成为澳大利亚有史以来在奥运会上最成功的选手，这一点索普自己也看得很清楚，他说："我已经在体育方面取得了很高的成就。"但随即他话锋一转，"不过我也经历过挫折，我受了伤，身体变得虚弱。"2004 年雅典奥运会之后，他再也没有参加过任何世界大赛。2006 年他因为发烧退出了英联邦运动会，从那以后，他就一直努力从虚弱的状态中摆脱出来。更糟糕的是，索普一次在家中洗澡的时候，又把右手摔成了骨折。此后索普与教练离开澳大利亚到美国洛杉矶进行了三个月的恢复性训练。正是在那时，索普开始重新考虑他的未来。那三个月的修养和训练，实际上已让索普的身体恢复到了很好的状态，但正如索普所说："身体恢复了，另一方面，我的精神状态也很好，我开始问自己很多问题，我开始从一个正常人的角度看待自己的未来，这引出了另一个问题：如果没有游泳，我的生活会怎么样？"

游泳对于索普来说，就像一张保护网，但如果离开它，又会怎么样？索普认为退役并不意味着自己离开体育，而是一种"休息"，他将重新找到事业与生活的平衡点。

我们工作或者创业，自愿承受责任、压力，以谋取生存的可能，满足各种高级的物质与精神上的需求。美味的食物、舒适的衣裳、宽敞的居室，还有更大的成功——权力与名誉，成为一种源源不断的动力驱使我们努力做，甘愿受。然而无论我们多么努力，欲望始终无法被完全满足。于是，"平衡"的问题就跳出来了。一方面你希望工作有所成就；另一方面你又渴望家庭圆满，还有生活闲雅。一旦某一方面的欲望未得到满足，人们就感受到了所谓的“不平衡”。

我们首先要谈谈所谓的“工作与生活的平衡”究竟指的是什么。它涵盖了我们所有人应该如何管理生活、支配时间的问题——关于优先次序和价值观的问题。基本上，这个平衡是关于“我们应该把多少精力消耗在工作上”的讨论。让我们站到你的老板的视角上，换个位置对工作与生活的平衡问题做些思考。

1. 你的老板最关心的事情是竞争力。当然他也希望你能快乐，但那只是因为你的快乐能够帮助他的公司赢利。实际上，如果他的工作做得好，他就可以让你的工作变得很有吸引力，使你的个人生活显得不那么拖后腿。

老板给你付工资的原因，是因为他们希望你贡献所有的一切——包括你的头脑、体力、活力和献身精神。

2. 绝大多数老板都非常愿意协调员工的工作与生活的矛盾，如果你能给他出色的业绩。

平衡意味着选择和取舍，并承担相应的后果。多少时间给工作？多少时间陪家人？多少时间用来深思？多少时间做运动？加班还是回家？在认真考虑这些问题的时候，你会发现，达到平衡最关键的不过是明白几个道理：除了工作以外，你想从生活中得到什么；工作中，老板需要什么；争取业绩积分，根据自己的需要来兑换弹性，再不断补充它。最终，在一段时间过去之后，你会发现事情并没有那么艰难，不过是平凡的生活而已。

成功平衡工作与生活标准是：

成绩——得到的东西，我们需要去做。

享受——有时间陪亲人，乐趣、休息、运动和爱好。

懂得把握平衡原则的人无论在工作多么紧张的情况下，都知道该怎样调节自己的生活节奏和工作状态，并能体味生活中的情调和趣味，保持一种从容和风度。态度决定一切，内心因素决定外在表现，始终保持一颗平常心、平衡心，就能够使事业蒸蒸日上，也能让生活快快乐乐。

第三章 认准目标，不让理想“白折腾”

很多人都有这样的感觉，在别人已经成功的时候，自己却还在原地打转。其实，深究其根源，这差别在于开始的时候你是否有自己的奋斗方向，并指引着自己前进。只有做事有方向性，才能避免让自己做无用功，避免在毫不相干的事情上浪费时间。

第一节 方向不明，只能是“白折腾”

“折腾”不是为了某个方向而动，而是为了动而动，如无头苍蝇，目标不明干劲却很大，不管方向地到处乱闯。方向正确是干好事、干成事的前提，也是区别“折腾”和有作为的根本依据。要做到“不折腾”，首先在于要始终坚持正确的方向。

比塞尔是西撒哈拉沙漠中的一颗明珠，每年有数以万计的旅游者来到这儿。可是在肯·莱文发现它之前，这里还是一个封闭而落后的地方。这里的人没有一个走出过大漠，据说不是他们不愿离开这块贫瘠的土地，而是尝试过很多次都没有走出去。

肯·莱文当然不相信种说法。他用手语向这里的人问原因，结果每个人的回答都一样：从这儿无论向哪个方向走，最后还会转回到出发的地方，为了证实这种说法，他做了一次试验，从比塞尔村向北走，结果三天半就走了出来。

比塞尔人为什么走不出来呢？肯·莱文非常纳闷，最后他只得雇用一个比塞尔人，让他带路，看看到底是为什么？他们带了半个月的水，牵了两峰骆驼，肯·莱文收起了指南针等现代设备，只拄一根木棍跟在后面。

10 天过去了，他们走了大约八百英里的路程，第 11 天的早晨，他们果然又回到了比塞尔。这一次肯·莱文终于明白了，比塞尔人之所以走不出大漠，是因为他们根本就不认识北斗星。在一望无际的沙漠里，一个人如果凭着感觉往前走，他会走出许多大小不一的圆圈，最后的足迹十有八九是一把卷尺的形状。比塞尔村处在浩瀚的沙漠中间，方圆上千公里没有一点参照物，若不认识北斗星又没有指南针，想走出沙漠，确实是不可能的。

肯·莱文在离开比塞尔时，带了一位叫阿古特尔的青年，就是上次和他合作的人。他告诉这位青年，只要你白天休息，夜晚朝着北面那颗星走，就能走出沙漠。阿古特尔照着去做了，3 天之后果然来到了大漠的边缘。

方向是一个人前进道路上的“北斗星”。一个人如果没有前进的方向，就会如同原来的比塞尔居民一样，永远在通往沙漠外的路上“折腾”，永远也走不出沙漠。没有明确的方向，只能在原地“折腾”，永远也开创不了新天地。

纷繁的世界，每个人的生活节奏都很快，似乎谁都在忙着“折腾”。

“折腾”着培训充电，“折腾”着完成工作，“折腾”着会议传达，“折腾”着……总有一大堆事情在等着我们去完成，使我们“折腾”得焦头烂额，以至于常把“我没空”、“我没时间”经常挂在嘴边。然而，时间一长，个人的价值立见分晓，有的成了百万富翁、亿万富翁，有的还在温饱线上挣扎。产生这种差别的原因就在于做事是否有方向性。

有一个人要在客厅里钉一幅油画，请邻居来帮忙。油画已经在墙上扶好，正准备钉钉子，迟疑了一会儿，他说："这样不好，最好钉两个木块，把画挂在上面。"邻居觉得有道理，就帮他去找木块。木块很快找来了。正要钉时，这个人又说："等一等，木块有点大，最好能锯掉一点。"于是邻居便四处去找锯子。找来锯子，才锯了两下，他们很快发现就这锯子太钝了，该磨一磨。这个人家里正好有一把锉刀，就把锉刀拿来了，却又发现锉刀没有把柄。为了给锉刀安装把柄，这个人去附近的一个灌木丛里寻找小树。要砍下小树时，他又发现他那把锈迹斑斑的斧头实在不能用了。又找来磨刀石磨斧头，可为了固定住磨刀石，必须得制作几根固定磨刀石的木条。为此他又去寻找一位木匠。然而，这一走，就没见他回来。下午邻居再见到他的时候，他正在街上帮助木匠从五金用品商店里往外抬一台笨重的电锯。

这个人"折腾"了一天，却没有"折腾"出一个结果。在我们的周围，常常会发现一些人整天被"折腾"得晕头转向，结果却因为做了大量无意义的事情而使得忙碌失去了价值。

亚里士多德说过："明白自己一生在追求什么目标非常重要，因为那就像弓箭手瞄准箭靶，我们会更有机会得到自己想要的东西。"方向是一个人行动的指南针，有方向的人才能为美好的结果而努力，没目标的人只会在原地"折腾"。任何一个优秀的人绝不会在盲目中"折腾"，他们总会在行动之前为自己设定努力的方向。

有一个年轻人向拿破仑·希尔讨教职业上的事情，这位年轻人举止大方，已经大学毕业4年了。

他们先从年轻人目前的工作谈起，并了解了他所受的教育情况、家庭背景以及对事情的态度等。希尔突然问他："你找我，是不是想让我帮你换份工作呢?"

年轻人回答："是的。"

希尔又问："你想要一份什么样的工作呢？"

年轻人比较沮丧："问题就在这里，我真不知道自己该做什么。"

希尔说："不妨让我们换个角度想一下，10 年以后你希望自己是个什么样子呢？"

年轻人想了一会儿，回答说："我希望我的工作和别人一样，待遇很优厚，并且能买下一栋好房子。"

希尔笑了笑，对年轻人说："你现在的情形好比是跑到航空公司里说：'给我一张机票'，你并没有说出你的目的地，人家怎么能把票卖给你呢？同样的道理，除非你知道了自己的目标方向，否则你无法找到合适的工作。"

年轻人听完希尔的话，开始了认真的思考。几个小时过后，年轻人满意地离开了。

一个没有发展方向的人，无异于盲人骑瞎马，其前景绝对不可能乐观。方向和目标可以唤起一个人成功的信念。一个心中有方向的人，会成为创造历史的人，一个心中没有方向的人，终其一生也必定碌碌无为。

第二节 "简化"带来效率，赶走"折腾"

其实，随着工作步调越趋复杂与紧凑，很多时候我们都将原本的简单问题复杂化了，给自己平增了"折腾"。这时，"保持简单"是最好的应对原则。"简单"来自于清楚的目标与方向，知道自己该做哪些事、不该做哪些事。工作中无所适从的时候，选择简单之法不失为聪明之举。

当年，迪斯尼乐园经过三年施工，即将准备开放时，路径设计仍无完美方案。一次，总设计师格罗培斯驱车经过法国一个葡萄产区，一路上看到许多园主在路旁卖葡萄却很少有人问津，山谷前的一个葡萄园却顾客盈门。原来，那是一个无人看管的葡萄园，顾客只要向园主老太付 5 法郎，就可随意采摘一篮葡萄。该园主让人自由选择的方法，赢得了众多顾客的青睐。

格罗培斯深受启发，他让人在迪斯尼乐园撒下草种，不久，整个乐园的空地就被青草覆盖了。在迪斯尼乐园提前开放的半年里，人们将草地踩出许多小径，这些小径优雅而自然。后来，格罗培斯让人按照这些踩出的路径铺设了人行道。结果，迪斯尼乐园的路径设计被评为世界最佳设计。

我们在做任何事情的时候，千万不要把事情过于复杂化，太多的顾虑反而会让我们走弯路，事情的结果也会和我们希望的相反。

简单思维，有一个较为有名的法则——“奥卡姆剃刀”。他的提出者奥卡姆·威廉有一句著名的格言：“如无必要，勿增实体。”不要把事情看得那么难，那样只会使人处于自我束缚中。许多问题解决起来，既不需要太复杂的过程，也没必要有太多的顾虑，绝妙常常是存在于简单之中的。

根据“奥卡姆剃刀”这一原则，对任何事物准确的解释通常是那种“最简单的”，而不是那种“最复杂的”，这就像音响没有声音，我们总是会先看看是不是电源没有接好，而不会马上就将音响拆开检查是否哪个线路坏了。

从方法论角度出发，“奥卡姆剃刀”就是舍弃一切复杂的表象，直指问题的本质。可惜，当今有不少人往往自以为掌握了许多知识，喜欢将一件事情往复杂处想。当我们的思路变得开始复杂时，应该时刻提醒自己：该拿起奥卡姆剃刀了。因为，只有简单，才可以产生绝妙的主意。

一家著名的日用品公司换了一条全新的包装流水线，但是之后却连连收到用户的投诉，抱怨买来的香皂盒子里是空的，没有香皂。这立刻引起了这家公司的注意，并立即着手解决这个问题。一开始，公司准备在装配线一头用人工检查，但因为效率低而且不保险而被否定了。这可难住了管理者，怎么办？不久，他们找来一个由自动化、机械、机电一体化等专业的博士组成的专业小组解决这个问题，没多久专业小组在装配线的头上开发了全自动的 X 光透射检查线，透射检查所有的装配线尽头等待装箱的香皂盒，如果有空的就用机械臂取走。

同样的问题发生在另一家小公司。老板吩咐流水线上小工务必想出对策解决问题。小工申请买了一台强力工业用电扇，放在装配线的头上去吹每个肥皂盒，被吹走的便是没放肥皂的空盒。

同样的问题，一个花了大力气、大本钱研究了 X 光透视装备，另一个却用简单的电风扇吹走空的肥皂盒。后面的方法更简单易行，更省时、省力、省钱，这样的方法就是好方法！

杰克·韦尔奇的管理思想中有一条非常著名的论断，那就是“成功属于精简敏捷的组织”。他认为企业不必复杂化，对他来说，使事情保持简单是商业活动的要旨之一。他说，他的目标是“将我们在 GE 所做的一切事情、所制造的一切东西‘去复杂化’”。

艾伯是佛罗里达州米顿市“阿姆斯壮探索”的总工程师，近来盘管总是冻裂，令他一筹莫展。他已经好几次听说企业经理在开会讨论要发明一种防冻盘管，但是说归说，一直都没有实质性的进展。

艾伯记得，小时候有游泳池的人家在天冷时会把一块木头放到池里。当池水结冰时，冰块就会将木头挤出，填满木头原来所占据的空间。这个简单的方法可以防止游泳池开裂。

“我们的盘管何不利用相同的原理呢?”艾伯想。

艾伯希望速战速决又不花太多钱。问题是，当时是大夏天，很难模拟结冰的情形。这种情况下，艾伯原本想向某昂贵的实验室求助，仿造一个冬天的景象。

但是他突然想到：“其实不用这么复杂，我只要用家用冰箱的冰冻柜就可以了。”于是艾伯到工厂取了两个相同的盘管，一个保持原样，另一个在里面放了一个橡皮擦，他希望这个橡皮擦能发挥和游泳池里的木头一样的效果。艾伯将两个盘管装满水，将两端焊接密封起来以后，放进冷冻柜去，就上床睡觉了。

第二天早上，艾伯发现没有橡皮擦的盘管裂开了，而另一个依然完好无损，他成功了。

艾伯的故事告诉我们：越是追求简单，事情越显得容易。反之，任何事都会对我们产生威胁，让我们感到棘手、头痛，精力与热情也跟着低下。化繁为简，会使工作变得可行，信心大增。

在工作中，没有人不希望最快、最有效地解决问题。但有的人能做到，有的人却做不到。这其中原因有很多，是否懂得抓要点、抓根本则是关键。“牵牛要牵牛鼻子”，工作中，我们要自主决断，抓住事情的关键点，这并不是少数人特有的天赋，而是大多数人都可以培养出来的一种能力。

将问题简单化，重点是要找到问题的关键。找到了问题的关键，问题解决起来便十分简单。当你在工作中遇到难题、一筹莫展的时候，不妨让自己冷静下来，仔细分析一下问题，找到“症结”，一切就能够顺利解决。

世界是复杂的，但也是简单的，只有事弄得很复杂，是因为我们常常被自己的习惯性思维禁锢，从而把简单的事情复杂化了。如何将复杂的事情回归于简单，根除工作的“复杂病”，是每一个员工需要思考的问题。只有学会了简单思维，我们才能在“不折腾”中达到高效。

第三节　用高效击退折腾

凡事若不抓“落实”，最终导致的结果必然是：提出的“规划”、“计划”等，多是“写在纸上、挂在墙上、停在嘴上”，部门之间的工作互相推诿、扯皮，“皮球”踢来踢去，办事效率低，之前原有的计划往往落空，从而贻误了大好时机，不仅阻碍个人事业发展，还严重损害了企业利益。

一旦树立目标却遭遇拖延而没有落实，就会一切注定是一场“空折腾”，只有高效落实才能避免无谓的“折腾”。富兰克林说：“把握今日等于拥有两倍的明日。”今日事，今日毕，说做就做，马上行动，才能成就大事。在职场上，成功者和失败者之间的区别，往往不在于工作能力的大小或想法的好坏，而在于是否有勇气相信自己的想法，能否及时地采取行动。

广州一家家电制造有限责任公司曾发生过这样一起管理“事故”。3号车间有一台机器出了故障，经过技术科的工作人员检查，发现原来是一个配套的螺丝钉掉了，却怎么找也找不到，于是只好去重新买。可是根据公司内部规定，必须先由技术工作人员填写采购申请，然后由上级审批，之后再经过采购部部长审批，才能由采购员去采购。

可是，问题又出现了：市内好几家五金商店都没有那种螺丝，采购员又跑了几家著名的商场，还是没有买到。

几天很快就过去了，采购员还在寻找那种螺丝，可是工厂却因为机器不能运转而停产。于是，公司的其他管理者不得不介入此事，认真打听事故的前因后果，并且想方设法地寻找修复的方法。

在这种“全民总动员”的情况下，技术科才找出机器生产商的电话号码。于是，采购员就打电话问哪里有那种螺丝钉卖。对方却告诉他：你们那个城市就有我们的分公司，你去那里看看，肯定有。

半个小时后，那家分公司就派人上门送货来了。问题解决的时间就那么短，可是寻找哪里有螺丝钉，就用了一个星期，而这一个星期公司已经损失了上百万元。

第四节　忙到重点上

忙到点子上，做最有价值的事，就是在维护民众利益的事上，在维护国家经济社会稳定发展的政治体制改革、经济体制改革等改革的事上“不折腾”，提高效率。

职场中，“最近比较忙”是很多人的口头禅，在讲究效率的当今社会更是如此。忙着工作，忙着赚钱，忙着学习，忙着消费……“忙”字成了很多人心头唯一的关键词。当然，“忙”也是无数人工作和生活的写照。虽然“忙”字代表了人们的生活状态，但它代表不了人们的生活质量，很多整天忙碌的人没有取得业绩，从头至尾都是在“穷折腾”。

美国的时间管理之父阿兰·拉金说过：“勤劳不一定有好报，要学会聪明地工作。”拉金先生的意思是说，一个人只靠忙并不能保证取得好的结果，只有善于提高效率，才能够避免“折腾”，能够时刻忙于要事的人才能够取得好的结果，成为工作和辛勤劳动的受益者。

区别一个人工作效率高低的重要标准不是看他多么努力地工作，而是要看他能不能时刻忙于要事，忙在点子上。创设遍及全美的事务公司的亨瑞·杜哈提说：“不论他出多少钱的薪水，都不可能找到一个具有两种能力的人。这两种能力是：第一，能思想；第二，能按事情的重要程度来做事。”亨瑞·杜哈提的这个用人标准一语道破了我们提高工作效能的关键——无论做什么事都要忙在点子上。安德鲁·伯利蒂奥是利用时间的楷模，他从来不浪费一秒钟的时间，只要时间允许，他就一定会拼命工作。所有知道他的人都说：“看，安德鲁·伯利蒂奥真是太会珍惜时间了！”人们都知道，为了能成为一名出色的建筑师，他拼命地想要抓住每一秒钟。

每天，他把大量的时间用在设计和研究上，除此之外，他还负责很多方面的事务，每个人都知道他是个大忙人。他风尘仆仆地从一个地方赶到另一个地方，因为他太负责了，以至于不放心任何人，每一件工作都要自己亲自参与了才放心。时间长了，他感觉到很累。

其实，在他的时间里，有很大一部分都浪费在管理那些乱七八糟的事情上。无形中，他增加了自己的工作量。

有人问他："为什么你的时间总是显得不够用呢？"他笑着说："因为我要管的事情太多了！"

后来，一位教授见他整天忙得晕头转向，却仍然没有取得令人骄傲的成绩，便语重心长地对他说："人大可不必那样忙！"

"人大可不必那样忙"这句话给了他很大的启发，他就在听到这句话的一瞬间醒悟了。他发现自己虽然整天都在忙，但所做的真正有价值的事实在是太少了！这样做对实现自己的目标不但没有帮助，反而限制了自己的发展。

大梦初醒的安德鲁除去了那些偏离主方向的分力，把时间用在更有价值的事情上。很快，他的一部传世之作《建筑学四书》问世了。该书至今仍被许多建筑师们奉为"圣经"。

安德鲁·伯利蒂奥的成功只是因为一句话："人大可不必那样忙！"

综合安德鲁·伯利蒂奥的经历我们可以看出，之前他在所有的事件上"折腾"了大量时间，却效率低下，之后他将有限的时间放到了更有价值的事情上，获得了更大的成功。这就是忙到点子上的巨大威力。

被美国《时代》杂志誉为"人类潜能的导师"的史蒂芬·柯维博士曾经这样说过："人类的重要任务就是将主要事务放到主要的位置上。"整日忙碌的你，是否做到这一点了呢？分清主次，先做最重要的事情，这是我们提高工作效率，忙到点子上最简捷、最有效的办法。

你的一天只有1440分钟，你能完成多少工作？在信息庞杂、速度加快的职场环境中，我们必须在越来越少的时间内完成越来越多的事情。

1897年，意大利经济学家帕累托偶然注意到英国人的财富和收益模式，即较少的人掌握社会较多的财富。依据这个发现，后来有人总结提出了著名的“二八法则”。“二八法则”告诉人们一个道理，就是要把自己的时间和精力放在自己最重要的事情上，这样就能用有效的时间做更有意义的事。

“二八法则”对工作的一个重要启示是：避免将时间花在琐碎的多数问题上，因为就算你花了80%的时间，你也只能取得20%的成效。你应该将时间花在关键的少数问题上，因为解决这些关键的少数问题，你只需要花20%的时间，即可取得80%的成效。

事实上，做事效率低的人之所以无法高效地完成工作，并不是因为他们能力不够、热情不足，而是因为没有真正忙到点子上。某部门主管因患心脏病，遵照医生嘱咐每天只上班三四个小时。他很惊奇地发现，这三四个小时所做的事在质和量方面与以往每天花费八九个小时所做的事差不多。他所能提供的唯一解释是：他的工作时间被迫缩短，他只好将它花在最关键的工作上。这或许是他得以维持工作效能与提高工作效率的主要原因。

如果一个人把自己的精力放在一些不重要和无意义的事情上，那么他就没有时间去做重要的事情了。这也是很多人总是忙得团团转，整天被各种事情“折腾”得筋疲力尽，工作却不见成效的重要原因。时间并不能直接为你带来结果，只有正确的行动才能为你带来正确的结果。一个人只知道忙而不知道忙于正确的事，就好像一个把宝押在了错误的地方的赌徒，最后只能是把时间连本带利地输光。

作为职场人员，你可以在你的办公桌前放一大块字牌：“忙到点子上，我必须做最有价值的事情。”以此来使自己尽可能减少琐碎而无价值的工作。也许，这样的方法能让你的效率翻番，并尽可能减少“穷折腾”。

第五节 不无的放矢，不搞无效运动

世界是运动的，这是基本原理，所有事物的存在、发展都需要正确的运动，运动不等于“折腾”，“折腾”是错误的运动。什么是“折腾”？“折腾”不是不运动，而是盲动，不是为了某个目标而动，而是为了动而动。

对于中国人来说，“运动”这个词并不算陌生。改革开放前，老一辈人就经历了大量的政治运动，今天“反左”、明天“反右”，一会儿“上山下乡”，一会儿又要“人民公社化”，接二连三的“运动”让人们对“折腾年代”记忆深刻。经历了接二连三的“运动”，人们发现，经济发展越来越慢，生活水平越来越低，人们越来越没有安全感。总结“运动”的经验，除了留下“折腾”的记忆外，我们什么也没有得到。

而时下的一些企业，也是没事就整点“运动”，不是“折腾”人就是“折腾”事。“运动”的初衷都显得冠冕堂皇：为了企业的可持续发展，我们开展这样的“运动”。然而，真正有价值的“运动”有多少？无效“运动”使企业和员工都很受伤，而企业正是在持续的“折腾”中荒废了光阴、耽误了发展，怎不能令人感叹？

在相当长的时间里，健力宝是中国市场上知名度最高的饮料品牌。而企业管理层的接连失误，最终使健力宝一步步走上了不归路。

第一个失误便是抛弃健力宝品牌。他们嫌原来的品牌太“老土”，生造出一个时尚而新锐的“第五季”，主打北京、上海等大城市的青年人群。殊不知广袤的城镇市场却是最肥的一块肉，健力宝多年屹立不倒靠的正是被广为认知的“健力宝”品牌。“第五季”以一个闻所未闻的新品牌，像愣头青一样扎进大城市这片光鲜而又惨烈的红海，能有什么好的结局？

第二个失误便是抛弃健力宝现有的营销团队。管理层认为，原先的营销队伍呈现老化和涣散的态势，于是一刀砍下，辞掉八成的老营销员，同时大量招聘年轻大学生。并且学习可口可乐的营销模式，对渠道和市场进行精细化管理。营销队伍也从500多人扩充到6000多人，营销成本陡增。但新手并未给营销业绩带来明显的提升。

第三个失误是迷信广告，追求轰动效应。他们花上千万元拍摄精美广告，在媒体上一掷千金。为了让“第五季”一炮走红，一次性采购了500台送货车和5万台电冰箱，还在订货会现场准备了奔驰轿车和别克商务车作为抽奖的奖品。促销活动轰轰烈烈，一时间无人不知“第五季”，可是在店铺里却看不到产品。在北京市场，当健力宝的3100万元世界杯广告播出一个月后，有人向广东要货，得到的回答居然是“北京地区的销售体系还没有建好，还要等几天”。

第四个失误是多品种齐上，没有主打重点。“第五季”走的是多元化之路，凡是当时饮料市场上流行的概念，从茶饮料、纯净水、果汁到碳酸饮料无所不包，品种达30多个。这种没有重点的营销方式，让所有的广告都绽放成了绚丽而没有着落的烟花，没有人能说出“第五季”到底是什么样的饮料。

第五个失误是沉迷于足球营销。在张海任内，健力宝在足球上共花了5000万元，他的这些“足球营销”尽管也在各类媒体的体育和娱乐版面上出尽了风头，可是对产品销售却毫无助益。

第六个失误便是重组失败。从2003年开始，健力宝相继与湖北的双环科技、甘肃的西北化工、江西的华意压缩等上市公司洽谈收购事宜，无一例外的是，上述企业都是经营陷入困境的“空壳公司”，而健力宝的收购条件均是承诺在当地建造一个投资不低于1亿元的“健力宝健康产业园”。这些项目耗去了健力宝的大量财力，结果却无功而返。

“第五季”在2002年成为饮料行业最大的笑料，之后的两年里，健力宝的销售额一直徘徊在30亿元人民币上下，可运营成本却节节上升，品牌力的丧失和人心涣散更是一个令人感到可怕的事实。

从健力宝的例子中我们也许能得到一定的启示，企业管理者发起的无效运动不仅使企业的发展遭受巨大挫折，使企业的品牌遭受巨大损失，也使企业的员工因企业受伤而遭受伤害。

其实，在我们的身边，因无效“运动”使得企业发展遭遇变故的例子比比皆是，但是仍然不能引起人们的足够重视。“不折腾”的提出，使我们对这类无效“运动”所造成的损害产生深刻的反思。无效“运动”只会给企业和个人带来无谓的“折腾”，企业和个人在“折腾”中耗费精力和财力，延误发展时机，留下来的只能是满目疮痍。痛定思痛，唯有“不折腾”，唯有不搞无效“运动”，个人和企业才能在可持续发展中获益。

第六节　不炒冷饭，不做无效创新

时下，创新这个词的使用频率特别高，上至各级官员，下至普通员工，不论是机关，还是企业，经常动不动就讲如何如何创新。诸如，不创新就不能发展，不创新工作就不能上水平，不创新工作就打不开局面，不创新企业就将亏损，等等。

创新是脑力劳动，是智力的较量和考验，而绝不是行动上的鲁莽。整天挂着创新的旗帜到处招摇，背地里却是随便“折腾”，这是创新吗？工作中缺乏对实际情况的了解，听不到客观的声音，胡乱“折腾”一番，这是创新吗？工作没有计划性，今天搞一套，明天搞一套，让人无所适从，这是创新吗？这些所谓的创新都是“无效创新”，除了给人们徒增“折腾”烦恼外，别无它用。

事实上，创新是寻找事物发展规律，艰苦探索的过程；创新更是一个谨慎实践，一步一个脚印，摸着石头过河，不断修正错误的艰辛之举。无效创新危害稳定的局面，妨碍发展的势头，对企业和个人所造成的损失是无法估量的。

席卷全球的美国金融危机，大家都知道是源于美国的次贷危机。其实在美国，次级抵押贷款总额占美国国内金融市场的比例是比较小的，相对于全美8万亿美元的住房贷款总额，次级抵押贷款总额为1.89万亿美元，所占比重为23%。应该说，金融危机的直接导火索是美国在金融衍生品上的“创新”。

次贷市场具有高风险性的特点，次贷机构、投资银行对此当然了解。如果出现大批违约事件，放贷机构将不可避免地承担巨大风险。因此，金融家们发明了一种新的金融产品，即次贷“证券化”。在这个过程中，购房者的贷款被集中到一起，打包整理成一种次级贷款支持证券，再投放市场。购买这些证券的人们，将取得借款人偿还的本金和利息。

美国是一个提倡“创新”精神的国家，而美国的金融家将抵押贷款证券化，曾被认为是一项“伟大的创举”。他们将次级贷款转化为许多与之关联的金融衍生品，其规模高达几十万亿美元，构成了一个庞大无比而又错综复杂的金融网络。这样，一旦上游出现问题，势必牵一发而动全身。

当投资者们面对“次级抵押贷款证券化”这一新产品时，却发现：这种证券由于评级高，属于低风险，回报却比同属高评级的国债或优质公司的债券高。顿时，全世界的投资者都被吸引了过来。

终于有一天，次级贷款环节发生了问题，“蝴蝶效应”便展示了其强大的威力，不仅美国，全世界都陷入了空前的金融危机中。

我们可以看到，美国金融危机的罪魁祸首其实就是美国金融家们的“创新”之举，只不过这样的“创新”损失需要美国和全世界人来承担。

创新应该真创新，创新的目的是为了更好更快地发展，而不是假创新和为了创新而创新。现如今有太多的所谓“创新”太虚太滥，纯粹“瞎折腾”。有的甚至把过时的甚至腐朽的东西当成创新，把别人不理解的东西作为创新，把明显脱离实际的思路看成创新。

创新是好事，但是不尊重客观规律的“创新”，那样只能是“瞎折腾”，没有任何人能从这样的“创新”中得到好处和实惠。所以，不要动不动胡搞一通地乱创新，更不能嘴上说创新实际上却是在折腾，这样的“创新”于发展无益，于企业或个人的利益也无益。

对于很多企业而言，他们不是不想创新，但创新仅仅停留在口号上，或者脱离了企业发展的实际，造成了“无效创新”，这正是让很多企业走向衰败的原因。

“旭日升”冰茶对于很多人来说，已经是一个遥远的记忆了。当初一个以供销社为家底，3000 万元投资起家的旭日集团通过短短几年的发展，做成了一个销售额高达 30 亿元的饮料巨头。然而，从 2001 年开始，一日千里升腾起来的旭日，却让人无法想象地滑向了“迟暮”的轨迹。2002 年下半年，旭日升停止铺贷。曾一度风光无限的“旭日升”，竟然成了人们心中的一道“蓝色记忆”。

“旭日升”之所以这么快就淡出了公众的视线，管理层方面的一系列“创新”可谓“功不可没”。

在企业内忧外患之时，旭日升给企业高层大换血，意在将原有的粗放、经验主义的管理向量化、标准化管理转变。据说，旭日集团当时引进了 30 多位博士、博士后和高级工程师，个个是战略管理、市场管理、品牌策划和产品研发方面的少壮派高手，其中集团的营销副总经理还在可口可乐中国公司做过销售主管。

把 1000 多名原来一线的销售人员安排到生产部门，试图从平面管理向垂直管理转变。集团总部建立了物流、财务、技术三个垂直管理系统，直接对大区公司遥控，各大区公司再对所属省公司垂直管理。

把旭日集团的架构重新划分为五大事业部，包括饮料事业部、冰茶红酒事业部、茶叶事业部、资本经营事业部和纺织及其他事业部，实现多元化经营。

这些管理措施，不能不说是现代中国企业的一种创新之举，并且这些管理措施在国外的众多企业被证明是行之有效的。但是现实是残酷的，这些所谓的管理创新之举却加速了“旭日升”的垮台。

事实证明，任何创新都必须建立在现实可行的基础之上。“无效创新”必然损害企业稳定，进而影响企业或个人发展。因此，无论国家、企业还是个人，我们需要创新，但我们不需要“无效创新”。

有些人打着创新的幌子，借“创新”之名，行“折腾”之实。在现实生活中，我们已经经历太多的无效创新，似乎只要“折腾”点儿花样出来，就自诩为“创新”。创新的实质是要真发展、真进步，只有杜绝无效创新，才能减少无谓的折腾，企业和个人才能得到又快又好的发展！

带着思考来工作，就需要我们思考现在的工作应该如何改进，思考以后的工作应该如何筹划，思考自己的职业生涯应该画上怎样的一笔。

过去，大多数企业里的工作都是一些体力活，只需要员工用手工作就可以了。而现在，企业的发展不仅需要技能熟练的工人，更需要能够适应新的形势、用大脑工作的创新型员工。一流员工善于用大脑工作。遇事主动寻找方法创新的员工，是能够主动创新的员工，也就是跑得最快的员工。只有善于用大脑工作，才能够成为企业中最受欢迎的金牌员工。

要想在职场立于不败，就要及时转换自己的思路，用大脑去工作，为企业创造更高的价值。用大脑工作，智慧的力量会助推我们成为职场里的“常胜将军”。

第七节　不在细节上苦苦纠缠

“细节决定成败”，这个说法并不错。但是有些人，在工作中过分注重细节，往往会起到“过犹不及”的效果。细节的确重要，因此很多人容易沉溺于细节，想要使细节变得更加完美，而在此过程中却迷失了最初的目标。纠缠于细节，结果是在“折腾”中浪费时间和生命，使工作变得一塌糊涂。所以说，要重视细节，但是不要过分沉溺于细节。

现实生活中，我们经常能发现苛求细节、纠缠于细节的人，他们也许在某个细节上做得足够好，但他从来就不是一个成功的人士。究其原因，他们的视线只着眼于某个细节，而忽略了全局的发展，因而他们必定不能完成更多的工作。

卡尔森钢铁企业总裁查理·卡尔森，为自己和企业的低效率而忧虑，于是找效率专家史蒂芬·柯维寻求帮助，希望史蒂芬能够为他提供一套思维方法，告诉他如何在短短的时间里完成更多的工作。

史蒂芬先生声称可以在10分钟内就给卡尔森一样东西，这东西能把企业的业绩提高50%，然后他递给卡尔森一张空白纸，说："请在这张纸上写明天要做的6件最重要的事。"

卡尔森用了5分钟写完。

史蒂芬望了一下卡尔森先生，接着说："现在用数字标明每件事情对于你和你的企业的重要性次序。"

这又花了5分钟。

史蒂芬说："好了，把这张纸放进口袋，明天早上第一件事是把纸条拿出来，做第一项最重要的。不要看其他的，只是第1项。着手办第一件事，直至完成为止。然后用同样的方法对待第2项、第3项……直到你下班为止。如果只做完第一件事，那不要紧，你总是在做最重要的事情。"

史蒂芬最后说："每一天都要这样做——您刚才看见了，只用10分钟时间——你对这种方法的价值深信不疑之后，叫你企业中的员工也这样干。这个试验你愿意做多久就做多久，然后给我寄支票来，你认为值多少就给我多少。"

一个月之后，卡尔森给史蒂芬寄去一张5万美元的支票，还有一封信。信上说，那是他一生中最有价值的一课。

5年之后，这个当年不为人知的小钢铁厂一跃而成为世界上最大的独立钢铁厂。对此，卡尔森心理最清楚，史蒂芬提出的方法功不可没。

我们从这个故事中应该得到这样的启示：我们的目标是完成工作，而不应该纠缠于工作中的细节使自己陷入繁杂的琐事当中。纠缠于细节只会让我们在细节上徒劳耗费精力，我们理应从细节的烦扰中走出来，在工作中以全局的视角来审视这些细节。

“播慢一点儿。”组长对他说。

“播慢一点儿。”导播对他说。

“播慢一点儿。”经理对他说。

“播慢一点儿。”居然在电视企业门口遇到总经理，也得到这么一句建议。

“我播得并不快啊，”年轻人心想，“我偷偷计算过了，别人播的字数跟我差不多，为什么大家不说别的主播播得快，却觉得我快呢？”

为了找到问题的所在，这个年轻人特意去拜访了以前的新闻系教授。“我注意到了，你播新闻给人的感觉确实有点儿快，”教授一见面就说，“不过那不是真快，而是因为你的气有点儿急。”

“气急？”年轻人不懂，“我一点儿没有上气不接下气的感觉啊。”

教授笑笑，叫年轻人坐下，从茶几下面掏出个照相簿：“来，先不谈报新闻，你瞧瞧，我刚从墨西哥回来，这么老了，还去爬玛雅人的金字塔呢。神不神？”教授指着一张照片，只见那几乎只有四十五度的塔阶上，一群人手脚并用地往上爬，教授正是其中的一个。

“上去还好，下去可就恐怖了，”教授瞪大眼睛，“因为往下看，每个台阶都一样窄，几百阶直通地面，一个不小心，滚下去，就完蛋了。比起来，还是泰山好爬。”说着翻到相簿的另一页：“你瞧，连你师母都上了泰山。”

“泰山为什么反而好爬呢？不是‘登泰山而小天下’吗？”年轻人问。“因为泰山的石阶虽然也陡，可是每隔一段，就会有一块比较宽的地方，让你可以暂时休息休息。”教授指着照片说，“就算不小心，滚下去了，因为有比较宽的地方可以缓冲，也好得多。”

接着教授笑笑说："你注意，凡是给人危险感的，像是黄山的天都峰、玛雅的金字塔，都不见得因为它高，而是因为中间没有留下让人缓口气的地方。"

年轻人似有所悟，从此年轻人播新闻就不再给人急迫的感觉了。以前批评他的人，一个个竖起大拇指："播得太棒了，不疾不徐、字正腔圆。"没多久，许多新进的记者都去向他请教。

"说来其实不难，"这位年轻人说，"就像爬山，别一直往前冲，走一段总要喘口气，如果你一个劲儿地念稿子，中间没有明显的顿挫，就会让人觉得气急。相反，你可以播得很快，但是如果到专有名词的地方能稍稍放缓一点儿，在段落与段落之间稍微做个停顿，甚至轻轻点个头，笑一下，观众看来自然觉得你从容。"年轻人笑笑，接着说："哪个喋喋不休的女人，能表现出风韵？哪个一刻不停的男人，又能表现出风采？紧张当中要有节奏，忙碌当中要有休闲。绘画时，在紧密当中要留个空白；歌唱时，在段落之间要吸口气。以前我过分关注语速的细节，而忽视了问题的另一方面。天下的道理其实都一样啊！"

是啊，道理都是一样的，不要为了细节而注重细节，这样反而有可能适得其反。一些人容易沉溺于细节，而在此过程中却迷失了他们最初的目标。很多人把大部分时间花在细节的处理上，使细节变得十分完美，然而细节完美的结果却使得整个工作变得一塌糊涂。

在现实生活中，无论是企业的商业行为，还是个人的工作方法，人们往往在不必要的细节中迷失了自我，而造成无数"空折腾"情况的发生。

很多时候，你不要太拘泥于对细节的追逐，还要注意从整体的角度看待工作中的问题。千万不要为了细节而注重细节，因为这样只会让你陷入无谓的"折腾"中。

第八节　一以贯之，自始至终“不折腾”

在工作中，一旦我们确定了前进的方向，我们就需要一以贯之，在落实过程中绝不让自己的奋斗方向偏离。我们需要认清自身的使命，奋力前行，多考虑如何把事情做成，即使慢也驰而不息，因为我们正一步一步向自己所向往的目标前行。

日本丰田汽车公司是当今世界汽车工业三大巨头之一，丰田汽车公司能够取得这样的成绩，一个重要原因就是自始至终都选择了坚持。

20 世纪 20 年代，丰田喜一郎选择了汽车制造业。他到美国学习以后，回到日本名古屋试制，但他失败了。

他分析了失败的原因。当时落后的工业无法制造引擎，为了突破这一难关，他开始自行设计引擎，并制造了出来。有了引擎，他开始制造汽车。从 1933 年到 1936 年，他造出了第一辆卡车和公共汽车。投放市场以后，由于耗油多、噪声大、速度慢，市场反应不佳。

面对又一次的失败，丰田喜一郎决定坚持下去。日本对外侵略战争开始以后，军队需要大量军用卡车。这为丰田喜一郎提供了机会，他开始生产军用卡车。1938 年，美国年产 350 万辆汽车，日本只能生产几千辆。1945 年日本无条件投降，战争结束，丰田喜一郎只好停止生产军用卡车，当时日本经济不景气，民用汽车很难卖出去，丰田濒临破产边缘。

面对又一次的挫折，丰田喜一郎还是没有放弃自己的目标。直到 1950 年，朝鲜战争爆发，美国向日本购买卡车，丰田喜一郎才迎来了又一次兴旺的机遇。20 世纪 60 年代，丰田开始试着进入美国市场。但刚一进入，就遭到惨败——皇冠轿车马力不足，根本无法在美国的高速公路上行驶。是否就此止步？是否就此放弃整个计划？丰田公司决定坚持。丰田喜一郎说，即使只有公司名称在美国登记也好，哪怕只卖出50辆或100辆，只要建立桥头堡就行。

这一坚持就是7年。丰田公司花了7年时间才推出第一辆在美国销售成功的汽车，现在，丰田已经走过了80年的历程。在漫长的岁月中，在任何一次需要坚持的时候，如果放弃了，世界汽车工业的三大巨头之一就会与丰田无缘。

丰田的成功，来源于对企业目标的坚持。从丰田喜一郎的身上我们可以看出，唯有坚忍不拔的决心才能战胜任何困难。一个有决心的人，任何人都会相信他，会对他给予全部的信任；一个有决心的人，到处都会获得别人的帮助。相反，那些做事三心二意，缺乏韧性和毅力的人，没有人愿意信任和支持他，因为大家都知道他做事不可靠，随时都会面临失败。

许多人最终都没有成功，不是因为能力不够、诚心不足或者没有对成功的热望，而是缺乏足够的耐心。这种人做事时往往虎头蛇尾、有始无终、草草了事，他们总是对自己目前的行为产生怀疑，永远都处在犹豫不决之中。有时候，他们看准了一项事业，但刚做到一半又觉得还是另一个职业更为妥当。他们时而信心百倍，时而又低落沮丧。这种人也许会在短时间内取得一些成就，但是，从长远来看，最终还将是一个失败者。

目标确定了，事业的成功关键就在于你是否具有超常的毅力，是否在困难面前能够比别人多坚持一下。只有你时时刻刻想到自己的目的，时时刻刻总结自己的行径，久而久之，你才可能超越自我。

世界上最伟大的科学家之一爱因斯坦在物理学上为人类作出无与伦比的巨大贡献的同时，还为人类留下了重要的启迪。

爱因斯坦在成年之前，曾被一串串难听的绰号困扰，人们都认为他愚钝不堪。然而当他发现了相对论，成为世界伟人时，人们又将他的成功归结于他有一颗绝顶聪明的头脑，以至于在他死后，人们不惜将他身首异处，把他的头脑留在世间保护起来进行各种研究。时光流逝，谁也没能研究出结果。倒是爱因斯坦自己早就根据自己的成功经验说出了成功的真谛：“钢铁般的意志比智慧和博学更重要。”

弱者与强者之间、大人物与小人物之间、“折腾”与“不折腾”之间显著的差异在于：有没有在成功到来以前再坚持一下的决心。具备了这种品质，你就能做成在这个世界上可以做的任何事情。否则，不管你具有怎样的才华、身处怎样的环境、拥有怎样的机遇，你都不能成为一个真正成功的人。

成功的人都有坚定的毅力、矢志不移的魄力，当他们设定某个目标时，一定会贯彻始终，不达目的绝不轻言放弃。这种毅力来自于他们永远比别人多坚持那么一点点，他们的人生格言就是：“为了实现理想，绝不放弃!”

人生的成功不在于一时的得失，而在于谁能坚持到最后，谁就是最后的成功者。只有一以贯之地坚持自己的信念和奋斗目标，才能在坚持中最终走向成功。

第四章　新健康之路，不折腾你的健康

每天都是一个轮回，你丢不掉工作，可是你可以好好休息；你离不开生活，但是你可以把生活过轻松。把健康放在生命中最重要的位置，化繁为简，抛弃一切不利于你健康的事。

第一节　谢绝应酬，餐厅里的美味“毒药”要不得

看着餐桌上鲜嫩油亮的水煮鱼，你的味蕾是否已经处于高度兴奋的状态？还有那炸得香脆可口的薯条，是否牵动了你的肠胃？在布置得或温馨浪漫或豪华大方的餐厅里，面带微笑的服务员为我们呈上一盘盘精致的菜肴，红得娇艳，绿得清脆，不仅肉质滑嫩蔬菜清香，入口处唇齿留芳，更免去了下厨劳役之苦。于是，在外面吃饭成为一种时尚的生活方式，受到真正的不折腾者和忙人的喜爱。仅2004年，北京市居民人均在外饮食支出达1058.6元，为历年最高。餐饮业新增零售额已占到全部零售额总增量的1/4，既是消费品市场一大亮点，又显示出人们开始追求逃避下厨的生活方式。

可是，这样的“时尚”对我们而言，是一件好事吗？这些食物真的是“美味”吗？事实上，偷懒总是要付出代价的。这些年来，得高血压、肥胖症、高脂血症、脂肪肝等慢性疾病的人越来越多，这和“在外面吃饭”的生活方式息息相关。餐馆里的菜，不仅闻着香，吃着更香。可是你知道里面到底放了多少油，才达到这种诱人的效果？菜的味道要好，与盐和调味剂的作用密不可分。五花八门的调味剂大部分都是含钠的，一顿饭下来，盐的摄入量早就超过了世界卫生组织建议的每天不超过 6 克的标准，为高血压等疾病埋下了隐患。只要一去餐馆，点菜就往往大鱼大肉，蔬菜和谷物常被忽视。如果这餐丰富的饭菜被安排在晚上，蛋白质摄入过多还会导致大量的钙从尿中排出，天长日久，你就进入了缺钙的高危人群。

中国农业大学食品学院副教授范志红说：水煮鱼说得上是最热门菜品之一。可惜，重复用油的问题浮出水面，揭示出香浓菜品中不新鲜烹调油的危害。其实，几乎所有的炒菜、炸菜都有油脂反复加热以及加热过度的问题。然而，被苏丹红、孔雀石绿弄得战战兢兢的百姓们，似乎对由此产生的致癌成分视而不见、安之若素。

同样是油的问题，带来心血管疾病风险的“植物脂肪”曾经引起一阵关注，但很快便销声匿迹。因此，炸薯条和添加了“植物奶油”的汤圆和点心仍然大行于市，很少有人注意到它们在健康上的负面效应。相比之下，淀粉高温处理产生“丙烯酰胺”的问题得到了更多的关注，但也仅限于方便面和薯片，而餐馆中同样含有丙烯酰胺的炸得香脆的红薯饼、香芋卷、小馒头一类点心以及油条和麻花等，人们却少有戒心，照吃不误。

在餐馆里就餐，多的是不安全因素，多的是油脂、甜饮料和酒类，多的是腹部肥胖的危险。那么缺的究竟是什么呢？最主要的便是粗粮、豆类和新鲜的蔬菜，这几类食物正好是预防心血管疾病和糖尿病的关键。有些蔬菜虽然也被摆上餐桌，但数量、比例仍然不足，而且大多吸入了过多的油脂，使它们的健康意义失去了大半。与其说餐馆中的菜是美味，倒不如称它们为“精致毒药”。

餐馆里的“精致毒药”会对家庭成员的情绪产生影响。有的父母喜欢带孩子出去吃大餐，感觉不错。不过，说出来也许得吓你一跳。不久前，美国心血管研究教育基金会在心脏学会科学会议上公布了一项研究成果：儿童经常外出就餐竟然易患心脏病、高血脂、糖尿病！据称，与有规律地在家中食用父母做的饭菜的儿童相比，一周出去吃三四次的儿童患上心脏病等一系列心血管疾病的概率要高出好几倍。

有时，在外吃饭也并非出于懒惰。一些成功人士因为商务事宜需要应酬，给自身健康和家庭稳定带来了隐患。

下面是一位公司业务主管的经历，他的感悟令人深思。

如今，很多男士很少回家吃饭，过去我也如此。我曾理直气壮地说：企业各部门间、本部门内部，与客户之间的宴请很多，哪能拒绝呢？单位晚上经常要开会，还要经常参加省市电视台举办的活动，我都要带队参加，怎么可能回家吃饭。周末还有各种各样的活动，不是领导过生日，就是和下属单位郊游、客户单位邀请吃烧烤。于是，我被妻子称为“一个不回家的人”，孩子叫我“住旅馆的人”。

每次有应酬，我一给妻子打电话，她就情绪低落，非常不情愿。等我回去一看，她们娘俩要么吃面条，要么啃面包、吃饼干和榨菜。我让她做些好吃的，她却说：“你不回家吃饭，我做得没劲，吃得没味。”我听了心里酸酸的。后来，妻子日渐消瘦，经检查发现是贫血，还有抑郁症。医生要我多关心妻子，不要让她心理负担太重。从那以后，我减少了一些应酬，尽量回去吃晚饭。因为公司离家较远，经常要到晚上 8 点才到家。可是自从我回家吃晚饭后，妻子总是把晚饭做得非常丰盛，而且一直等到我回家，一家人才开始吃饭。我经常让她们先吃，可是妻子却和孩子先吃一些零食，一定要等我回来一起吃饭，还让我别急着往回赶。有时单位晚上有事，实在要晚回家，我就先吃一块面包，喝点水，也要回家吃饭。即便晚上 11 点到家，妻子也会给我热饭，坐在我身边，看着我吃饭。我感到回家吃饭非常幸福。

于是，我尽可能拒绝各种宴请。一些可去可不去的场合，大家也就不叫我了。有一次，公司的一位外国客户来谈合作，总经理怕得罪人家，丢了生意，一定要我参加。我依旧鼓足勇气，向客户讲明了情况，希望他允许我回家吃饭，让下属陪他吃饭。结果对方非常理解我，还认为我是一个有家庭责任感的人，同意和我们公司合作。于是我更加清楚，过去很多看起来不能推掉也无法推掉的应酬，并不是不能推，而是许多时候，我们把家庭、妻子、孩子看得太轻，没有想到回家与家人一起吃饭和事业同等重要。现在，我经常推掉一些宴请，并没有给工作造成重大影响，还“治”好了妻子的抑郁症。

其实，在聪明的不折腾者看来，即使再忙，也并非忙到做顿饭都难得的地步。聪明的不折腾者早已顿悟一条真理，那就是——在这个世界上，没有什么比自己和家人的健康幸福更重要的事情了！我们可以少写一会儿评估报告，去市场挑选一些新鲜的蔬菜；我们可以早一点儿从证券交易所出来，回家煲一个美味健康的靓汤。我们不需要大动干戈地准备丰盛大餐，煮点粥，做几样可口的小菜，家人围坐在一起，吃得踏踏实实，人也更健康、更精神。餐馆里不断飘散的香气是一种诱惑，但与其让自己的健康被别人安排，不如有空就回家吃饭。

在家里，我们可以多吃蔬菜和谷物；在家里，我们可以吃得清淡少盐；在家里，我们可以避免饮酒过量；在家里，我们能吃得温暖舒心。总之，在家里，我们的健康和幸福可以自己支配。聪明的不折腾者给迷恋“在外吃饭”的朋友一句真心的忠告：抛弃餐厅里的“精致毒药”，用简单的、天然的美食为自己和亲人打造健康的明天吧！

第二节　远离油烟，不折腾者的美食原则

食物的第一位功能无疑是维持生命。即使再懒惰，也不能不吃饭。对聪明的不折腾者来说，既想品尝到健康的美食，又不愿意把过多的时间消磨在厨房，那么我们就聘请一位好帮手吧。

一个机器人，可以烹制上千道各种风味的中国菜肴，厨艺甚至超越专业厨师，这位机器人“大厨”在第八届高交会上亮相。

这台机器人厨师的外表酷似一台冰箱，制作方深圳繁兴科技公司表示这只是一台概念机，技术已掌握，完善外表并不难。

随后机器人“大厨”表演了高超的厨艺。工作人员将一盘虾仁和配料放进它的“肚子”里，它识别出要烹制水晶虾仁，开始滑炒。观众可以看到，在炒的过程中，它还模仿厨师的动作掂锅，一招一式有板有眼。大约5分钟后，一道淮扬名菜出炉了。有的观众试了一口，称赞虾仁滑嫩，颇为爽口。

据介绍，这个机器人可以烹制上千道中国菜肴，可包括不同菜系、不同风味。中国工程院院士、著名机器人专家蔡鹤皋教授证实，这是目前世界上第一台会烹饪中餐的机器人，体现了高科技与传统烹饪技术的结合。

看到这条消息，聪明的不折腾者有点迫不及待想把这位机器人厨师请回家了。不过这款机器人还没有批量生产呢。其实，如今家电市场上各种功能的大小家电已经能够将不折腾者从厨房中解救出来了。

清晨起床，不折腾者想像在国外那样吃一份三明治、汉堡，其实就像肉夹馍一样，只是材料不同而已。有面包机，可是鸡蛋就难做了——自己弄吧，弄得都是油烟；不弄吧，又没有营养。好吧，干脆买这个早餐机器——全自动，你只要在把面包放进去的同时，放入鸡蛋，等面包弄好的

时候，就有三明治吃了。别忘记起床时再把黄豆与适量的水一起放进豆浆机，等你梳洗完毕后，清香扑鼻的新鲜豆浆与三明治就一起摆在了你的面前。怎么样，既健康营养，又省时省力，蛮不错的吧?

午餐时分，先把晶莹的大米与适量的水一起放入电饭煲，按下煮饭键，电饭煲会根据米量自动设定煮饭时间。我们也可以根据自己或者家里不同人对米饭口感的需要，煮出稍软、适中、偏硬三种不同口感的米饭。最新推出的多款智能型电饭煲还带有预约功能、冷饭加热、小米量煮饭、做蛋糕等功能，想一想，有了这些功能还真是方便又好玩。冬天早上天气冷，晚上睡觉前先淘好米，定好时，第二天早上起床的时候便有热腾腾的早饭等着你。

第三节　休息，是为了更好地投入工作

繁忙的都市人，早起晚睡似乎已经是一种普遍的现象。早上七八点出门，冲进公司就开始工作；下班约几个朋友聚会或是加班，通常10点多才能回到家。每个人似乎都在像陀螺一样旋转，应酬完别人之后开始打理自己的事，一转眼时间已经到了午夜。晚睡早起使得他们就好像两头烧的蜡烛，只会让生命燃得更快。

琳达是个聪明漂亮且特别有灵性的女孩子，所有的事几乎是一点就透。再加上对事物的领悟力强，她大学毕业后刚进一家外资公司不久就被企划部的经理看中了，一干就是三年。在三年的工作中，琳达频频创新，经手的几件企划案特别受委托方的赞赏，而且也给对方创造了很好的业绩，连公司老总见到琳达也主动打招呼，私下里也一直称赞，“年纪轻脑子就是活”。经过三年的锻炼，琳达已经成为了部门里的主力，所有大案要案都是由她负责，为了保持自己良好的口碑，为了再努力创造新的成

绩，琳达更是对自己高标准、严要求。一个客户的企划案不能仅仅做出一个方案了事，至少要同时想出三个不同角度、不同视点的方案让客户选择。于是，琳达经常是吃完晚饭休息片刻后就进入了连续几个小时的文案策划，而一个方案的完成至少要三天，累积下来，只要琳达接一个新客户就会连续开两个星期的“夜车”。琳达有时私下算一算，一个月不加班的日子似乎不到一周。可是现在，琳达经常会感到胸闷气短，有时还会眼冒金星，视力也下降了，医生建议她好好休息一段时间。

年轻力壮并无宿疾，然而却以猝不及防的速度告别人世的例子不在少数。医学专家认为，英年早逝者有91%属后天自身因素造成的。年轻人大多数凭借年轻不珍惜自己的身体，繁忙的工作在一日一日地重复累积，身心疲惫不堪。或许很多人都想透透气，却抽不出时间。紧张工作的日子里，有枯燥的情绪，更有前途无望的心声，身累，心更累。你有没有给自己一个思考的空间，一个可以歇息的机会呢？聪明的人应该忙里偷闲，在轻松愉悦的氛围里营造自己的世界。每天晚上早一点上床休息，中午尽可能睡半小时的午觉（午睡半小时抵过晚上睡三小时），年轻人一天至少要睡足八小时，保持旺盛的精力，才能提高工作效率，正所谓“磨刀不误砍柴工”。

你太累了，也该歇歇了，不要因为麻痹大意封阻了前行的道路。给自己一点时间和空间休息。听歌，出去远行，相信你会笑着面对一切的。人生苦短，拼搏之余学着放松自己，给自己一点时间去休息，才可谓是享受人生。累了，当然要歇会儿，但愿所有的朋友都会善待人生，留下歇息的足迹，学会给自己的身心放个假。

第四节 利用爱和激情的情绪带来成功

有了绝妙的创意一定能保证高效率地工作吗？聪明的不折腾者又是凭借什么始终保持高效率的工作的呢？答案是——对工作的热爱与敬业的激情。

杰克·韦尔奇在其自传中说道：“正是这种激情，也许是比其他因素都更为重要的因素。是这种激情将优秀员工与普通员工分开。”也正是这种激情，让不折腾者在有限的工作时间里一扫往日的慵懒，全情投入。

古往今来，古今中外，许多成功人士的共同特点就是拥有一颗热情激昂的心。贝多芬曾说：“我让曲调从激情的闪光里涌流出来。”激情是一种神奇的力量，它可以融化一切，创造一切。戴维·格立森亦赞同激情的力量：“要想获得这个世界上的最高奖赏，你必须拥有过去最伟大的开拓者所拥有的将梦想转化为全部有价值的献身热情，以此来发展和展示自己的才能。”

激情是聪明的不折腾者幸运的天窗，它让不折腾者以积极的心态去面对工作和生活；激情还可以为不折腾者创造和谐的人际关系——激情能够感染周围的人。当一个团队的成员拥有同样的激情之后，便会形成一股强大的力量，一切困难在激情的力量面前都会迎刃而解。刚刚获得一份工作或者刚刚接手一项新的工作任务时，人们总会表现出极大的热情，干劲十足。很快，当开始的新鲜感消失，工作驾轻就熟了，或者在工作中遇到些许困难，当初的激情也往往随之湮灭。失去激情，就等于被宣判了工作上的“死刑”。

“工作”这个词可以有许多种解释：被雇用、职业、任务、劳动、苦役等。如果我们每天坚持尽最大的努力去做好自己的工作，保持最佳的精神状态，工作对我们来说就不会是苦役，而是一件轻松愉悦的事。如果你喜欢你的工作，那么每一天就都是假日。只有那些不热爱自己工作的人，才不知道该如何去工作，不知道如何从工作中去获得爱、尊重和荣誉。

对聪明的不折腾者来说，激情就是敬业精神，富有激情的人是敬业的典范。这种精神不仅是一种情感，更是一种道德追求和人生信念。激情是一道光，照亮人生的路；激情是一阵风，吹落工作的尘。

从大学毕业的乔治，到钢铁公司工作不足一个月。在车间里，他发现很多炼铁的矿石并没有得到完全充分的冶炼，一些矿石中还残留着没有被冶炼好的铁。他认为，如果这种情况继续下去，公司会有很大的损失。

于是，他找到了负责冶炼的工人，跟他说明了问题，这位工人说："如果技术有了问题，工程师一定会跟我说，现在还没有哪一位工程师向我说明这个问题，那就是没有问题。"乔治又找到了负责技术的工程师。对工程师说明了他看到的问题。工程师很自信地说："我们的技术是世界上一流的，根本不会出现这样的问题。"在工程师的心中，并没有重视乔治发现的问题，还暗自认为，一个刚刚毕业的大学生，能明白多少。不会是因为想博得别人的好感而表现自己吧。

但是乔治认为这是个很大的问题，于是拿着没有冶炼好的矿石找到了公司负责技术的总工程师，他说："先生，我认为这是一块没有冶炼好的矿石，您认为呢？"总工程师看了一眼，说："没错，年轻人你说得对。哪里来的矿石？"乔治说："是我们公司的。""怎么会，我们公司的技术是一流的，这样的问题怎么会发生？"总工程师很诧异。"工程师也这么说。但事实确实如此。"乔治坚持道。"看来是出问题了。怎么没有人向我反映？"总工程师有些发火了。

总工程师召集负责技术的工程师来到车间，果然发现了一些冶炼并不充分的矿石。经过检查发现，原来是监测机器的某个零件出现了问题，才导致了冶炼的不充分。

公司的总经理知道这件事之后，不但奖励了乔治，而且还晋升他为负责技术监督的工程师。总经理不无感慨地说："我们公司并不缺少工程师，缺少的是忠诚于公司的工程师，更缺少自觉关心公司利益的工程师。这么多工程师就没有一个人发现问题，有人提出了问题，人们还不以为然。他们的责任和激情到哪儿去了呢？对于一个企业来讲，人才是重要的，但更重要的是要有忠诚于公司的激情，这样才能真正对自己的工作负责。”

这位总经理说得对，真正的人才一定要德才兼备，要有忠诚于公司的激情；有激情的员工，对公司的利益切切实实的关心，对工作具有一丝不苟的责任，数年如一日。正是这种激情，把出色和平庸区分开来；正是这种激情，才是每一个公司所祈求的最为宝贵的财富，是每一个员工应该具有的最可贵的品质。

许多人都有类似的经验：一天的疲惫后，你无力地躺在沙发上。突然，电话铃响，电话的那头传出：“走，去玩去！”刚好这是你最喜欢做的事。这时，你飞也似的跳下沙发，用飞快的速度妆扮停当，匆匆赴约而去。这就是激情的力量。

最佳的工作效率来自于高涨的工作热情。更多的时候，工作的激情，不在于工作本身的有趣与否，而在于我们有没有热情投入到工作中去。很难想象，一个对工作兴趣淡薄的人会全心地投入工作。事实上，只要有兴趣，再枯燥的工作，也会变得有趣起来；而再有趣的工作，如果兴味索然地去干，也会变得了无生趣。

其实很多时候，激情和活力并不需要喧哗和什么轰轰烈烈的表现。聪明的不折腾者会心平气和、全情投入地做好在别人眼中看起来刻板、无趣的工作——因为如果没有激情做支撑，就无法保持极高的工作效率，我们也将付出更多的时间。

第五节 远离喧嚣，徜徉于安静

“我喜欢钱，因为它帮我解决了生存问题；我恨钱，因为它夺走了我的平静生活。如果我可以重新选择生活的话，我愿意，愿意拿出一半甚至全部家产换取一种平静而又幸福的生活……”这是一个鼎鼎有名的大富豪所说过的话。很多人听后都很疑惑，为什么有钱人过惯了灯红酒绿、纸醉金迷的生活后才突然想起了过平静的生活？为什么生在平静、感受幸福之中的人们却想过香车宝马、一掷千金的荣华富贵的生活？这或许就是人们经常说的“吃不到葡萄说葡萄甜”、“一山看着一山高”的心理。对那些志在成功的人来说，安静的时间也许是人生最重要的时间。许多人之所以会忽略心灵的声音，注意不到自己的真实感觉，很重要的一个原因便是太过忙碌了，而大脑里又塞满了各种各样的琐碎和想法，“灵感”进不来。所有愿意活得好的人们，从现在开始不妨试着远离喧嚣，充分享受一下平静给我们带来的新感觉。

1. 平静的才是真实的

北京晚报曾经刊登一则报道，《2005 年社会蓝皮书》中公布的“2004 年中国居民生活质量报告”调查结果显示，目前中国近 80% 的居民感到生活幸福，农村居民幸福感强于城镇居民。

此次调查的数据来自 2004 年 10 月对全国 7 个大中城市、7 个小城镇及 8 个农村地区的调查。调查结果显示，幸福感与人们的生活满意度密切相关，有钱不等于幸福，财富仅仅是带来和影响幸福感的因素之一。调查显示，有超过 50% 的居民会感觉到“平静而满足”，这种心情是众多情绪反应中的主流，并且持有这一心情的群体比例比 2003 年增加了 6%。

由此看来，生活在相对闭塞的小城镇，反而更容易获得幸福和快乐。许多人在尝遍了辛苦工作的痛苦之后，才知道平静生活才是自己追求的终点。下面这封信，是一位生活在海边城市的青年人写给在大都市工作的同学的邮件，读了它，我们才能知道平静的生活是多么的宝贵、多么的幸福，希望它也能让你从中得到平静的感悟。

很久不见，还好吧？还是那么忙吗？别把我这个哥儿们忘了啊！下面讲讲我的生活吧！

我现在生活在美丽的大连，娶了个不算漂亮，但还体贴的妻子，刚生下一个宝宝，胖乎乎的非常可爱。嘿嘿！有机会到我这儿玩。虽然房子只有70平方米，但它在一个较安静的海边，已经足够我们住的了；不贵，且是风景宜人，空气清新；离我和妻子的单位都特别近，免去了上下班挤车赶时间之苦，省了若干交通费，还省了每天两小时浪费在路上的时间。早上起来，我们慢悠悠地做早点，然后出去散个步，呼吸一下新鲜空气，做个简单的运动，妻子再化个精致的妆。然后两个人一起手牵手去上班。老兄，羡慕吧！

我们的工作很平常，工资不高也不低，足以应付日常所需，还能少有节余。我们都不是很贪心的人，只要衣食无忧就可以了。豪宅、名车、皮草、钻石，那不是我们所追求的，只有平静的生活才是我们追寻的。对于工作，我们没有什么野心，尽自己的努力去做，无愧于心就好。我觉得我们很难赚到亿万家产，也难以平步青云，我们天资有限，又不肯为了工作牺牲健康，更不想采取非常手段，于是我们早早地选择了平静。

我们并非胸无大志，我们最大的志向就是热爱生活。偶尔跟几个要好的朋友小聚一下，浅酌几杯，畅谈一回，就是人生最大乐事了。春天，一家人到美丽的广场或者花园去散散步，放放风筝；夏天到海里游游泳。玩个沙滩排球什么的；秋天徒步走走滨海路，爬爬大黑山；冬天待在家里看看书，吃吃火锅。这就是我们的平静生活。那些浮华和喧嚣，那些“现代”的娱乐方式，都不是我们所喜爱和追求的。

我们不追求名牌，适合就是最好的；不追求吃什么“果子狸”类的东西，吃得舒服就OK；不喜欢跟别人攀比，只要有平静的生活就比什么都好。我们想要的是舒服、自然、真实。我们的生活是平淡又快乐的。我们最大的愿望，就是一辈子一直这样安静地过下去，到了七老八十还身体健康，心情愉快，一起牵着手，到海边去看日出。

人世间有太多的纷扰，太多的诱惑。想坚持自己的主张。过自己的生活，很难。因为难，才更觉得珍贵。我们会努力坚持下去。

我们不羡慕别人的豪华，也不贬低别人的清苦。每个人都有自己的生活，也都有自己的快乐。

还是那句老话，有时间来找我玩，“世上的金钱太多了”，最重要的是你，因为在你的生命里，你是主宰者，不是奴隶。

看完这封来信，你是否明白了平静的可贵、真实？聪明的不折腾者要做主宰自己命运的神，失去了自我，那么世界对你也就不存在了，更何况票子、车子、房子？人，就这一辈子，如果你自己都对不起自己，那么谁还能代替你？你喜欢怎么生活，是该考虑的时候了。

2．主动拥抱安静的时间

聪明的不折腾者说：“宁静是一种境界，宁静不声不响，却具有一种伟大的力量，它最大的好处是超然。”也有人对此说法不以为然，认为在人生的舞台上，要想宁静地生活，那是书呆子的呓语。人口越来越稠密；车流、人流不停息，风云骤起；闹声车声麻将声，声声入耳；歌厅舞厅宴会厅，厅厅都有吸引力；熙熙攘攘，哪找宁静芳草地？

的确，当今世界是热闹非凡的，这已经是一个让神都叹息的事实。大家成天穿梭于钢筋水泥的丛林当中，人欲汹汹，钱欲滚滚，在物质异化了的世界波涛中行船，自然烦恼频生，不绝于心。长此下去，不仅影响学业的长进和事业的成功，而且还会活得很累。

当然，你若想从世间找到“绝静”的桃花源，那简直是痴心妄想。正如莎士比亚所说：“世界大舞台，人类是俳优。”然而，我们又不能成为喧嚣的俘虏，不能成为轻薄的浮躁者，否则，将会虚度一生。虽然现代人想了不少办法，如旅游、度假、休闲，到公园去，到保护区去，但也只是熄灭一时心火，吐纳一时清新，只治标不治本。如何在闹中取静，于嘈杂中真正做到“心静自然凉”呢？

（1）我们要学会自我静心。人生活在物欲横流的世界里，心真是如古诗所言“树欲静而风不止”。心平即是持戒。因为心平了自然可明心见性、言行有度。

有人耐不住寂寞，白天忙得要死，晚上也不愿独处歇心，上酒吧、去卡拉 OK、桑拿、按摩，还美其名曰：放松。殊不知这叫火中取栗。即便我们不可能像古人那样“独钓寒江雪”，“采菊东篱下”，“结庐在人境，而无车马喧”，但我们完全可以像鲁迅先生一样，“破帽遮颜过闹市”，“躲进小楼成一统，管他春夏与秋冬”。

（2）依戒而止。意思是说让七情六欲得到平衡。社会上许多人误以为“清心寡欲”只是佛门之事，是近乎残忍的贬义词，其实，在西方社会，越来越多的有识之士接受了东方养生观、中国禅文化观。

对于年轻人来说，制怒是生活中修行第一大事。佛语说：“火烧功德林。”怒火一把，顷刻间把人际关系、功德之类化为灰烬。聪明的不折腾者时刻把梁实秋先生的一句“我不生气”作为口头禅。

对于酒色财气，陕西长寿老人吴云清说：“酒色财气四堵墙，世人都在墙里藏；有人能跳墙外去，不是神仙也寿长。”

遇到工作忙碌的情况，每天也要有半个小时的“不被干扰”时间。你不妨把自己关在房间里，思考一些事情，或是做一些你认为最重要的事情。这半个小时可以抵过你半天的工作效率，甚至有时候这半个小时比你两天工作的效率还要高。

其实，“闹”并不可怕，关键是自己能否从中“取静”，只要我们能够自觉地抵御外界的干扰，就能在五光十色的生活中，在形形色色的诱惑面前，恬静地进行学习和生活。人生就应该是多彩的，“闹”与“静”都是不可缺少的生活内容。当然，最好是一方面享有生动、活跃、热闹的生活情趣，一方面又具有恬淡、宁静和沉思的机会，并把二者结合起来，使自己的人生更富有“韵味”和“诗意”。

第六节　不帮那些无聊的忙

工作中，我们一定会遇到这样的事：同事开口让你帮他做一份难度很大的工作，或者请你“顺便”帮他发一份传真，甚至请你拜访客户回来时给他带点零食杂物，答应还是拒绝？答应吧，可能至少要加一天班才能完成这个“小忙”，或者为了买他指定的零食，得多花半个小时，绕个大圈回公司。而且，如果开了这样的先例，给大家造成你很好说话的印象，麻烦的事就会接踵而来。

由于工作性质的原因，公关部助理 Monica 经常要和公司上上下下的人打交道。她本来就是一个谨小慎微的人，深知人际关系的重要和人言可畏的后果，因此她格外地处处小心，生怕得罪了同事或上司，生出什么枝节。

于是，人事部的同事要她帮忙发饮料，她忙不迭地帮着搬出搬进；市场部的同事有活动，她帮着租场地、赶道具；销售部要写报告，让她帮着“润色”。她也不能推托……对每个人，Monica 都是有求必应，笑脸相迎，从来没说过一句“No”。

本以为自己为人处世算得上是天衣无缝，可不知为什么，渐渐地，Monica 却成了部门里最不受欢迎的人。本部门的活动，她总是最后一个知道；中午吃饭，同事也从不带她；当着她的面，还会说一些暗语，搞得 Monica 摸不着头脑。听着同事毫无顾忌地放声大笑，Monica 实在不明白，怎么会这样呢？虽然帮了其他部门很多忙，但也没影响自己的工作呀！

直到有一天，一位即将跳槽的同事点破了个中缘由——Monica 的太随和在同事们看来，是“虚伪”，是“别有用心”，是“不安本职”，是“不可相信”。

聪明的不折腾者提示：职场中，大可不必为了博得所有人的欢心而为难自己，办公室里不需要“多面手”。别忘记自己与同事是平等合作的工作关系，对超出自己工作范围和明显不平等的事，你有权利说“不”。

孙先生一直是办公室里的“好好先生”，虽然身为上司，但是不论同事有什么问题，他都有求必应，大包大揽。别人是“朝九晚五”，他朝朝露、晚凄风，别人是周末逛街郊游，他是埋头苦干，甚至挑灯夜战。

孙先生不觉得这样的日子有什么不好，只是，时间一长，大家似乎都接受得心安理得，没有一点一滴的感谢之情。更严重的是，他管理的部门人心涣散：小D一上班就掏出GRE词汇看，日常工作能应付就应付，交代的任务总也完成不了，还经常出错；小Y要付房屋按揭，上班的同时，还兼了两三份工作，常常把公司的工作撂在一边，先去干私活；小S在读夜校，晚上要上课，有时公司要加班，他却连招呼也不打就走了，弄得大家都很狼狈；最过分的是小Z，有天下午请病假，说心脏不舒服，孙先生好心把他的活儿也干了。下班时，却看到他坐在沿街的茶室里，和女孩边荡秋千边谈情说爱……

后来，孙先生不再凡事都往自己身上揽，同事看在眼里，觉得他势利多了，冷冰冰的。可他们忘了，孙先生本来就是一个管理者，一个该有点管理样子的管理者，什么时候该收，什么时候该放，是他应有的权利与义务。

不分场合示人微笑，人家会觉得你没个性；对同事有求必应，必然有某次因为能力或其他原因你“应”不了，人家便觉得你不够意思，从而疏远你；办公室里只有你不时地操练扫把和拖把，久而久之，大家把你当成兼职的清洁工，坦然享受你带来的整洁干净，心里却丝毫不记你的好。

当对方的要求不合公司或部门规定时，聪明的不折腾者会委婉地让对方知道，并暗示他如果自己帮了这个忙，就超出了自己的工作范围，违反了公司的有关规定。一般来说，同事听你这么说，一定会知难而退，再想其他办法。不过，说“不”的态度必须是温和而坚定的。好比同样是药丸，外面裹上糖衣的药，比较让人容易入口。

因此，聪明的不折腾者奉劝你，如果工作有余力，不妨让自己放松一会儿，或者是闭目思考。当同事用一些无聊的请求打扰你的时候，微笑着对他说声“对不起，我正有一个紧急电话要打。

第七节　用思考替代辛劳

把工作分配给下属，会为不折腾者赢得更多的时间。我们不再关注琐事，安静地闭上眼睛，深入地思考工作上曾经出现的问题，分析症结所在，预计将要出现的问题，掌握先机。很多时候，思考是对大脑的一种精神滋养，让我们及时了解自己的状态，这在知识和理念更新迅速的信息化时代尤为重要。

丘吉尔，举世公认的政治成功者，在被派驻印度的时候，利用当时空闲的时间重新阅读大学时代忽略的书籍，在懒散的阳光下漫不经心地进行着足以让他受益终生的思考。他请求远在英国的母亲给他邮寄一套完整的年鉴，包括英国的政治年鉴以及世界各地的新闻。拿到这套年鉴之后，他仔细地阅读，认真地做笔记，逐步掌握年鉴所包括的丰富的事实和资料。当他阅读国会辩论的重要问题摘要之前，常常会仔细地勾画出对这一特点事件的个人看法，然后把自己的观点和分析同当时的与会者进行比较，从而在远离国家政治的陌生国度进行了诸如国会辩论等政治活动的演习。而他的许多同事却只有彻底的懒惰，没有思考，他们的未来也因此有了天壤之别。

现代社会，完全的创新几乎很少发生，所谓创新大多是将两种以上已知的观念以新奇的方式组合在一起，即使如此也会令信息单薄、思想简单的人难以成为创造型和领导型的人物，更难以通过创新获取利润。一位企业家曾经证实，工作过于努力的人没时间去赚大钱。很多人甚至抱怨：

“我的工作太忙太辛苦，甚至没有时间充电和思考。”在满足拥有更多金钱的欲望支配之下，很多人放弃了考虑未来的机会。这也正是普通人与成功者的区别所在。

思考可以帮助不折腾者捕捉到思维的灵感。对爱因斯坦那样的顶尖科学家来说，灵感是娇嫩的、稍纵即逝的，她常常会在人们心情放松、从容不迫的情况下光临大脑，焦虑和过分功利的人与灵感常常失之交臂。当不折腾者在思考中进入宁静的境界时，会有一种甚至多种想法闪现出来，照亮思维。

美国一位著名企业家有一个持续多年的习惯，在做任何重大决定之前，都要先把眼睛闭上两三分钟，做一番安静的思考。他说，安静的思考能让他获得更高的智慧来源。他在等着灵感出现。

酒店业大王希尔顿更是一个善于用思考捕捉灵感的人。多年前，他曾决定买下斯蒂文森豪宅，也就是现在的芝加哥希尔顿。他为此投标额定在16.5万美元。在投标前夕，他在思考着投标事宜，脑海里突然浮现出18万美元的数字。一向相信直觉的他果断地把投标额改为18万美元，结果他赢了。在这次秘密投标中，竞争对手以17.98万美元败北，与希尔顿仅差200美元。

很多成功者都有沉思的好习惯，他们有时候是通过散步，有时候是通过饮茶、读书，有时候则是通过睡觉来进行沉思。丘吉尔的习惯是每天早上起来在床上躺着，喝着咖啡、看着报纸，盘算着一天乃至一年的事情，即便女王也很难让他此时从床上下来。毛泽东的习惯是以看古籍、散步和睡觉的方式放松自己、寻找灵感，在这些时候，是不可以打搅他的。

在别人侃侃而谈的时候，不折腾者往往保持缄默。不说话就有时间想问题，听别人说可以学到更多。同时人际关系肯定会很好，因为人们总是希望表现自己的才华，而对方在不折腾者不语时找到了机会去展现他们的才华，充分满足了他们的表现欲。聪明的不折腾者才不会为了这种虚荣而耗费唇舌呢。

平庸的人将思考视为自寻烦恼，事实上，我们确实经常以对将来的忧虑和对过去的抱憾给自己的思想增加负担，经常用一些实际上并不存在的问题来骚扰自己，又总是用一些连鬼都不相信的话来骗自己，这是人性的弱点。在某种意义上，沉思正是医治这种病症的良药。沉思就像道桥梁，把此岸与彼岸联接，通过集中精力于此时此刻，解除我们的思想负担。更重要的是，人们可以通过沉思集中注意力、增强精神的力量，帮助自己找到灵感，找回自信。

像“不折腾者”一样思考是比忙碌的现实更为重要的事情，也许就是成功与否的一个重要的“分水岭”。

第八节　在自己的私人时间里关掉手机

一位女士刚刚辞去一家大报社的部主任兼编委的工作，只是为了过一种自由而随意的生活。辞职后，她开始了一个自由文化职业者的生涯：成立自己的文化工作室，招了三五个人，忙了三五个月，把工作室规范到正常的运作轨道上，离开她也能照样运转后，她就开始了“逃逸”生活。

一天，几个朋友相聚聊天，其间她的手机响了几次，她在电话里把工作室的人支来使去，调兵遣将实行遥控。后来，显然其副手或客户对她老不露脸奇怪了，只听在最后一个电话里，她神秘地对对方说：“一并回答你吧，我在一个你找不着的地方和一个你不认识的人说一些你不明白的事情。”据此推断，对方是连发三问：你在哪里？和谁在一起？在干什么？

接完这个电话，她关掉了手机。聪明的不折腾者朋友都会玩这个小小的把戏，即当他们哪天不愿工作，想逃避一切人际关系和日常事务时，就会做一次“人间蒸发”：躲起来不见人，不理事，不接电话，一个人或和自己最亲近的密友厮混一天。但是，座机可以不接，关掉手机往往会受到询问和责怪，于是我们发明了一种特殊的关机方法。用这种方法被关掉以后的手机，不会发出“用户已关机”的信号，而只会告诉拨号者“用户已出服务区”。

以这位朋友为代表的聪明不折腾者，才不愿意为工作忙得不可开交、蓬头垢面呢。要工作，更要生活；要生活，更要活得有情有趣……正当我们沉醉在生活的情趣之中时，手机不合时宜地响起，让我们的生活无法与工作剥离。于是，聪明的不折腾者狠狠心，关掉手机，让生活恢复本来的清静。

谭先生给上司打电话，说他将“人间蒸发”几天：“我要到南京郊区的一个庄园住几天，那里没有电话，手机信号极差，你们都找不到我了。但这正是我所要的，彻底‘消失’，彻底放松。”

谭先生以前长假也曾外出旅游，包括乡村游，但都不能让他特别满意：“手机总是不停地响起，而且我像有强迫症一样，关了手机不久又会自己重新开机。所以当我听说南京郊区有个庄园，虽然也是度假的地方，但主人特地不装电话，也不请电信公司装手机信号接收塔。就决定去了。”

据他介绍，这个庄园位于群山环抱之中，人们住在宾馆里，没电视看，也没有什么娱乐项目，“只是让人在那里休息，但可以和当地人一起在山里种菜，特别适合想过几天‘隐居’生活的都市人”。

电影《手机》剧中的男主人公严守一最后愤愤地将手机扔进了火堆。因为一条手机短消息，他的婚外恋被妻子揭穿；因为一张手机照片，他被情人苦苦要挟；因为没带手机，他错过了见上奶奶最后一面。电影《手机》的热映，引发了人们对手中这部小小机器的重新审视，它究竟给我们带来了什么，又让我们失去了什么？作为一个已经有将近2亿手机用户的国度，我们比别人更紧迫地想探知答案。

严守一真的能扔掉手机吗？看过电影《手机》的人，也许都会有这样的疑问。尽管，手机在中国的普及不到十年，然而好像已经渗入社会的机理中，难以离开。有这么一种说法，出门忘带钱包，可以向朋友先借；忘带钥匙，可以叫老婆早回；唯独忘带手机，非得立马回家拿，否则一整天都没着没落。

话虽夸张，但并非全没道理。没有手机，别人找不着你；没有存在手机里的号码，你也找不着人。鱼离了水，还能活蹦乱跳吗？可是，这么说的话，问题就来了，过去没手机，这“鱼”不也活过来了，怎么现在反而不行了？关键在于，技术不仅能改变人类的生活，而且技术本身运行造成的强大磁场，把所有人的生活吸入它的轨道，按照谁也无法准确预见的方向前进。当所有人习惯于信件往来时，没有手机我们能生存；当所有人习惯于固定电话时，没有手机我们也能生存；然而当整个社会按照“手机时代”的速率运转时，没有手机，就变得好似离群索居。

如果说手机是20世纪最伟大的十大发明之一，恐怕没人会有疑议。手机是一种全新的创造，从某种意义上说，技术创造了人类对手机的需求。这种人类内心的需求改变，自然会引发我们生活的改变。手机的第一性在于它的通信本质，它让每个人都成为一个随时能移动的“信息点”，无论是接收还是发送，无数的信息点在整个社会中不断运动，就构成了高速流转的信息社会。它改进了通信方式，提高了效率，甚至改变着社会的内核。有了手机，员工能随时接到公司指令，“不坐班办公”更加成为可能，手机改变了生产组织结构；有了手机，人们可以随时找到朋友，无须预约，于是交往变得愈加随意和频繁，手机改变了人群的性格……手机也必然对生活节奏造成挤压。越来越多的人在地铁车厢、在酒店茶楼用手机大谈工作，我们总以为技术进步解放了人类，而事实上我们却被技术所俘虏。过去，我们一周做一件事，现在由于技术进步，一周我们能做七件事，虽然花费的时间一样多，但牵涉的头绪、耗损的精力却是成倍增加，这就是现代人总觉得累的症结所在。手机，也许已经从工具变成了有生命的、可以控制人的东西。

手机是扔不掉的，但却是关得掉的。面对侵入人身和人心的技术，我们要学会去抗争。但这种抗争，必须用一部分放弃来换取一部分得到。当我们下班后，关掉手机，失去的是一些生意机会，但却换来了与家人的团聚。何乐而不为？

第五章　做个简约主义者，不折腾生活

简约并不代表贫乏，或者是空洞无物，简约是一种摒弃繁华后的睿智，追求的是生活精粹和真正价值，“不折腾”的人都明白一个道理，因为还有明天，所以要留一些事情给明天。

第一节　简约主义带来美好生活

简单，是一种超越了身体的精神享受。“简单些，简单些，再简单些。”美国大思想家亨利·大卫·梭罗在经历了一段原始、自然而简单的生活之后写道：“我说让你们的事像一、二、三那么简单，而不是一百、一千。”否则，你得到的不是快乐，而是无尽的困惑。

在中国数千年的历史文化长河中，不难寻觅简单的踪迹。圣人孔夫子就在《论语》中这样记述：“一箪食，一瓢饮，在陋巷。人不堪其忧，回也不改其乐。贤哉，回也！”箪食瓢饮，可谓清苦；人在陋巷，也与富贵无关。早在几千年前，这样简单而又快乐的生活方式就被圣人所向往。

其实，简单不代表贫乏，更不代表没有内容，相反简单是追求生活的精粹。道理讲起来似乎非常浅显，但红尘滚滚的世间，又有几人能参悟得透，又有几个人可以过上这样看似简单的生活？

1. 简化你的心灵

拥有一颗简单的心，不追求完美，这些观念似乎与现代人的追求有些格格不入，但这却是聪明不折腾者的追求，某种程度上，甚至可以说是一种建立在独立人格之上的理想主义者的精神境界。

心灵简单不等同于头脑匮乏，而是让我们能够在繁忙的工作中抽出一丝闲暇，从复杂迷离的社会中选择一份超脱，是我们能够在璀璨的星空下感动泪流的质朴。让我们对自己说“天下本无事，庸人自扰之”，然后心平气和地从一大堆琐事中理出头绪。

我们的生活水平较之以往有了大幅度的改善，然而人却越来越不简单，就连朴实的农民也发出赶超城市富人的口号，于是烦恼也随之而来。为什么会这样？是因为人们在灰暗的钢筋丛林中穿行，在追逐名利的路途上迷失。面对金钱和名利，人们互相猜疑，斤斤计较，背离了友情，疏远了亲情，甚至忽视了家庭。许多人终其一生享受着奢华的生活，却从未因海边日出的壮丽而心胸豁然。

悲哀的人们确实该清醒了，你的生活目标不仅仅是许多许多的钱，很大很大的房子。日本良宽禅师曾这样说：“生涯懒立身，腾腾任天真。囊中三升米，炉边一束薪。谁问迷悟迹，何知名利尘。夜雨草庵里，双脚等闲伸。”诗人一生居于草庵，却心无挂碍，他以自己的生活方式告诉人们：袋里有米，炉中有柴，这就够了。健康是最大的利益，满足是最好的财产，信赖是最佳的缘分，心安是最大的幸福。人生在世，各有活法，就让简单的人去享受幸福吧。

聪明的不折腾者便是心灵简单的人，他们抓住生活的核心，过着一种高效率的生活，不为生活烦琐刻板的一面所禁锢。心灵简单不是对工作敷衍了事，不负责任，而是分清主次，一针见血地深入实质，精益求精。从某种意义上讲，做简单的人就是善于从主体上把握事物的脉络。

心灵简单的人不虚伪，不自欺欺人，不故作高深，不在错综复杂的关系网中作茧自缚。这就需要真诚，需要坦率，需要求实，需要勇气，需要不断舍弃那些心灵的累赘和种种执迷，不去计较个人的得失，以一种博大的心胸去容纳一切。

心灵简单的人不是变得幼稚，更不是一种退化，而是在经历人生的风风雨雨后对生命作更高层次的回归。做简单的人并不是要我们头脑简单，不做思考，而是要我们洗净心灵的积垢，保持心灵的简约与宁静，不为纷繁所扰。心灵简单的人不一定是旁征博引的哲人，但却是一个洞悉世界的智者，那些熟稔自然、超然顿悟的大师往往是有一颗简单纯朴之心的人。

心灵简单的人是一种无所失落的选择，是对生活的深刻理解。“给我一个支点，我可以撬动地球!”简单有时就像这位伟大的科学家所说得那样不可思议。

做心灵简单的人其实并不简单。

2. 简单的才是快乐的

聪明的不折腾者认为，简单生活的意义在于活得有价值，说自己想说的话，想自己想的事，走自己喜欢的路，不在乎别人如何看。生活劳累的人，一小半源于生活本身，一大半源于物质上的攀比，无法对自己已经拥有的一切感到满足。或许有人看后会惊奇地问：“快乐原来如此简单?”对，没错，快乐就是这么简单!

每个人都有自己关于幸福的定义。有一位伟大的文学家曾在自己的小说里这样理解幸福：“幸福就是与一个简单的人一起过一种简单的生活。我们相亲相爱，彼此是对方心中最在乎的人。双方都有自己的事业，白天都在自己上班的地方忙碌。傍晚，我们回到位于郊区的小家，共同分享家的温馨。周六日我们一起去郊游或者到菜市场上与菜贩子讨价还价，准备晚餐。老了以后，大家一起在家下下棋，看看报，早晨一起去晨练，一起和孩子们聊天……”

多么幸福的生活啊！云淡风轻，如淡淡的茶，品而知其味；没有牵愁动恨，也不需要海誓山盟。生活正因为平淡，所以才真实。那些海枯石烂、惊天动地、煽情催泪的爱情故事只会出现在电视、电影和文学作品当中。既然是虚拟的东西，本身就与现实生活无关。快乐并不复杂，关键看你怎么对待。

大凡思想复杂的人，是没法活得轻松的；贪名好利的人，心灵是不会自由的。钩心斗角使人心情沉重，物质的劳役则剥夺心灵的洒脱无羁。聪明的不折腾者活得简单自由，少了许多东西，也就少了许多忙碌；少了物质之累，自然也就少了心灵之累。

在美国政治思想史上，梭罗是一位独特的不折腾者。他的思想如同他简单而又独特的生活方式一样，在大多数时间中都处于隐遁状态。梭罗对个人自由近乎迷狂的追求，他对社会生活、对国家政治特有的视角以及由此所采取的个人行为，成为美国自由传统不可缺少的一部分，并对世界产生了深刻的影响。

1837 年梭罗哈佛大学毕业后，并没有像他的同窗那样去寻奔前程或是疯狂地挣钱，而是独自回到了家乡康科德，在一所私立学校任职。1845 年初春的一天，梭罗借来一把斧子，走进康科德附近瓦尔登湖畔的森林，砍伐木材，开始营造自己的林中小屋，经过四个月愉悦的劳动，花费了总共 28.125 美元，一间别致的小屋建好了（当时在当地一间最普通的房屋起码要花费 800 美元）。

在一个清风拂面的夏日，他搬进了这间小屋，对于梭罗来说，一种新生活开始了！在这里懒惰的他割断了与社会之间大部分无谓的“尘缘”——用 0.27 美元维持一周的生活费用，在一年中以 6 个星期的时间，赚取一年的花销，剩余的 46 个星期，则做他喜欢的事情。总之，他以他的行动将圣经上的古训颠倒了过来，他说人在一个星期中应该用一天时间工作，其余六天干自己想做的事情，而不是相反。

他漫步、观察、阅读、写作、沉思，全然出于自我的喜好，无任何社会的所迫。而更重要的是，梭罗在大自然的漫游中，在与大自然如此贴近的生活中体味到人与自然万物及内蕴神秘精神的和谐，在与自然水乳交融之中感悟到生命的本意，并从中获得了一种生命升华的体验："最接近万物乃是创造一切的一股力量！"它使我们有了思想，"我们可以在清醒的状态下，欣喜若狂，只要我们心灵有意识的努力，我们就可以高高地超乎任何行为及后果之上，一切好事坏事，就像奔流一样，从我们身边经过，我们并不完全是纠缠不清在大自然之内的，我们可以是急流中的一片浮木，也可以是从空中望着下面的因陀罗。"

为此他找到了属于自己的生活，他是用这样热情洋溢的笔调来描写他的林中生活和感受的："每一个早晨都是一个愉快的邀请，使得我的生活跟大自然同样地简单，也许我可以说，同样地纯洁无瑕。我向曙光顶礼，忠诚如同希腊人，我起身很早，在湖中洗涤，这是一个宗教意义的运动，我所做的最好的一件事。在最早的黎明中，我坐着，门窗大开，一只看不到也想象不到的蚊虫在我的房中飞，它那微弱的吟声都能感动我，就像我听到了宣扬美名的金属喇叭声。这是荷马的一首安魂曲，空中的《伊利亚特》和《奥得赛》歌唱着它的愤怒和漂泊，此中大有宇宙本体之感，宣告着世界的无穷精力与生生不息……"总之，在抛弃尘世，探求与自然接近的体验中，梭罗向我们展示了他快乐并幸福地生活着。

后来他提出了一条著名的格言："简单些，简单些，再简单些！"

如今的繁华，使得我们早已对简单懒散的生活陌生了，反而为了票子、车子、房子等拼命，这难道就是世人所说的"活得好"吗？如果等到年老后才明白这一切是虚幻的，岂不是太残忍了？当然，每个人的生活标准不一样，也不好说这样的生活方式是不是幸福的。不过聪明的不折腾者还是倡导简单，因为简单会使精神有一种高尚感，心灵有一种净化感，灵魂有一种安详感，身心有一种健康感。

以下是其他媒体上现代白领对简单生活的看法：

张先生，45 岁，四川人。某银行副行长

我是个喜欢追求简单生活的人，我对简单生活的理解有真简单和假简单之分。乡下人，他们的生活就是真简单；而有些城里有钱人过腻了好生活，到乡下去体验一下，就是假简单。他们的房子外面是原生态的东西。但可能家里还是豪华无比，还是有香车美女相伴。他们的这种生活只能算是一种作秀，一种可以被炒作的时尚潮流。

我认为，简单生活应该是一种心理状态，而不是简简单单地只讲物质上的东西。我的简单生活就是上午吃好，中午吃饱，晚上吃少，更多时间喜欢和家人一起做个麻辣鱼或是其他美味，然后泡一壶茶，打开体育频道看看足球比赛，或者上网和朋友聊聊生活，最后才是静心想想明天的工作。其实我的生活原本就是这样简单。

王小姐，24 岁。公务员

有人说简单就是把电视、电脑、电话等现代设施全部抛弃，我不敢苟同，我觉得那完全没有必要，世界很精彩，电视和网络都可以传达出对我们有益的信息，关键是自己的心灵要做一种取舍，要很清醒，什么是自己想要的，有用的东西就去汲取，而没有必要完全排斥。

我所理解的简单生活，就是保持一种自由的心态，不给自己的物质生活带来过多负担。过自己想要的生活，同时只去争取自己想要的东西。而不是被这个新事物层出不穷的年代牵着自己的鼻子走。为太多的事物所诱惑。说不清自己想要什么，又好像什么都想要，这样的生活就无法简单起来。

以上的说法，聪明的不折腾者都赞成，因为适合自己的才是最简单的，并非说别人每天吃咸菜萝卜看上去幸福，自己也就跟着来；别人腰缠万贯，生猛海鲜觉得生活有味道，自己也这样做。其实简单生活只是一个概念，并非定得很死，任何刻意的生活，都是没有乐趣的。适合自己的生活方式才是最幸福、最简单的，就好像一条小金鱼为什么可以在鱼缸里活得好一样，就是因为这个鱼缸的大小适合小金鱼的生存，人也一样，要找适合自己生存的“鱼缸”。

第二节 享受平淡中的点滴

平平淡淡才是真。虽然平凡的生活有一点索然，却贯穿着许多人生命的始终。而聪明的不折腾者从平淡的生活中领悟到一种朴实的心态。正是这种领悟，决定平凡不等同于平庸，它代表着一种抛却虚荣和浮华的心态。它不骄傲，不张扬；平凡的不折腾者，可以从容地平衡事物的两极。

平凡更是一种质朴的境界，它确实来自于一种超越。能以平等的眼光看待事物是一种超越，能平静细腻地品味挫折与成功也是一种超越。走过了超越，才懂得平凡，人才有了体验每一件生活小事中蕴藉着的幸福的心境。

清代大文豪金圣叹是一位非常喜欢平凡的不折腾者，也是一位处处都能从平凡中得到快乐的聪明人。有一次，他和一位朋友共住，屋外下了十天雨，对坐无聊，他便和朋友一件件地说平凡生活中的趣事，一共列出了三十多件“不亦快哉”的事。比如：夏七月，天气闷热难当，汗流浃背。正寻思如何时，雷雨大作，“身汗顿收，地燥如扫，苍蝇尽去，饭便得吃”——不亦快哉！独坐屋中，正为鼠耗烦恼，突然出现一猫，疾趋如风，除去了老鼠——不亦快哉！上街见两个酸秀才争吵，又满口“之乎者也”，让人烦恼。这时来一壮夫，振威一喝，争吵立刻化解——不亦快哉！夏天早起，见有人在松棚下锯大竹做桶用——不亦快哉！冬夜饮酒，觉得天转冷，推窗一看，雪大如手——不亦快哉！推窗放蜂去——不亦快哉！还债毕——不亦快哉！读唐人传奇《虬髯客传》（一部侠客小说）——不亦快哉！

在金圣叹眼里，平凡的生活到处充满着快乐。虽然他的“不亦快哉”是一种断想偶思式的，不大连续，但又不难看出其中的一根主线——快感均来自于日常生活的场景，他以一种悠闲自得的心情观赏着春花秋月，体味着生活的每一丝细微的波澜、每一阵触动心灵的颤抖，并从中去感悟快乐。

幸福，是平凡的。惊天动地注定不能带来永久的幸福，谁不食人间烟火，顶天立地的人也有累的时候，没错，平凡的幸福才是真正的幸福。幸福，是普通的。

第三节　零家务不是空谈

每天起床七件事，柴米油盐酱醋茶。生活是现实的，再懒惰、再简单，也无法避免家务事。然而，聪明的不折腾者们对待家务的态度与过去的人大相径庭。据日前某网站一项调查显示，20～30岁年龄段的年轻夫妇中，每天亲自下厨、日日打扫房间者的比例仅占两成左右，三成夫妻将这些活计全权“委托”保姆或钟点工。调查同时显示，这些人群的职业遍及外企白领、机关干部、科研人员、教师、医生、律师等，多半具有高学历、高收入的特点。这是城市扑面而来的后现代不折腾者风尚。对不折腾者来说，时间是非常宝贵的，浪费在琐碎的家务中实在可惜。

30岁的Alex是一家律师事务所的合伙人。婚后，他与妻子小雅过着最普通的柴米油盐日子。早餐家里备有牛奶面包；午餐各自在单位解决；下午小雅下班后到市场采购，7点到家，8点在Alex的协助下将晚餐做好，边看电视边闲聊着共进晚餐；饭后，还要一起洗碗、收拾房间。至少要到晚上10点，一天的劳作才算告一段落。而此时，两人都已疲倦不堪，剩下的只能是“洗洗睡了”。这样的日子过了半年，两人都搞得有点灰头土脸，心力交瘁。直到有一天，和同事聊起来，小雅才突然开窍：为什么不请个钟点工呢？

钟点工进家后，两人下班后不再为柴米油盐、清理收拾等琐事奔忙，时间忽然充裕了起来，Alex 有了更多的时间钻研新的业务、交友、健身和娱乐，而小雅则报读了一个商务英语班。Alex 说：“最初只是为了摆脱家务，后来才发现，这还提高了我们时间的性价比。小雅就是因为开始了商务英语的学习，获得了去香港进修的机会——绝对是物超所值。”

广告公司文案策划张丽是个业余撰稿人，她算了这样一笔账：“我一个周末上午洗衣、做午饭，要 2 个小时，下午搞卫生、做晚饭，又要花上 1 个小时。但这 3 个小时我用来写东西，可以完成一篇 3000 字左右的文稿，稿费至少也有 300 元，而我每个月只要拿 500 元钱到家政公司，请个钟点工做家务，就能把自己解脱出来，是不是更经济实惠?”

2005 年，一项名为“中国妇女生活质量问卷调查”活动公布的调查结果中，城市女性“做自己喜欢的事情”的时间已经明显超过了“做家务”。接受调查的城市女性平均每天用于读书、上网等自己喜欢的事情的时间为 104 分钟，明显高于“做家务”的 85 分钟时间。家务，正在淡出不折腾者的生活重心。当下社会分工越来越细，我们花钱省下时间去发展自己的兴趣，应该不能简单地说是懒惰吧！同时，精神生活很贫乏的人，是不是也算懒惰呢?

中山大学社会学学者贺立平认为，现代年轻的白领家庭，繁重的家务正在通过技术手段以及社会劳动分工逐步或完全摆脱，那些原本用来做无创造力的重复劳动的时间因而可以被节约下来做个人更感兴趣或更富创造力的事情，这是生活质量提高的明显标志。这不但对个人有利，对社会也是极为有益的事情。而夫妻之间沟通交流的方式很多，比如将做家务的时间省出来散散步或许会让双方关系更融洽。

新不折腾者代表：阿芳，26 岁外企职员。

偷懒宣言：懒是一种智慧，体现着人性化的生存。

懒经自述：在只能自己心疼自己的日子里，我不会容忍自己像老奶奶那样把大把的业余时间都用在打理家务上，但同样也不能容忍自己过着邋邋杂乱的生活。所以在家里，我追求的懒惰，乃是一种智力上的偷懒，简单地说，叫做“不折腾者有懒招”。

我懒得做饭，但不等于我们会在吃的方面马虎。为此我进行了一次“厨房革命”，使厨房设备达到最适合不折腾者使用的标准！榨汁机、搅蛋器、一次性碗筷、桌布，还买了鱼香肉丝、蒜香排骨、麻婆豆腐的配料包……这样，待在厨房的时间虽然不多，但是同样可以让自己享用到丰盛的晚餐。

在家居摆设上，我追求的标准是：“不求精致美观，但求舒适方便。”我几乎把所有的日常用品都放在伸手可及的地方，虽说有碍观瞻，但很实用。需要收藏的物件，要用时找起来真是麻烦。为此我买了很多宜家的收藏箱，把东西分门别类地放进去，再在外面贴上标签，要找东西只需看标签就一目了然了。

如果以上做法还算不上什么充满智力的“懒招”，那么我在订做家具时的“小发明”应该算是我“懒智慧”的结晶了——我订做的家具都要带轱辘，这个创意让我家的家具成了个个能活动的“四脚动物”，可随时听从调遣，这对于像我这样随时要准备搬家的小女子而言，可真能省下不少力气。

对于讲究生活质量的不折腾者来说，“零家务”确实让我们从繁重的家庭琐事中解脱出来，更是我们追求时尚生活的一种表现。事实上，人们懒得自己洗衣服，所以发明了洗衣机；人们懒得做饭，所以发明了方便食品；人们懒得搞卫生，所以发明了吸尘器……聪明的不折腾者创造了一个没有家务的新世界，在节奏紧张的现代社会，在各种各样的压力下，给“懒”这个贬义词赋予了新的内涵——智慧的“懒”，最终“懒”出格调，“懒”出品位。

第四节　不折腾者的账单不复杂

“没钱我也要贷款去买房”，“没钱我也要贷款去买车”，“没钱我也要贷款去买……”如今像这样的贷款买车、买房的口号越来越响，以至于我们不想听到都不容易。结果弄得是每月都要为了还贷款而疲惫不堪，自己只好像驴一样为了这些“享受”没日没夜地去拼命，难道这样“贷”来的日子能够过得好吗?

一位朋友从北大光华管理学院毕业后，找到了一个很不错的工作，而且基本月工资都在万元以上，在多数人心目中算是高收入，但让人大跌眼镜的是，即使有如此高的收入，他还是过着“月光族”的贫穷日子。

在买房之前，他的生活过得的确很滋润，花钱大手大脚，吃饭消费基本不看价钱，就这样工作几年后，他就买了部十万块钱的车子代步，从此晋升为有车一族。可自从开始贷款买房之后，他的生活质量就开始一落千丈，每天都要承担巨大的精神压力。房子120平方米单价每平方米9000元，总价1080000元，首付30%总共324000元，其余都是商业贷款。为了尽快还掉贷款，他咬着牙签了10年的协议。这就意味着每个月要还8133.6元，占了他月薪的大多数。剩下不到2000元钱，养车费每个月至少500元，应酬吃饭500元，抽烟喝酒等零花300元。这样还能剩下多少钱？于是，他把烟酒都戒了，夜生活也逐渐降低了频率，能不去就不去。最令朋友头疼的是，一个30多岁的人了还没有交上女朋友，再者，谁会喜欢一个月收入万元却还算计着花钱的小气男人呢？最近他的母亲需要一笔上万元的手术费，他一时也拿不出这么多钱，他母亲也十分生气。

生活的逼迫，使他不得不卖掉自己的车子。现在他常常告诫他的同事们：“让账单不再复杂才是最开心的。”

看完这个故事后，我想很多人都会大吃一惊，像他这样活着的人肯定不在少数。其实2000元花销对单身汉而言，完全可以过得有滋有味。要命的是，他把消费观念完全建立在那些广告中的高消费产品上，所谓品位也完全建立在百货商们的利润链上。而每月高达8000元的贷款利息像一把锋利无比的剑扼住了他的喉咙，这样的日子如果继续下去，总有一天它会割破他的个人财务咽喉。

当许多人为了创业筹措不到贷款而烦恼时，他却急吼吼地要将手中可观的流动财富早早地还回银行，眼前只见利息差额，却无视创造第一桶金的成本就在手中。大城市的浮躁可能会给人一种不安定的感觉，因此才会使人急迫地需要安下一个产权全权属于自己的家来。

但是，一个年薪12万元的白领，每天都在花明日的钱真的太可悲了！

聪明的不折腾者说，让自己的账单简单化是活得轻松自如的方法之一。

第五节 知足者常乐

幸福，是朴实的。好高骛远、不切实际的真正的不折腾者没有幸福，贪心和幻想掩盖了幸福的线索。只有适可而止、知足常乐的人才是真正能够接受幸福洗礼的人。

俗话说："无欲则刚。"聪明的不折腾者一生没有太多的欲望，更不会花费时间去做无谓的追逐，因而不会遭遇食不甘味、夜不安寝的生活。人生在世，有苦也有甜，有成功自然也有失败。但无论如何，我们都得平心静气地接受眼前的现实。无论你目前处于什么环境，都得用乐观的心情去面对，没必要与别人比较。幸福最大的敌人就是太多欲望。欲望越强烈，内心就越痛苦。看到别人的职位比你高，车子比你高档，房子比你豪华……于是内心开始不安，穷尽心计想要超越他人……这些欲壑难填的人们是该醒醒了，即使你有了百万身价，还想有千万；有了千万，还想有亿万；有了亿万，还想有百亿……这样下去，你不但没有超越所有的人，反而会把自己“将”死。

当然，人要生活下去，就会有各种各样的“欲”：饿了有食欲，渴了有饮欲，困了有睡欲，冷了有暖欲，缺东西用时有物欲，情窦初开时有情欲。但是，凡事总要有个尺度，适可而止为上策。欲望多了、大了，就要生贪心；欲望过多、过大，必然欲壑难填。贪求私欲者往往被财欲、物欲、色欲、权欲等迷住心窍，攫求不已，终至纵欲成灾。

“无欲则刚”，并非不允许人们有欲，而是要克制私欲。克制私欲，就能寡欲清心，淡泊守志；克制私欲，就能清除烦恼。

当你用一种知足的心态观看生活，对待人生时，就会发现许多简单的东西才是最美的，而许多美好的东西就是那些看似简单，经常围绕在你身边的事物，因此，“知足常乐”才是产生轻松心情最根本的催化剂。

“钱不在多，够花就行；衣不在阔，暖身就成。”对物质生活的享受要知足。如果你只有一方斗室，只要用心布置一下，再挂上对联“花香不在多，雅室何须大”，你的居室就比别墅强百倍；你虽然没有小汽车，但是每天清晨能去公园散步，锻炼身体，活得好才是第一位的；钱财是生不带来、死不带去的东西，再多也难以买来健康和长寿，钱不在多，够花就行。

因此，追求幸福不等于追求财富，幸福是一种感觉或感受，有的人有万贯家财但不满足，常为钱太少而苦恼；有的人财产不多却认为十分富有，因而笑口常开。正因如此，老子才告诉我们：知足常乐。然而在现实中，世人往往把财富当成幸福的源泉而穷追不舍，这就是缺乏对活得好真正意义上的理解的缘故。人们疲于奔命，有些人不择手段，攫取不义之财，而不义之财带给人的欢乐和幸福往往是短暂和有限的，由于“物苦不知足，得陇复望蜀”，往往使人陷入无穷无尽的烦恼和忧愁之中。正如

《史记》中所说的："欲而不知止，失其所以欲；有而不知足，失其所以有。"一些博大精深的智者为何往往选择清静淡泊、不求显达的生活方式，并不是因为他们自命清高，而是他们悟出了知足能给人带来优越感，精神得到了极大的安慰，因此快乐、健康。从前，有一头不知足的驴，刚开始在一个菜贩子手下干活。主人每天给它的食物就是普通的菜叶子，总的来说也算是温饱无忧。但它却不知足，总觉得付出得多、吃得少。后来，它向主人祈求，要求主人为它解除现在的工作，为它另外找一个主人。主人告诉它，说它将会后悔自己的要求，然后把它转卖给一个烧瓦匠。换了主人，驴觉得负担更重了，在砖瓦场里的工作也更辛苦。它又请求更换主人，主人告诉它这是它最后一次的请求，便将它卖给一个制革匠。驴子觉得加在它身上的工作更重、更苦了，并且它也知道它的主人是专制皮革的，于是它呻吟着说："在第一个主人处饿死，或者在第二个主人处工作过度累死，总比卖给现在的主人好得多。我现在的主人，在我活着时要替他做工，在我死后，还要剥我的皮呢。"

人当然应该有不断追求的心，但在追求之余，也应对目前所拥有的一切做理性的思考，若不知珍惜现有的一切，而作不切实际的妄想，则有可能失去一切，使自己陷入痛苦的深渊。你不满现状吗？那么小心你的妄想，因为这有可能是一场赌注！

孔子有云："君子坦荡荡，小人常戚戚。"聪明的不折腾者活得幸福，因为他们有正确的人生观，能正确地对待生活，善待人生，不斤斤计较个人得失；做到了"小利不贪，小患不避"，无欲则刚，知足常乐。

第六节　保持一颗纯洁的童心

飞机上，空中小姐问一个小女孩说："为什么飞机飞这么高，也不会撞到星星？"小女孩回答说："我知道，因为星星会'闪'啊！"当时旁边一位因为飞机晚点而愁眉不展的中年男子听完这个笑话，竟然会心地一笑。聪明的不折腾者看来，如果每个人无论在何时、在何地，都能保持一颗纯洁的童心，就不会有那么多的忧愁和烦恼了！

聪明的不折腾者便拥有这样一颗美丽的心灵。童心既是真善美的容器，也是真善美本身，更是活得好的一颗心。在钩心斗角、诚信严重缺失的商品社会，童心最难得，也最可贵。这里所说的童心、童趣，是完全真实的未加雕琢的童心，而不是一张经过化妆的"娃娃脸"；是一种发自内心的完全纯粹的童趣，而不是一副故意用叠字扮成的"少儿腔"。不管你是风华正茂的青年，如日中天的中年，还是夕阳迟暮的老年，只要保持一颗善良、纯朴、简单的童心，为自己创造一片宁静纯洁的心灵空间，让孩子的童真感染你、同化你、改造你，就能延缓你心的苍老，你的人生就会有无尽的欢声和笑语！

我国著名的书画家、散文家丰子恺先生说：一个人，活得单纯不容易，活得像孩子一样就更不容易。他说孩子就是他生活和创作的老师。

在国民党打进上海时，丰先生领着一家人在城里逃难。枪炮轰鸣中，他们先是逃到了妇孺救济会，觉得不安全，又逃到了沪江大学。历经两天，平安回家。后来，丰先生随意问4岁小儿瞻瞻：最喜欢什么？不想孩子爽直地回答：逃难！为啥呢？因为可以坐汽车、采花、卧草、在黄浦江边看大轮船……这些活动，在孩子们眼里，不正等于郊游吗？若让大人也像孩子一样轻松地欣赏这一切，非是大预言家不可，能料定前路并无险阻才能冷静对待逃难。谁也不是预言家，可是丰先生却能从这平凡的日常琐事中体会到：至少，再到逃难时，在没有确证有危险要降临的时候，可以不那么凄惶度日。

丰先生闲时看着儿女们天真烂漫的笑脸，常做这样的痴想：“小孩子长到十岁左右，若无病痛地死去，那么岂不是完成了一次极有意义和价值又充满幸福和欢乐的人生吗?”他当然不是在诅咒儿女。浮世颠倒，人生困顿，他是在用最决绝的方式，在想象中，为儿女们留住“童年的天堂”。

丰先生曾说：我企慕这种孩子们的生活的天真，我艳羡这种孩子们的世界的广大，或者有人笑我故意向未炼的孩子们的空想世界中找求荒唐者的乌托邦，以为逃避现实之所，但我也可笑他们的屈服于现实，忘却人类的本性。

丰先生的一生就像天上飘过的一道微风那样平淡而又朴实，这样的人生难道不是美丽的人生吗？今天，年轻人初涉世，常会困惑：是以单纯面对社会复杂，还是也将自己变得复杂起来，去迎合这个社会，去追寻这个社会？对此纠缠不休的人，大多就应该过丰子恺式的生活；而那些很快不再作如此思忖的人，却早已投身尘流，物欲满怀，尔虞我诈，捞金劫银去了。清贫、洁白、朴素、简单，这也许听起来有点不合时宜，但最终的生活会让你相信，平静的日子、纯净的心、简单的心情一样可以为聪明的不折腾者创造丰盈快乐的人生。

诚然，在当今物欲横流的世界，灯红酒绿、纸醉金迷。人们之间很难再有真诚的交流和倾诉。取而代之的却是猜疑和嫉妒。在成年人的眼中，再没有静谧纯洁的海洋，海水被人类制造的无法处理的污秽染得浑浊晦暗。人与人之间变得纷乱而阴冷。我们无法在现实的世界里解读艰涩、剖析人性，如同《海底总动员》里胆小的 Marlin 一样，成熟的记忆里有太多丑恶，于是封闭心灵，永远对模糊的阴影心存戒意，不再相信互助，甚至不敢向陌生人问路……

看完了《海底总动员》之后，Dory 令人印象深刻。因为 Dory 懒得记忆过去，自己一分钟前说的话都记不住，所以下一分钟永远是美好的，因为她的记忆里不存在恐惧。我不知道，Dory 是不是让你想到童年？那是我们可以在半分钟里从号啕大哭到破涕为笑的年龄，那是昨天拳脚相加的死敌今天就可以扎堆儿玩耍的年龄，那是动机永远单纯、行动永远幼稚、理想永远完美得不切实际的年龄。看到 Dory 在鲨鱼的利齿前逗趣、在水母剧毒的触须间嬉闹、被吞食到鲸鱼的腹腔中依然自顾自地念她的“鲸语”，许多观众笑了，那笑声里绝对没有丝毫讥讽嘲笑的意思——那是人们在向自己的童年微笑，向那个即使在黑暗的深渊里也充满阳光的声音致敬。

让我们找回童心，并不是要我们重新变得轻率和迷糊。放弃了敌意，是温暖；敞开了心扉，是关怀；忘记了伤害，是友爱。Marlin 与 Dory 的旅程，恰如一个成年人与他的童心做伴，从排斥、指责、冲突到相依共鸣、难以割舍。蓝色的大海并非乐土，但找回童心的 Marlin，也就找回了 Nemo、找回了爱、找回了一切……在伴随着银幕上的精灵们一同欢笑欷歔了一百分钟后，寻回的童真是如此的明朗温馨，以至于观众们竟流连于被灯光照亮的银幕前不肯离去，生恐惊扰了这难得一觅的心灵洗礼。

成人的世界充满了烦恼，如果我们没有童年和那童年美丽的故事，我们的生命中就缺失了最单纯、最透明的快乐。找回童心，重新漫步童心世界，它就是一个让你重新透明、永葆幸福的地方！

第七节　放下挂念：保持一颗平常心

一位外资公司的高级主管，因为焦虑症不得不暂时放弃工作。她对心理医生说：“工作时，我心里总是挂念着家里的事；在家时，我又悬念着还没完成的工作……这该怎么办？”另外有一个学生也是同样的问题，眼看就要考试了，但他却心神不宁，他说：“我非常焦虑，而我的难题就是：

我认识一个女孩子，当我跟那个女孩子在一起，我就想到我的考试，当我读书的时候，我又想到我的女朋友，我该怎么办?”

这种情形其实到处都可以见到。早晨外出，挂念是否会遇到交通阻塞；晚上下班，挂念是否会遇上坏人。没有存款，挂念以后生活艰难；积聚金钱，又怕金融风暴，物价上涨。甚至有人挂念：宠物有没有人喂食?花草有没有人浇水?朋友有没有来过电话?儿女读书是否成绩很好等。挂念，挂念！难怪有人说，心上的石头实在压得人喘不过气来！

如何才能超脱呢?要解决这个难题唯一的办法，就是当下放下，保持内心的平和与安宁。是的，唯有把心放下，你的问题才能放下，你的压力才会遁于无形。有的人被名枷利锁给束缚住了思想；有的人让爱情得失给束缚住了心灵。有人说，人生苦短；有人说，人生路长。心有里碍，当然就人生苦短；心无里碍，当然就人生路长。

所谓“心中有事天地小，心中无事一床宽”。对世间的荣华富贵，你要把它当成是一个皮箱：用的时候，你把它提起，不用的时候，你把它放下。当提起的时候你不提起，当放下的时候你不放下，你的人生自然就不会好过了！所以，提得起，放得下，这就是聪明的不折腾者追求的美好生活了！

一位朋友年纪轻轻成为了企业的中层管理者，忙碌的工作使他失去了和亲人朋友共享欢乐的时光。然而，我们却忽然听说他辞了职，从此再无消息。于是，朋友之间开始了种种猜测，有的说他是因为工作失误被裁员；有的认为他回到了家乡，想休息一段时间；更有人说他遇到了“红颜知己”，到浪漫的江南水乡过起甜蜜的生活。终于有一天，他打开了一个他的 MSN 签名的一个网址，里面是他博客中的一篇文章。细细品读之后，朋友不仅理解了他做出的决定，更生出由衷的羡慕。

天色微明时，伴着点点滴滴的雨声醒来。

我躺在温暖的被子里，眼睛透过明亮的玻璃窗眺望灰蒙蒙的天空和光秃秃的树干。在这个南方小城，冬天还是停留在房间里的一抹潮湿，但我可以预测，房间外面已经是早春的温热气息了。

窗台上的茉莉抽出了嫩绿的新芽。回想起来，往常这个时候，我还在城市的车流中焦急地开着车奔赴公司，已经很久没有感受到这种浑然一体的宁和心情了，更不知道春天时节大街上满眼的树木如何绿成了葱郁的一片。

一直以来，城市的噪声、人群的纷争以及四面八方潮水般涌来的压力，使我对身边这些安宁而美好的事物几乎视而不见。不知是这第一场春雨，还是什么莫名的奇怪的引力，这会儿我终于重新看见了它们，一时间，竟恍若隔世，惊叹自己何以多时以来浑然不知？

其实，此时天地万物的和谐之感，首先是缘自内心的安静。

这几天，我感到一股奇妙的安静的力量在内心里生长，它们先是一团模糊不清的东西，进而渐渐成形，然后它们成为一股清晰而强有力的存在——那是一团沉默的声音，它们一点一点浸蚀、覆盖了我身体里边的那些嘈杂的暗流，然后一直涌到我的唇边、涌到我的指尖上来。我清晰地听到了它们。这样，我的唇边和指尖都挂满丰沛的语言。我无须说话，无须表达。但是，如果你的内心同我此刻一样恬静，你就会听到它们。由于它们的存在，当我独自一人对着墙壁倚桌静坐的时候，我的眼前不再是一堵封闭的墙垣，相反，我的视野相当宽广，仿佛面对的是一片丰饶多彩的广袤景观，让人目不暇接，脑子里边的线路与外部世界的信号繁忙地应接不断；而当我置身于众多的人群里，却又如同独处一室，仿佛四周空空荡荡什么都不复存在，来自身体内部的声音密集地布满我的双耳。

这感觉的确相当奇妙，但外人却难以察觉。它似乎是一种回家了的感觉，也似乎是复苏了的感觉。以前很多时候，人在外面，在茫茫人群里，嘴和脚是动着的，但是，我可以肯定，心脏和血液几乎是死的。而此刻，尽管肢体一动不动，但心脏和血液却都活了起来。

多么美好！

桌上的这一页白纸，几天前它就空洞地展开着，张着嘴等待我去填充，如同一个空虚的朋友，饥饿地等待灌输。然而现在，我对它依然不置一词，可这张白纸却分明在我的眼睛里忽然涂满了字，充满内容；电话机安静地卧着，像一只睡着的小动物。但是，它的线路却时时刻刻在我和我的对话者之间无声地接通着，我无须拿起话筒，交谈依然存在。

泰伊的弥撒曲远远地、徐徐地飘来，其实我并没有打开音响，那声音的按钮潜藏在我的脑中，只需一想，那乐声便从我的脚尖升起。我甚至不是用耳朵倾听，而是用全身的皮肤倾听。

天色渐渐黯淡下来，我一个人倚坐在沙发上，看着室内橙黄色的灯光与窗外正在变得浓稠的暮色，看着它们小心翼翼地约会在玻璃窗上，挤在那儿交头接耳。再仔细倾听，窗外的晚风似乎也在絮絮低语，间断掉落的树叶啪哒啪哒如同一个个逗号，切割着那些凌空漫舞的句子。

你肯定有过这样的感觉——平和带来的感受。

这种时刻，所有的嘈杂纷争、抑郁怨愤甚至心比天高的欲望，全都悄然退去了，宁和、富足甚至幸福感便会从你的心里盈盈升起。

阅读着他的文章，仿佛让人望见一片娇嫩的绿、明亮的窗以及窗前沉默伫立的人。他与他身边的景物一起，凝成一道叫平和的风景。

许多人常常说要去寻找内心的平和，其实它一直都在我们身边，只要我们从欲望中解脱出来，就会感受到它的存在。人们往往逃避家庭、城市、社会及自己的问题而逃至深山中去寻觅心内的平静。既然是要寻觅“心内”的平静，又怎么可能在“心外”寻得呢？快乐只可以在心内寻得，并不在乎你身处之地方。有人花费半生积蓄前往外国的海滩度假，结果却败兴而返；有些人却可以在水灾灾区中划艇作乐，玩个不亦乐乎。有人远走他方以寻觅内心的平和。但如果你心中没有平和，纵管跑到天涯海角也不会寻得到它；假如你心中早有了平和，你也就没什么地方是一定要去的了。

如果心中没有快乐，即使走遍天涯海角，也永远不会找到乐土；心中若然满足快乐，哪怕身在牢狱茅厕，也一样可以悠然自在。

当你的心充满祥和，去到哪里都一样欢喜自在；当你的心充满智慧，一花一草都令你见到真理。我们见到的世界只是自己内心的反映：在心情开朗时，见到的人都友善亲切；在心情烦躁时，碰上的人仿佛都面目可憎。

我们的心影响着我们所见到的世界。拥有一颗快乐的心的人，见到的是一个值得欢欣的世界；内心充满仇恨的人，见到的是一个令人愤怒的世界；心中满是忧伤的人，见到的是一个充满悲哀的世界。

透过挑剔的眼睛看，世界充满了有缺陷过失的人；透过傲慢的眼睛看，世界充满了低贱愚痴的人；透过智慧的眼睛看，你会发现原来每一个人都有值得你尊重及学习的地方。

聪明的不折腾者在独处时会管好自己的心，在不是独处时则会管好自己的口。

第八节　“小资”也可以是活色生香的“小滋”

世界上的财富除了金钱之外，人的个性与精力也是一笔重要财富。不要枉费了你的生命，要少追求物质多追求理想，做一个乐观自信的人，该放就放。有多少资产，只是意味着你为之付出多少小时的劳动时间，而生活得滋润，却意味着你是生活真正的主人。

有一个富人背着许多金银财宝，到远处去寻找幸福。可是走过了千山万水，也未能寻找到幸福，于是他沮丧地坐在山道旁。一个农夫背着一大捆柴草从山上走下来。这人说：“我是个令人羡慕的富翁。请问，我为何就没有快乐呢?”

农夫放下沉甸甸的柴草，舒心地揩着汗水：“快乐也很简单，放下就是快乐呀!”这人顿时开悟。自己背负那么重的珠宝，老怕别人抢，总怕别人暗害，整日忧心忡忡，快乐从何而来？幸福又从何而来？于是他将珠宝、钱财接济穷人，专做善事，慈悲为怀，这样滋润了他的心灵，他也尝到了轻松快乐生活的味道。

有的人衣食富足却抑郁不快，而有的人虽然清贫，每日粗茶淡饭，但是感觉幸福、甘甜，两者的区别关键在于对物质财富的看待。比如，有一个老人去北京探亲，儿子给他买了许多东西。在回家的路上，确切地说是在高速行驶的火车上，不小心把儿子的新鞋从窗口掉了一只，周围的人备感惋惜，不料老人乐呵呵地把第二只鞋也从窗口扔了下去。这举动更让人大吃一惊。老人解释说："这一只鞋无论多么昂贵，对我而言已经没有用了，如果有谁能捡到一双鞋子，说不定他还能穿呢！"这就说明乐观主义者善于放弃，善于从损失中看到价值。

"石油大王"洛克菲勒在创业之前就一直有一个梦想：积累大量的财富和资产。就在他30岁时，洛克菲勒已拥有了百万美元。接着他又雄心勃勃想成为"石油大王"，继而拥有更多的财富，并且他也有这个本事。最终，他拥有一幢豪宅、一间湖上小木屋、2000英亩地产以及快艇和豪华汽车。

但问题也随之而来：他工作得很辛苦，常感到胸痛，而且他也疏远了妻子和两个孩子。他的财富在不断增加，但他的婚姻和家庭却岌岌可危。

一天在办公室。洛克菲勒心脏病突发，而他的妻子确已宣布打算离开他。他开始意识到自己对财富的追求已经耗尽了他所有真正应该珍惜的东西。他给妻子打电话，要求见一面。当他们见面时，他们热泪盈眶。他们决定消除掉破坏他们生活的东西——他的生意和物质财富。

于是他们卖掉了所有的物产，包括公司、房子、游艇，然后把所得收入捐给了教堂、学校和慈善机构。他的朋友都说他疯了，但洛克菲勒感到从没比这更清醒过。

接下来，洛克菲勒和妻子便投身于一桩伟大的事业——为美国和世界其他地方贫困的贫民修建"人类家园"。他们的想法非常单纯："每个人至少应该有一个简单而体面，并且能支付得起的地方用来休息。”洛克菲勒以前的目标是拥有1000万美元家产，而现在，他的目标是为1000万人，甚至更多人建设家园。目前，“人类家园”已在全世界修建了6万多套房子，为超过30万人提供了住房。洛克菲勒曾为财富所困，几乎成为财富的奴隶，差点儿为财富夺走他的妻子和健康；而现在，他是财富的主人，他和妻子放弃了财产，而为人类的幸福工作，他拥有了自信而乐观的生活。他觉得他是世界上最富有和快乐的人。

所以，不要追求巨额的财富，把时间花在精心地经营生活上。正如常人所说的“舍得，舍得，有舍才有得”。你舍去的是一种被标榜为“小资”的靡费生活，而你得到的却是财富无法买到的怡然自得。